OPIUM

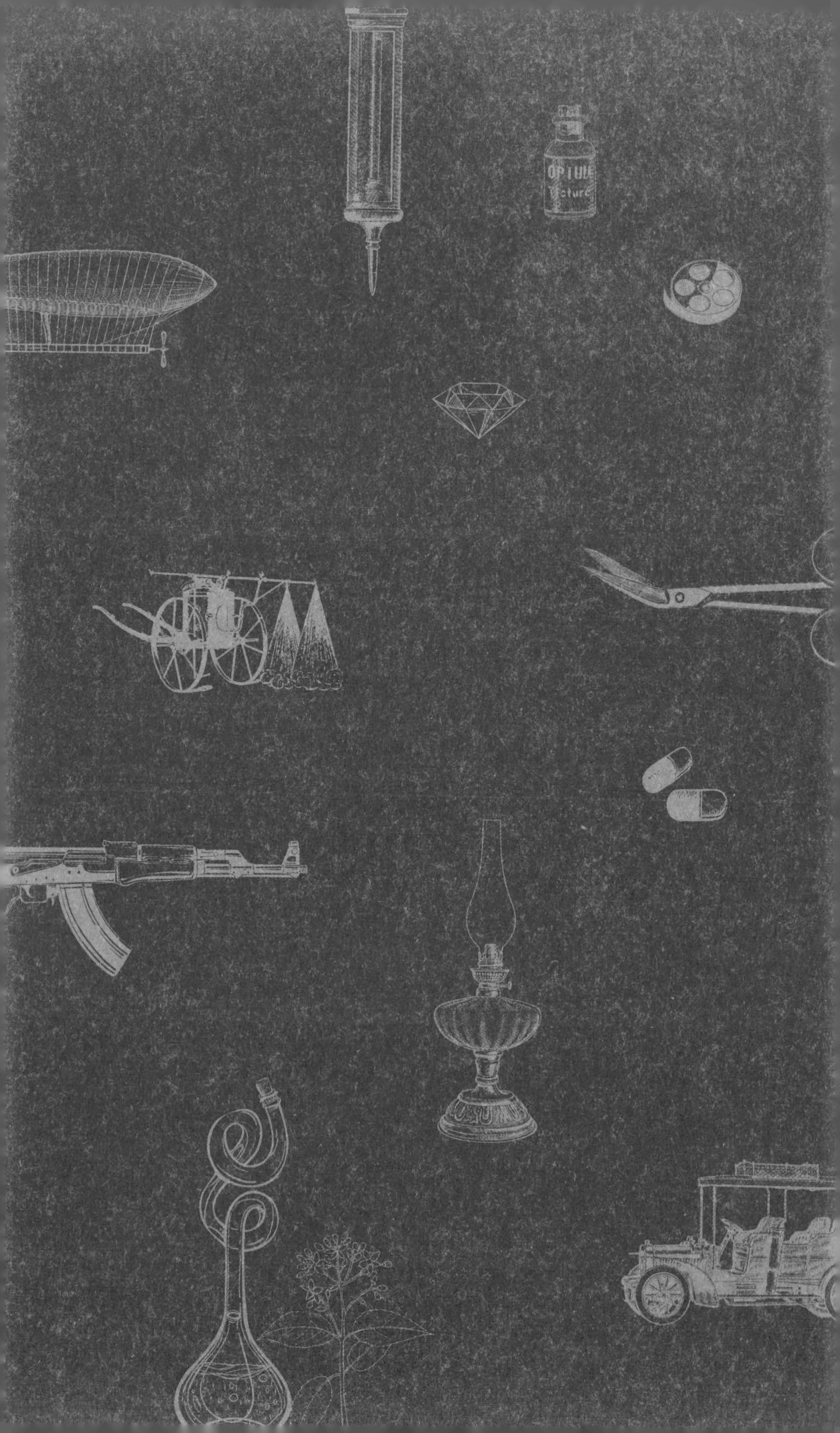

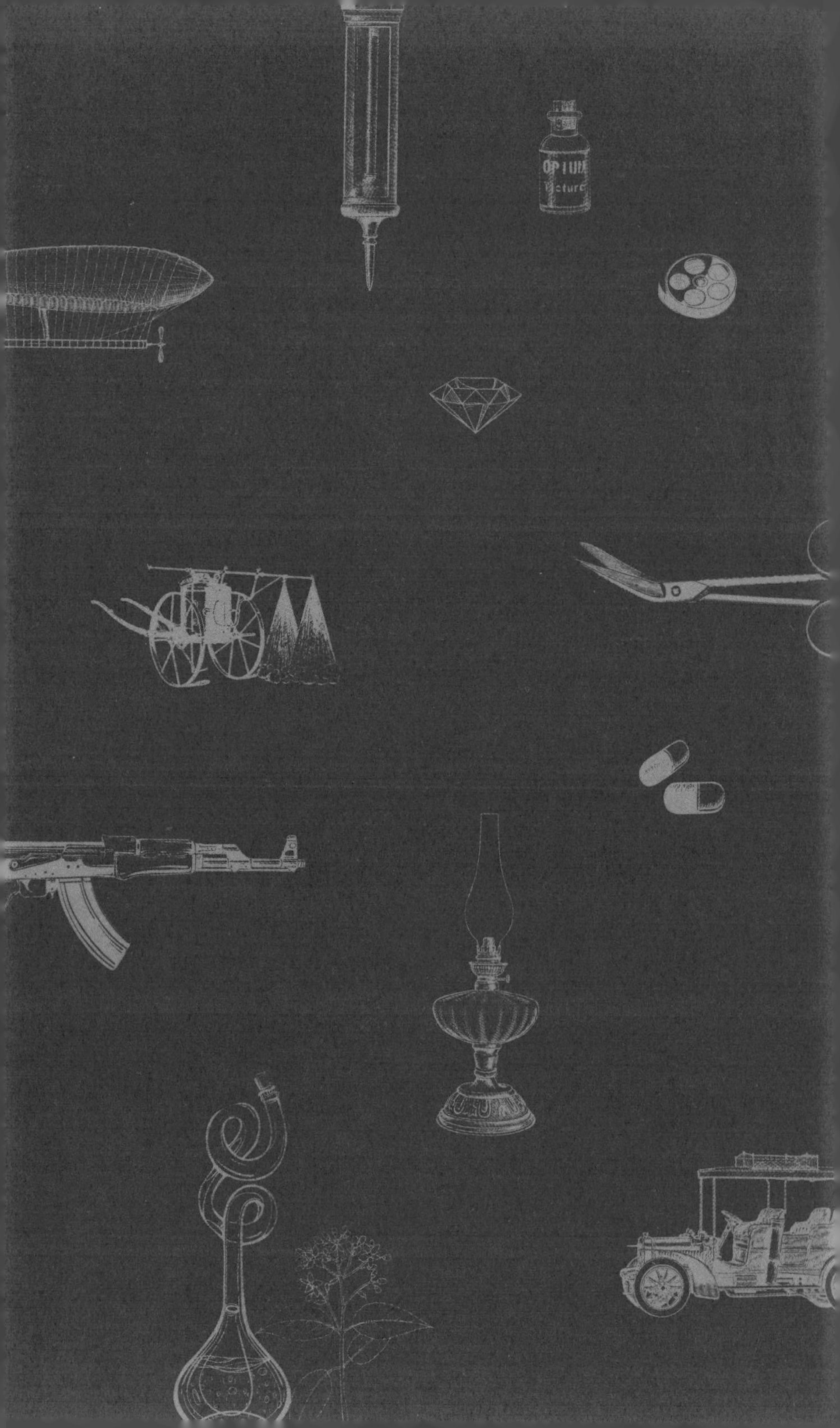

세계사를 바꾼

# 화학 이야기

2

출판은 사람과 나무 사이에서 이루어지는 가치 있는 일입니다.
도서출판 사람과나무사이는 의미 있고 울림 있는 책으로 독자의 삶을
좀 더 풍요롭게 만들기 위해 최선을 다하겠습니다.

CHEMISTRY

세계사를 바꾼

# 화학 이야기 2

## 자본주의부터 세계대전까지

오미야 오사무 지음 | 김정환 옮김

사람과 나무사이

**옮긴이 김정환**

건국대학교 토목공학과를 졸업하고 일본외국어전문학교 일한통번역과를 수료했다. 21세기가 시작되던 해에 우연히 서점에서 발견한 책 한 권에 흥미를 느끼고 번역 세계에 발을 들였다. 현재 번역 에이전시 엔터스코리아 출판기획자 및 일본어 전문 번역가로 활동하고 있다. 경력이 쌓일수록 번역의 오묘함과 어려움을 느끼면서 항상 다음 책에서는 더 나은 번역, 자신에게 부끄럽지 않은 번역을 하기 위해 노력 중이다. 공대 출신 번역가로서 논리성을 살리면서도 문과적 감성을 접목하는 것이 목표다. 야구를 좋아해 한때 iMBC스포츠에서 일본 야구 칼럼을 연재하기도 했다.
번역서로 『세계사를 바꾼 화학 이야기 1 — 우주 탄생부터 산업혁명까지』『재밌어서 밤새 읽는 화학 이야기』『법칙, 원리, 공식을 쉽게 정리한 수학 사전』『자동차 구조 교과서』『비행기 조종 교과서』『근현대 전쟁으로 읽는 지정학적 세계』『세상의 모든 법칙』 외 다수가 있다.

**세계사를 바꾼 화학 이야기 2**
**— 자본주의부터 세계대전까지**

**1판 1쇄 발행** 2023년 6월 30일
**1판 5쇄 발행** 2023년 12월 12일

**지은이** 오미야 오사무
**옮긴이** 김정환
**펴낸이** 이재두
**펴낸곳** 사람과나무사이
**등록번호** 2014년 9월 23일(제2014-000177호)
**주소** 경기도 고양시 일산서구 강선로 142, 1701동 302호
**전화** (031)815-7176 **팩스** (031)601-6181
**이메일** saram_namu@naver.com
**영업** 용상철
**디자인** 박대성
**인쇄·제작** 도담프린팅
**종이** 아이피피(IPP)

ISBN 979-11-88635-80-1 03900

"과학적 연구는 그 자체를 위해,
과학의 아름다움을 위해 해야 합니다. 그러고 나면
라듐처럼 과학적 발견으로 인류에게 혜택을 줄
기회가 항상 생깁니다."

— 마리 퀴리 노벨화학상·노벨물리학상 수상자

서문

‘밀폐 보존 용기’와 ‘통조림’,

‘철근 콘크리트’, 해저케이블 절연물 재료

‘구타페르카’, ‘공기를 채운 고무 타이어’,

인조 견직물 ‘레이온’에 이르기까지

최첨단 문명을 이룩한 물질과 재료의 중심에는

‘화학’이 있었다!

콘크리트는 압축에 강한 반면 잡아당기는 힘에는 약하다. 반대로 철은 압축하면 휘어지지만 잡아당기는 힘에는 강하다. 이런 콘크리트와 철의 장단점을 간파하고 둘의 장점만을 결합해 '철근 콘크리트'라는 신소재를 개발함으로써 세계사를 바꾸고 인류가 현대 문명을 발전시키는 데 공헌한 인물이 있다. 조제프 모니에가 바로 그다. 놀랍게도 모니에는 정원사였다. 과학자도 공학자도 기술자도 아닌 정원사였던 그는 어떻게 세계사의 물줄기를 바꿀 정도로 혁신적인 소재를 개발할 수 있었을까? 이는 "필요는 발명의 어머니다"라는 격언대로, 정원사였던 모니에가 자신의 맡은 본분을 다하기 위해 노력하며, 당시 흔히 사용되던 '콘크리트 화분'이 지닌 무겁고 잘 깨지는 단점을 개선하기 위해 분투하는 과정에 얻어진 일종의 '세렌디피티'였다. 이후 그는 자신이 만든 '철망을 집어넣은 콘크리트 화분'을 파리 만국박람회에 출품해 관심을 불러모았으며 특허를 취득했다. 1867년의 일이다.

구스타프 아돌프 바이스라는 이름의 독일 건축가가 조제프 모니에를 찾아왔다. 모니에가 철근 콘크리트 화분으로 특허를 취득한 지 18년째 되던 1885년 어느 날의 일이다. 방문 전 실시한 하중시험 등을 통해 모니에의 '철근 콘크리트'의 성능과 잠재력을 높게 평가한 바이스는 특허권을 취득하는 대가로 그에게 당시로서는 상상하기 힘든 액수였던 200만 마르크를 제시했다.

모니에에게 철근 콘크리트 특허권을 사들인 바이스는 철근 콘크리트 공법을 빌딩·교량·콘서트홀 등 대규모 건설에 폭넓게 활용했다.

철근 콘크리트 공법이 전 세계적으로 주목받게 된 결정적 계기가 있었다. 1906년의 일로, 미국 샌프란시스코에서 대지진이 발생했을 때의 일이다. 리히터 규모 7.8의 강진으로, 2만 명에 가까운 사망자를 냈으며 당시 샌프란시스코 인구 40만 명의 약 3분의 2에 달하는 25만여 명이 집을 잃을 정도의 대참사였다. 한데 놀랍게도 당시 샌프란시스코 어느 거리의 폐허가 된 곳에 있는 창고만 무너지지 않고 버티고 서 있는 것이 발견되었고, 그 소식이 전 세계로 퍼져 나갔다. 이 창고가 철근 콘크리트로 지어진 건물이었음은 말할 나위도 없다. 이후 '철근 콘크리트 건축 붐'이 거세게 일었고, 프랭크 로이드 라이트, 발터 그로피우스, 르코르뷔지에 등 20세기 최고 건축가로 인정받는 이들이 그 대열에 동참하면서 철근 콘크리트 공법은 20세기 건축을 주도했다. 이는 프랑스 정원사 조제프 모니에가 우연히 발명한 '철근 콘크리트'가 세계사의 물줄기를 바꾸는 순간이자 명장면이라 할 만한 일화다.

케이블을 잔뜩 실은 대형 선박이 미국과 영국 양쪽에서 각각

케이블을 부설하며 천천히 나아갔다. 그러나 양측 모두 연거푸 단선이 되는 등 실패가 반복되었다. 그렇게 수년 동안 미국과 영국의 공동 해저케이블 부설 공사는 적합한 절연물 재료를 구하지 못해 제대로 진척되지 않았고 딜레마에 빠져버렸다.

그러던 중 영원히 풀리지 않는 문제로 남을 것만 같던 해저케이블 부설 공사에 '청신호'가 켜졌다. 열가소성이 뛰어난 데다 물속에 오래 두어도 재료의 특성을 상실하거나 품질이 떨어지지 않아 해저케이블의 절연물로 사용하기에 적합한 '구타페르카'가 개발된 덕분이었다. 이는 미국 발명가 찰스 굿이어가 고무 실용화에 뚝심 있게 도전해 탄성과 내구성을 갖춘 고무를 개발하는 데 성공한 이후 그 연장선에서 얻게 된 의미 있는 결과이자 값진 열매였다.

이렇듯 많은 우여곡절을 겪은 끝에 미국·영국 공동 해저케이블 부설 공사는 대성공을 거두었고, 전기통신과 해저통신 케이블은 세계를 단숨에 좁혀놓았다. 그리고 먼 훗날 여기에 더해 광섬유를 이용한 해저케이블이 실용화되면서 비약적으로 발전한 대용량 통신이 가능해졌다. 찰스 굿이어가 많은 시행착오 끝에 고무를 개발하는 데 성공한 이후 그 연장선에서 탄생한 물질 '구타페르카'가 세계사의 물줄기를 바꾼 또 다른 명장면이라 할 만한 일화다.

아일랜드 수의사 존 보이드 던롭은 딜레마에 빠져 있었다. 당시 열 살이던 그의 아들이 자전거 경주 대회 우승을 목표로 맹연습을 하고 있었는데, 나무 바퀴에 고무 막대를 붙여서 만든 자전거 바퀴의 고무가 닳아서 끊어지고 만 탓이었다. 곤란한 상황을 타개할 묘책을 궁리하던 던롭의 머릿속에 별안간 아이디어가 떠올랐다. '그렇지! 예전에 내가 치료한 한 동물의 배가 팽팽하게 부풀어 몸이 팽창한 적이 있지? 그처럼 공기를 불어 넣어 팽팽해진 고무 튜브를 바퀴에 붙이면 되지 않을까?' 그는 한시도 지체하지 않고 아이디어를 실행에 옮겼다.

바람이 잔뜩 들어가 팽팽해진 고무 튜브를 나무 바퀴 바깥쪽에 도넛 모양으로 붙여본 것이다. 오늘날의 자동차 사회를 지탱하는 주춧돌이자 대단한 혁신 제품 '공기를 채운 고무 타이어'는 이렇게 발명되었다. 이는 아일랜드 수의사 존 보이드 던롭이 자신의 동물 치료 경험을 바탕으로 아들의 자전거 경주 대회 참가를 돕고자 바퀴 문제를 해결하기 위해 궁리하던 중 일어난 또 하나의 '세렌디피티'였으며, 세계사의 물줄기를 바꾼 흥미진진한 일화다.

이 책의 시대 배경은 19~20세기다. 이때는 자본주의가 고도로 발전하고 제국주의가 횡행하는 와중에 세계 열강의 끝간 데를 모르는 욕망이 서로 충돌하다가 종국에 제1·2차 세계대전으로 확대되는 격동의 시기였다.

이 책에는 인류가 수천 년간 해결하지 못한 식품 장기 보존 문제를 해결하여 세계 전쟁사를 바꾼 프랑스 요리사 아페르의 '밀폐 보존 용기'와 영국 발명가 듀란드의 '통조림' 발명 이야기에서부터 영국의 '로켓 개발 실패'가 초강대국 미국 탄생의 원동력이 된 아이러니한 이야기, 현대 문명을 상징하는 고층빌딩 건설을 가능케 한 영국 벽돌공 조지프 애스프딘의 '포틀랜드시멘트' 발명 이야기, 산모에게 치명적인 감염증 산욕열의 원인을 밝혀내 많은 이들의 목숨을 구하고도 강제로 정신병원에 입원해 학대받다가 비참하게 죽은 헝가리 의사 겸 과학자 제멜바이스의 가슴 아픈 이야기, 19세기 중반 무렵 발명된 초기 냉장고·냉동고의 냉매로 '독가스'가 사용된 섬뜩한 이야기, 20세기 초반에 엄격히 시행된 '금주법'이 '코카콜라 제국'의 버팀목이 된 이야기, 평범한 일하는 여성의 위상을 왕후·귀족의 위상과 동등하게 만들어 준 인조 견직물 '레이온' 이야기, 그리고 제1차 세계대전의 전투 양상을 크게 바꾼 투명 아크릴 플라스틱 '유기 유리'와 제2차 세계대전 승리의 열쇠였던 '성능이 향상된 휘발유' 이야기 등 화학을 둘러싼 흥미진진하면서도 뇌세포를 활성화시킬 만한 이야기로 빼곡하다. '화학이 바꾼 세계사' 이야기를 통해 유익한 지식과 깊이 있는 통찰을 얻고 싶은 독자에게 일독을 권하고 싶다.

차례

## 3 HISTORY OF CHEMISTRY
## 제1차 세계대전

## 5 HISTORY OF CHEMISTRY

# 제2차 세계대전

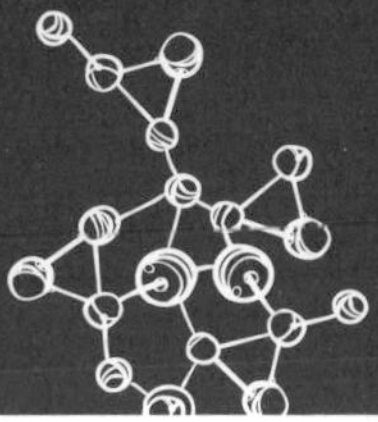

HISTORY
OF
CHEMISTRY

# 1

+

# 자본주의에서 제국주의로

–

절대왕정 체제에서 힘이 세지고 영향력이 커진 중상주의와 산업혁명이 이끈 공업사회가 시작되자 자본주의 시스템이 빠른 속도로 발전하기 시작했다. 이 정교한 시스템은 새로운 두 시민계급, 즉 부르주아지(Bourgeoisie, 자본가)와 프롤레타리아(Proletariat, 노동자)를 만들어냈다. 부르주아지는 마을 또는 도시를 의미하는 프랑스어 '부르(bourg)'에서 유래한 어휘다. 따라서 '부르주아지'라는 단어 자체는 '도시에 거주하는 사람'이라는 뜻이다. 참고로, '셰르부르', '스트라스부르', '함부르크' 등 유럽에는 '도시'나 '마을'이라는 의미를 강조해 지은 도시명이 제법 많다.

유럽에 자본주의 사회가 도래하자 부르주아지로 구성된 의회가 정치의 중심이 되어갔다. 이어서 프랑스혁명이 절대왕정을 무너뜨리고 대서양 건너편 북아메리카대륙에서는 미합중국이 성립하면서 지구상에 새로운 체제인 근대 민주주의가 마침내 탄생했다.

자본주의란 세상의 거의 모든 것을 화폐, 즉 돈으로 교환할 수 있는 '상품'으로 취급하는 사회 시스템으로 규정할 수 있다. 이에 따라 상품 생산과 소비가 끊임없이 확대되며 전 세계로 퍼져 나갔다. 자본주의 시스템은 태생적으로 봉건적 사회 구조와 함께 갈 수 없었다. 그러므로 새로운 시스템이 작동하지 못하는 봉건사회가 붕괴하자 자본주의 사회는 사람과 물건, 즉 상품이 좀 더 자유롭게 움직일 수 있는 합리적이고 효율적인 통일국가를 향해 필연적으로 나아갈 수밖에 없었다.

1,000년 이상 여러 크고 작은 나라로 분열되어 서로 아귀다툼을 하던 이탈리아가 통일되어 이탈리아 왕국이 탄생했다. 1861년의 일이다. 미국이 4년 동안 계속된 남북전쟁을 끝내고 마침내 미합중국의 통일을 이루어낸 것은 1865년, 메이지 정부가 등장하면서 일본 열도가 통일된 것은 1868년의 일이다. 또 비스마르크(Otto von Bismarck, 재임 1871~1890) 수상 통치 기간에 독일이 통일되었다. 그 결과 독일제국이 탄생해 프로이센 왕 빌헬름 1세(Wilhelm 1, 재위 1871~1888)가 초대 황제로 제위에 올랐다. 이는 1871년의 일이다. 이렇듯 19세기 후반에는 세계 곳곳에서 서로 약속이라도 한 듯 통일국가가 그 모습을 드러냈다.

1861년에 시작된 미국 남북전쟁은 세계 전쟁이 새로운 시대로 돌입했음을 보여주는 최초의 근대식 전쟁이었다. 말하자면, 그전까지 기술자가 마을의 공장 등에서 소량으로 만들던 총·대포 같은 무기와 군용 장비를 자본주의적 대규모 공장이 정해진 규격으로 대량 생산하는 방식으로 근본적으로 바뀐 것이다. 남북전쟁을 계기로 본격화한 전쟁의 근대화는 두 차례 세계대전으로 이어졌다.

통일국가에서 자본주의 시스템은 발전을 더욱 가속화했다. 이 시스템에 의해 굴러가는 나라는 상품 생산에 필요한 원료를 조달하고 거대한 시장을 확보하기 위해 식민지를 개척하고 일체화된 경제권을 건설하는 데 혈안이 될 수밖에 없었다. 이것이 바로 제국주의의 작동 원리다. 이런 식으로 아시아, 아프리카, 중남아메리카 등 지구 곳곳에 유럽 열강의 식민지가 건설되었다. 그리고 그 나라들의 가혹한 지배와 착취로 수많은 사람이 피 흘리고 고통받았다.

한편 이 시대에는 과학 기술이 그 어느 때보다 비약적으로 발전했다. 드디어 '전기의 시대'가 막을 열었으며, 증기기관에서 내연기관으로 이행함에 따라 자동차와 배, 철도 등의 교통도 혁명적으로 변화하기 시작했다.

---

1804년

## 식품 보존 기술 발명

### 식품 살균과 보존을 위해 지혜를 짜내온 인류

---

**⊙ 세균·곰팡이를 공격해 파괴함으로써 생물을 보호하는 물질, 포름알데히드**

현대사회를 살아가는 우리는 언제 어디서든 자기가 원하는 신선 식품을 어렵지 않게 구할 수 있고, 그것을 보관하는 데서도 어려움을 겪는 일이 거의 없다. 그러나 인류 역사의 대부분 기간은 신선 식품을 구하고 보관하는 방법을 터득하기 위해 분투해온 녹록지 않은 여정이었다고 해도 지나치지 않다. 말하자면 인류는 기나긴 세월 동안 시행착오를 하나하나 겪으며 경험을 쌓는 과정에서 식품을 좀 더 효과적으로 보존하기 위한 지혜로운 방법을 터득해왔다.

대표적인 식품 보존 방법을 몇 가지 살펴보자. 먼저 염장(鹽藏)은 어류, 육류, 채소 등에 소금을 뿌려서 저장하는 방법이다. 소금이 뿌려지면 어류나 채소 표피에서 물이 흘러나와 바깥쪽 진한 소금을 옅게 만들려고 한다. 이것이 '삼투 현상'이다. 식품 내부에서 자유롭게 이동하는 물이 삼투 현상에 의해 농도가 높은 바깥쪽으로 흘러 나가 내부의 물이 일정 비율 이하로 줄어들면 곰팡이 등이 생기지 않는다.

훈제는 나무를 태운 연기로 그슬려서 살균하는 기술이다. 나무를 태운 연기가 뛰어난 살균력을 갖는 이유는 그 속에 반응성이 높은 포름알데히드(Formaldehyde)나 페놀류(페놀이라는 분자 구조를 공통 부분으로 포함한다) 같은 살균 작용이 강한 분자가 존재하기 때문이다.

포름알데히드는 학교 과학실에 있는 생물 표본을 담그는 액체인 포르말린 성분이다. 이는 반응성이 높은 분자로, 세균·곰팡이 등을 즉시 공격해 파괴한다. 그런 까닭에 포름알데히드는 생물 표본을 보존하는 데 안성맞춤이다.

페놀류도 살균 효과가 뛰어나다. 페놀류로는 훈제한 음식의 표면을 주로 살균한다. 동시에 독특한 냄새와 함께 페놀류 등 여

훈제 청어 제조 공장

러 분자가 '스모키한(훈제한 맛이 나는)' 풍미를 지니게 한다. 와인이나 증류주 등을 숙성시키는 데 주로 사용되는 나무통에서도 페놀류가 배어 나와 독특한 풍미를 더해준다. 영국 아일라섬의 위스키는 '소독약 냄새', '병원 냄새'를 연상시키는 강렬한 풍미로 유명한데, 이는 피트(peat, 이탄)를 태워 맥아를 건조할 때 스며든 피트향이다.

우리는 화장실 등에서 녹색 소독용 액체 비누를 일상적으로 사용한다. 이는 페놀류의 일종인 크레졸(Cresol)이라는 분자를 주요 성분으로 하는 크레졸 비누액이다. 독특한 냄새를 풍기는 약품으로도 유명한 정로환에도 살균 성분인 크레졸이 함유되어 있다.

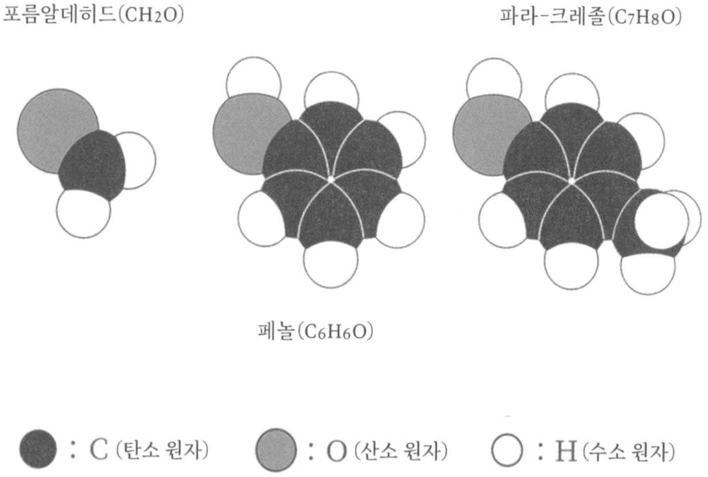

한편 크레오소트유(Creosote oil)라는 액체가 있다. 이는 석탄을 가열해서 분해한 검고 끈적끈적한 콜타르 성분을 증류해서 얻는 물질이다. '크레오소트(Creosote)'는 그리스어에서 '고기'를 의미하는 '크레아스(kréas)'와 '구원자'를 의미하는 '소테르(sōtér)'를 합쳐 만든 명칭이다. 한때 크레오소트유는 철도 침목에 바르는 방부제로 사용되었다.

### ⊙ 밀폐 보존 용기를 발명하여 세계 요리사와 전쟁사를 바꾼 요리사, 니콜라 아페르

나폴레옹 군대는 어떻게 유럽 곳곳에서 기동전을 펼치며 연전연승을 거둘 수 있었을까? 한마디로 정리하면, '병사들의 굶주린 배를 어떻게 채울 것인가?'에 대한 새롭고도 확실한 해결책을 찾아낸 것이 결정적이었다고 말할 수 있다. 이는 동서고금을 통틀어 모든 군대가 안고 있는 가장 중요하고도 절박한 문제가 아닐까.

병사들의 주머니 혹은 배낭 속에 들어 있는 전투 식량이라고 해봐야 말린 고기나 크래커 따위 '건조식품'뿐이었다. 고대 로마 제국 군대부터 미국 독립전쟁 당시 군대에 이르기까지 그 점에서는 거의 예외가 없다. 말하자면 2,000년이라는 긴 세월을 지나면서도 전투 식량에 관한 한 거의 아무런 변화도 일어나지 않은 셈이다. 좀 더 구체적으로 예를 들자면, 나폴레옹 시대에도 초절임이나 훈제가 전투 식량의 주류를 이루었는데 맛이 없을 뿐 아니라 썩어서 버리게 되는 경우가 많았다. 왜 아까운 전투 식량을 썩어서 버릴 지경이 되도록 방치할 수밖에 없었을까? 제대로 된 냉장 장치가 발명되지 않았기 때문이다.

안정적인 식량 확보는 전쟁 수행의 가장 큰 과제이자 승리와도 직결되는 절체절명의 조건일 수밖에 없다. 전쟁에 동원되는 병사든 말이든 충분히 식사를 하지 못하면 제대로 싸우기 어렵다. 특히 멀리 떨어진 곳에서 싸울 때는 식량 조달과 보급이 더욱 중요한 과제일 수밖에 없다. 과거 전쟁에서 식량 보급이 원활히 이루어지지 않을 때 특히 용병의 경우 거리낌 없이 약탈을 저지르는 일이 많았다. 그러나 규율이 엄격한 정규군은 주로 현지에서 합당한 비용을 지불하고 식량을 충당해 해결하는 방법을 택했다(이 또한 녹록지 않았으며, 겨울에는 어느 곳이나 식량이 부족해 어려움을 겪는 일이 더욱 많았다). 때로는 부대가 식량을 조달하는 일에 정신이 팔려 전열이 흐트러지는 바람에 전투에서 패배하기도 했다.

이런 흐름 속에서 세계사를 바꾸는 위대한 발명을 한 인물이 있다. 니콜라 아페르(Nicolas Appert, 1749~1841)가 바로 그다. 아페르는 정규 교육을 받지 못했다. 그럼에도 그는 요리사로 출세해 프랑스 왕족·귀족을 섬기는 유명한 요리사가 되었다. 당시 그의 나이 20대였다. 훗날 30대가 되었을 때 그는 파티시에가 되어 제과점을 열었다. 그는 일정 온도(대기압이 1기압인 곳에서 끓는 물이라면 섭씨 100도에서 일정해진다)에서 중탕으로 초콜릿을 녹이거나 잼·시럽을 유리 용기에 밀폐해 보존하는 등의 기술을 이용해 디저트를 만들었다. 이것이 획기적인 발명으로 이어져 세계 요리사는 물론이고 전쟁사도 바꿔놓았다. 그러고 보면 주방은 더할 나위 없는 '화학 실험실'이라 할 만하다.

### ⊙ 식품 장기 보존이라는 수천 년의 인류 과제를 '통조림'이라는 혁신적인 기술로 완성한 영국 발명가 피터 듀란드

프랑스 정부는 군용 식량 보존 방법을 발명한 사람에게 큰 상금을 수여할 예정이라고 발표했다. 1795년의 일이다. 니콜라 아페르는 8년 동안 실험에 실험을 거듭하고 수없이 개량한 끝에 마침내 식품을 장기 보관하는 데 성공했다. 그가 개발한 기법은 채소·고기·유제·스튜 같은 신선한 음식을 병에 담아 중탕으로 가열한 뒤 밀봉하는 방법이었다. 아페르는 '탄산을 함유한 와인인 샴페인 제조법'에도 통달했는데, 그 지식과 노하우가 군용 식량 보존 기술을 발명하는 데 큰 도움이 되었으리라는 점은 말할 나위도 없다. 그렇기는 해도 아페르 자신조차 자신이 개발한 방법이 가열을 통해 살균하는 원리임을 깨닫지 못했다. 이 시대에는 세균이 부패의 원인이라는 사실이 아직 밝혀지지 않았기 때문이다.

프랑스 해군을 비롯해 각지에서 다양한 정밀검사를 실시한 결과 아페르의 식품 보존 방법은 모든 검사에서 "봄, 여름, 가을의 맛을 겨울에도 맛볼 수 있다" 등의 높은 평가를 받았다. 1803년의 일이다.

이에 아페르는 여성 종업원 50명을 고용해 제조회사를 만들고 식품을 병에 담아 오래도록 신선함이 유지되는 보존식을 생산하기 시작했다. 이는 1804년의 일이다. 그리고 프랑스 정부는 그에게 상금으로 1만 2,000프랑(오늘날의 화폐 가치로 환산하면 6억 원 정도)을 지불했다.

이렇게 해서 인류는 식품 보존 분야에 위업을 달성했다. 다만 이 방법에는 결정적 결함이 있었다. 그것은 바로 깨지기 쉬운 병을 사용했다는 점이다.

니콜라 아페르는 식품 보존에 관한 책을 출간했다. 1810년의 일이다. 그로부터 그리 오래 지나지 않아 병 대신 양철(주석으로 도금한 철)로 만든 통을 사용해 식품을 장기간 보존하는 '통조림'을 발명하고 특허를 취득하는 인물이 등장했다. 그는 바로 피터 듀란드(Peter Durand, 1766~1822)라는 이름의 영국 발명가다. 듀란드가 '어떻게 식품을 신선하게 보존할 것인가'라는 수천 년에 걸친 인류 과제를 '통조림'이라는 혁신적인 기술을 통해 마침내 해결한 것이다.

영국 사업가 브라이언 돈킨(Bryan Donkin)과 존 홀(John Hall)은 듀란드의 특허를 사들인 후 생산 공장을 짓고 통조림을 생산했다. 이는 1812년의 일이다. 이후 통조림은 순식간에 해군과 육군, 탐험대 등의 보존용 식품으로 대성공을 거두었다. 그러나 당시에는 통조림 가격이 너무 비싼 탓에 일반에는 한동안 보급되지 못했다. 그도 그럴 것이 당시만 해도 공장에서 직공 한 명이 하루에 생산할 수 있는 통조림 개수가 60~70개 정도밖에 되지 않았기 때문이다.

맨 처음 사람들은 이런 유의 통조림을 '틴 캐니스터(Tin canister, 양철 용기)'라고 불렀다. 그러다가 차츰 시간이 지나면서 이것을 '캔(can)'으로 줄여서 부르게 되었다. 참고로, 깡통의 '깡'은 '캔'에서 유래했다.

# 1806년
# 알칼리 제조의 희비극
## 배신당한 발명

### ⊙ 영국의 해상 봉쇄로 심각한 알칼리 부족 사태에 직면한 프랑스

'화학의 아버지' 라부아지에를 단두대의 이슬로 사라지게 한 프랑스혁명은 또 다른 남자의 목숨도 앗아갔다. 좀 더 시간을 거슬러 올라가 이 남자의 이야기를 살펴보자.

비누와 유리를 만들려면 알칼리(물에 녹으면 알칼리성이 되는 것)가 필요하다. 인류가 오랜 세월 동안 사용해온 알칼리는 탄산나트륨($Na_2Co_3$)이다. '천연소다'라고 부르는, 탄산나트륨을 함유한 광물이 있다. 오늘날 온라인 쇼핑몰 등에서 손쉽게 구매할 수 있는 이 물질의 이름은 '세스퀴탄산소다(Sodium sesquicarbonate)'다. 이집트 등지의 바짝 마른 호수에서 얻을 수 있는 이 물질은 과거에는 비싼 가격에 거래되는 귀중품이었다.

천연소다 이외의 알칼리로는 어떤 물질을 사용했을까? 식물을 태운 재, 즉 탄산칼륨이나 바리야(Barilla, 스페인 남부 해안에서 제조되는 해안 식물의 재로, 탄산나트륨이 들어 있다)를 사용했다. 애초 알칼리(alkali)는 아라비아어에서 유래한 용어로, 정관사 '알(al)'에 '나뭇재'를 의미하는 단어 '칼리(qalīy)'가 결합한 것이다.

이 알칼리가 문제였다. 1701년 스페인 왕위 계승 전쟁(프랑스·스페인과 영국·신성로마제국 사이에 벌어진 전쟁)이 시작되자 영국은 스페인과 프랑스를 상대로 해상 봉쇄를 단행했다. 그로 인해 스페인으로부터 바리야를 수입할 수 없게 된 프랑스 국내에 알칼리 부족 사태가 심각한 문제로 대두되었다. 이 쓰라린 경험에서 교훈을 얻은 프랑스 왕립과학아카데미는 염화나트륨(식염이나 암염 성분)에서 알칼리, 소다를 경제적으로 추출하는 제조법을 고안하는 사람에게 상금 2,400리브르를 주겠다고 발표했다. 이는 당시 기준으로 보면 그야말로 파격적인 금액이었다. 1775년의 상황이다.

### ⊙ 혁신적인 탄산나트륨 제조법을 발명했으나 돈도 명예도 잃고 권총 자살한 의사 출신 화학자 르블랑

풍부한 화학 지식을 가지고 있던 의사 니콜라 르블랑(Nicolas Leblanc, 1742~1806)은 탄산나트륨을 제조하기 위해 연일 실험에 몰두했다. 애초 그는 식염에서 망초(황산나트륨)를 만든 다음 여기에 석회석을 조합하면 탄산나트륨을 얻을 수 있으리라 생각했다. 그러나 이는 절대로 만만한 작업이 아니었다. 비유하자면, 지도 한 장 없이 정글을 탐험하는 것과도 같은 기약 없는 막막한 작업의 연속이었다고나 할까. 그도 그럴 것이 당시는 오늘날 중학생이 배우는 화학식이나 화학 반응식 같은 것은 존재조차 하지 않던 시대였기 때문이다.

르블랑은 화학 실험에 지나치게 열중한 나머지 의학부에서 해

고당했다. 그러나 르블랑을 흠모하는 한 후배의 추천으로 그는 오를레앙 공작 루이 필리프 2세(Louis Philippe II)의 주치의가 되어 지원을 받을 수 있었다. 1780년의 일이다. 이후 그는 수많은 시행착오 끝에 식염과 황산에서 황산나트륨을 만들고 황산나트륨과 나뭇재와 석회석에서 탄산나트륨을 만드는 제조법을 발명하는 데 성공했다. 이는 1783년의 일이다. 그 후 오를레앙 공작은 파리 교외에 하루 250킬로그램의 탄산나트륨을 생산할 수 있는 공장을 짓도록 도와주었다.

르블랑은 알칼리 제조법 발명자로서 엄청난 부를 손에 거머쥐고 영광을 차지할 것만 같았다. 그러나 바로 그때, 운명의 장난이었는지 프랑스혁명이 일어났다. 루이 16세(Louis XVI, 재위 1774~1792)가 혁명정부에 의해 체포되고 구금된 때는 공교롭게도 르블랑의 특허가 인가된 시점으로, 1791년의 일이다. 혼란 속에서 왕립과학아카데미가 르블랑에게 지급하기로 돼 있던 상금 2,400리브르가 지급되지 않았다. 그의 불운은 거기서 그치지 않았다. 르블랑을 적극적으로 지지하며 원조를 아끼지 않은 자유주의자 오를레앙 공작도 혁명정부에 체포되어 처형당했다. 그 불길은 르블랑에게 번져 알칼리 제조 공장과 제조법에 관한 기록, 자료 또한 모조리 몰수당했다.

르블랑은 특허로 수입조차 거의 얻지 못했다. 프랑스 정부가 그의 특허를 무상 공개했기 때문이다. 정부는 왜 그의 특허를 무상 공개했을까? 알칼리 부족으로 많은 공장이 심각한 타격을 받고 있었기 때문이다. 그로부터 얼마 후 나폴레옹(Napoleon I, 재위 1804~1814, 1815~1815)이 르블랑에게 공장을 돌려주기는 했다. 그러나 자금이 없었기에 조업을 재개할 수 없었다. 1801년의 상황이다.

곤궁해진 르블랑은 생활 능력이 없는 이들을 위한 구빈원에 수용되었다. 실의에 빠진 그는 결국 그곳에서 권총 방아쇠를 당겨 스스로 목숨을 끊었다. 1806년 1월 어느 추운 날의 일이다. 그 후 영국의 한 사업가가 르블랑의 공정을 응용해 알칼리를 생산하는 소다 공장을 건설하고 가동했다.

### ⊙ 프랑스가 외면한 르블랑 공정을 이용해 화학 공업의 비약적인 발전을 앞당긴 영국

당시 영국에서는 섬유 공업이 활황을 맞이하고 있었다. 섬유를 염색하는 데는 알칼리(탄산나트륨)가 필수적이다. 또 알칼리의 필요성 면에서 유리 공업은 섬유 공업을 훨씬 능가했다. 그런 까닭에 섬유 공업 중심지인 뉴캐슬·랭커셔 등지에 르블랑의 공정을 이용한 소다 제조 공장이 줄지어 들어섰다. 이러한 환경과 분위기는 영국 화학 공업의 비약적인 발전을 앞당기는 주요 요인으로 작용했다.

알칼리 공업을 통해 탄산나트륨이 대량 생산되자 목재 자원에 의존하지 않고 비누를 생산할 수 있게 되었다. 알칼리성 수용액으로 유지를 분해하면 비누를 생산할 수 있다. 그 덕분에 서민도 저렴한 가격에 비누를 살 수 있게 되었으며, 이는 위생 환경 개선과 향상으로 이어졌다.

그때까지 유럽은 물론이고 전 세계 평균 수명은 매우 짧은 편이었다. 영유아 사망률이 지나치게 높은 탓이 컸다. 그러던 중 비누 가격이 저렴해져 서민 계층에게까지 대대적으로 보급되자 위생 측면에서 획기적인 개선이 이루어졌다. 그리고 자연스럽게 평균 수명도 확실한 증가 추세를 보이기 시작했다.

---

## 1808년
# 근대 원자설
### 돌턴이 근대 원자설을 주창하다

---

**⊙ 고대 그리스 시대에 탄생한 원자라는 단어를 근대에 부활시킨 영국 과학자 돌턴**

중학교 과학 시간에 배우는 원자는 이제 초등학생도 알 정도로 대중적인 단어가 되었다. 고대 그리스 시대에 탄생한 원자라는 단어를 근대에 부활시킨 이는 누구일까? 존 돌턴(John Dalton, 1766~1844)이다. 돌턴은 잉글랜드 북부에 위치한 컴벌랜드주의 가난한 집안에서 태어났다. 1766년의 일이다. 이는 여담이지만, 그로부터 190년 후 이 마을 남서쪽 시스케일에 영국 최초의 상업용 원자력 발전소가 건설된 것은 역사의 숙명이 아니었을까. 아무튼, 돌턴은 초등학교밖에 졸업하지 못했으나 독학으로 박식한 사람이 되었다. 그는 열두 살 어린 나이에 마을 사람들의 추천으로 사설학교 교사가 되었을 정도로 머리가 좋았다.

영국 화학자이며 물리학자, 기상학자인 존 돌턴(John Dalton, 1766~1844)

돌턴은 대기의 매력에 푹 빠졌다. 그는 대기의 본질을 탐구하고자 죽는 날까지 날마다 쉬지 않고 대기의 흐름을 관찰했다. 스물한 살 때부터 무려 57년 동안 꾸준히 이어진 활동이었다. 돌턴은 기체의 압력에 관한 연구 등을 바탕으로 '원자설'을 주창했다. '기체를 비롯한 물질이 가장 작은 입자, 즉 원자로 구성되어 있다'는 것이다. 또한 그는 『화학철학의 신체계(A new system of chemical philosophy)』라는 책을 출간해 원자설을 대중에 널리 보급하고자 했다. 1808년의 일이다.

### ⊙ 돌턴의 원소기호는 베르셀리우스의 원소기호와 달리 왜 널리 보급되지 못했을까?

"원소는 더 이상 쪼갤 수 없는 작은 입자, 즉 원자로 이루어져 있다. 각각의 원소는 그에 해당하는 고유한 원자로 구성되며, 각각의 원자는 고유한 질량을 가진다. 원자는 만들어내거나 파괴할 수 없다. 화학반응은 원자들이 옮겨 다니면서 재배열되는 것이다."

위 인용문은 돌턴 원자설의 핵심을 간략히 정리한 것이다. 그는 같은 원소를 구성하는 원자들은 크기·질량 및 성질이 같으며, 다른 원소를 구성하는 원자들은 크기·질량 및 성질이 서로 다르다고 생각했다. 그래서 그는 원과 기호를 이용해 원자의 종류를 나타내는 원소기호를 정했다. 돌턴의 원소기호는 연금술 등의 영향을 받은 다소 복잡하고 자기 만족적인 기호였기에 널리 보급되지는 못했다.

돌턴은 '원소란 무엇인가'를 원자와 함께 명쾌하게 설명하는 획기적인 위업을 이루었다. 그렇기는 해도 당시 그가 원자의 존재를 실제로 확인한 것은 아니었다. 그러므로 그의 원자설은 어디까지나 모든 물질의 구성 원리를 합리적으로 설명할 수 있도록 고안한 이론, 원자는 가상적 입자에 불과했다.

오늘날과 같은 알파벳을 사용한 원소기호는 스웨덴 화학자 옌스 야코브 베르셀리우스(Jöns Jacob Berzelius, 1779~1848)가 1814년에 고안한 것이다.

---

1809년

## 농업을 화학의 관점에서 바라보다

자본주의적 근대 농법의 시작

---

### ⊙ 농경지를 사 등분하여 돌려짓기하는 '노퍽 농법'으로 생산성을 비약적으로 향상시키다

'문화(culture)'라는 말은 '경작한다'라는 의미의 라틴어 '쿨투라(cultura)'에서 유래했다. 그렇다. 문명은 농업과 함께 시작되었다. 인류는 긴 세월을 지나며 농기구를 발명했고 끊임없이 개량하며 생산성을 높여왔다. 마침내 생산성을 비약적으로 향상시키는 근대 농업이 탄생했다. 이것이 바로 잉글랜드 동부 노퍽주를 중심으로 확산된 '노퍽 농법'이다. 실제로 노퍽주는 당시 잉글랜드 곡물 생산량 중 90퍼센트를 담당했다.

노퍽 농법은 클로버, 밀, 순무, 보리의 사이클로 경작하는 방법을 말한다. 농경지를 사 등분하여 돌려짓기하는 노퍽 농법은 '사포식 농법'이라고도 한다. 이 가운데 클로버와 순무는 소 등의 가축용 사료로 이용된다. 또한 노퍽 농법에 조파기(단단한 땅에도 씨앗을 뿌릴 수 있는 기계)를 도입하면 북유럽 빙하 지형의 척박한 토지에서도 생산성을 높일 수 있었다.

클로버 같은 콩과 식물은 뿌리에 '뿌리혹박테리아(근류균)'라는 미생물을 공생시킨다. 뿌리혹박테리아는 공기 중 질소($N_2$)를 이용해 암모니아($NH_3$)를 만들 수 있다. 말하자면 이런 유의 식물은 뿌리혹박테리아의 도움을 받아 스스로 '비료'를 만들어 사용하는 셈이다.

### ⊙ 농업에 경제학을 융합시켜 근대화를 지향한 독일 농학자 알브레히트 테어

독일 농학자 알브레히트 테어(Albrecht Thaer, 1752~1828)는 노퍽식 농법을 심도 있게 연구했다. 그 결과 그는 '클로버를 심는 일', '땅을 비옥하게 만드는 일'의 중요성을 발견했다. 그는 1809년부터 꾸준히 발표해온 내용을 망라한 저작 『합리적 농업의 원리(Grundsätze der rationellen Landwirthschaft)』를 통해 농업과 경제학을 융합시킴으로써 농업도 경영의 관점에서 접근해야 한다며 농업 근대화의 길을 제시했다.

테어는 땅속 유기물이 부패해서 생기는 '후무스(humus)'라는 부식질(검은 흙에 많이 들어 있다)이 지력, 즉 토지가 식물을 키우는 힘을 결정한다는 이론을 제기했다. 그러나 훗날 그의 제자가 본질은 부식질이 아닌 그 속에 들어 있는 '성분'임을 발견했다. 그 후 '비료 혁명'이 시작되었다.

## 1811년
## 시대를 너무 앞서 나갔던 분자설

**재발견되기까지 50년 동안 무시당한 천재**

### ⊙ 돌턴의 원자설로도 설명할 수 없는 화학 반응이란?

물질이 원자로 구성되어 있다는 돌턴의 학설은 당시로서는 지나치게 혁명적이었기에 동료 과학자들 중에도 선뜻 받아들이지 못하는 이가 많았다. 그러나 훗날 이 학설은 물질 변화와 양적 변화를 매우 설득력 있게 설명해주는 학설로 받아들여지며 화학 발전의 기폭제가 되었다.

그런데 돌턴의 원자설로도 설명하지 못하는 화학 반응의 양적 관계가 있었다. 당대인들은 수소 가스 2부피와 산소 가스 1부피가 반응하면 수증기 2부피가 생성된다는 사실을 알고 있었다. 이를 원자 개수를 기준으로 생각하면 수소 원자 2개와 산소 원자 1개가 반응해서 물 (분자) 2개가 되는 것이다. 그러므로 산소 원자 1개를 둘로 나누어야 한다. 그러나 원자는 '더 이상 쪼갤 수 없는 입자'로 정의되어 있으므로 모순이 발생하게 된다.

### ⊙ 50년 동안 화학계에서 철저히 외면당한 아보가드로의 분자설

이 문제를 해결한 사람은 이탈리아 화학자 아메데오 아보가드로(Amedeo Avogadro, 1776~1856)였다. 그는 수소와 산소가 원자가 아닌, 원자가 결합한 알갱이, 즉 분자 형태로 되어 있다고 생각했다. 말하자면 이런 식이다. '먼저, 산소 원자 2개가 결합한 분자를 생각한다. 그런 다음 수소 분자 2개와 산소 분자 1개가 반응해서 물 분자 2개가 생성된다.' 이런 논리와 이론으로 합리적인 설명이 가능해지고 모순이 해결된다.

아보가드로는 '압력과 온도가 같은 기체에는 종류와 무관하게 같은 수의 분자가 들어 있다'라는 법칙을 발표했다. 1811년의 일이다. 당시 화학계는 이 주장에 어떤 반응을 보였을까? 맨 처음 반응은 무관심 그 자체였다. 원자론만으로도 선뜻 받아들이기 힘든 새로우면서도 놀라운 발상인데, 여기서 한발 더 나아가 그 원자가 결합된 입자인 분자로 이루어져 있다는 생각을 내놓았으니 그럴 만도 했다. 결국 분자설이라는 위대한 발상은 재발견되고 제대로 된 이론으로 받아들여지기까지 50여 년 가까이 철저히 무시당하는 수모를 겪어야 했다.

오늘날 우리는 100여 종에 이르는 원소의 원자를 조합해 무수히 많은 분자를 만들어낼 수 있다. 이는 마치 레고 블록을 조립해서 〈겨울 왕국〉의 성부터 페라리 F40까지 온갖 종류의 형태를 만들 수 있는 것과 비슷한 이치다. 참고로, 오늘날 1,000만 종류가 넘는 분자가 존재하는 것으로 알려져 있다. 이렇듯 화학은 광석이나 석유 등의 천연물질에서 다양한 원소의 원자를 재조합하여 플라스틱·반도체, 항바이러스제 등 온갖 물건을 만들어내는 신비한 마법이다.

**돌턴 원자설에 입각한 설명**

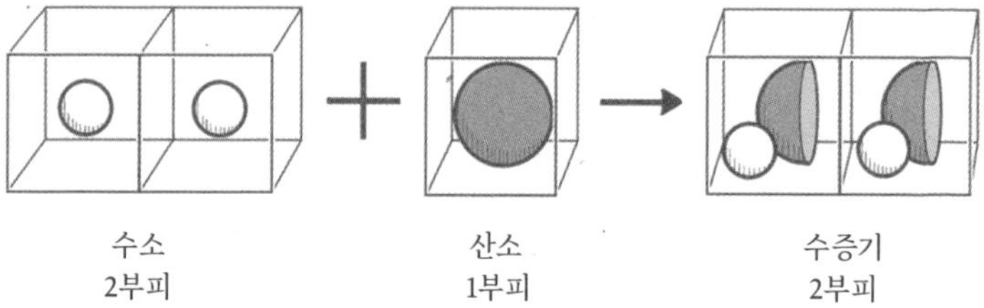


**아보가드로 분자설에 입각한 설명**

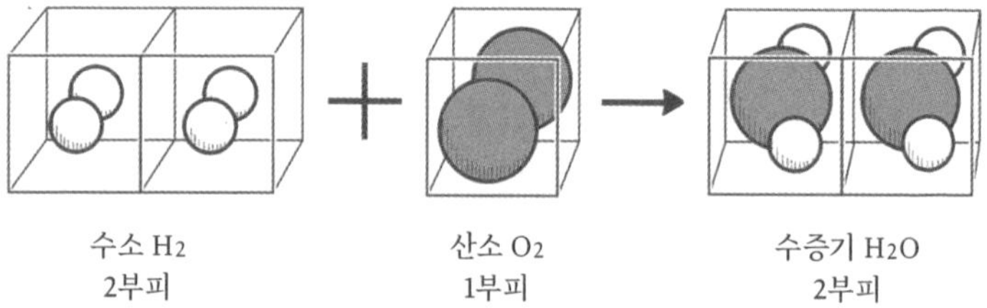

1812년

# 나폴레옹군의 패배

### 감염병 앞에서 맥을 못 추는 무적의 프랑스군

## ⊙ '전쟁의 신' 나폴레옹도 거꾸러뜨린 무서운 감염병 발진티푸스

1793년 툴롱 포위전으로 세간의 이목을 집중시킨 나폴레옹은 알렉산드로스 대왕이 재림한 것과 같은 엄청난 기동력으로 삽시간에 유럽을 정복했다. 그러나 '융성한 것은 반드시 쇠퇴한다'라는 '성자필쇠(盛者必衰)' 이치대로 영원할 것만 같았던 나폴레옹 제국에도 몰락의 시간이 찾아온다.

러시아를 침공한 프랑스군 40만 명은 내부에서 발생한 발진티푸스(비위생적인 환경에서 만연하는 감염병) 등의 감염병으로 인해 괴멸적인 타격을 입었다. 1812년의 일이다. 여러 지역을 이동하며 수많은 주민과 접촉하고 위험천만한 수원(水源)에 의지한 탓이 컸다. 사실 이런 결과는 나폴레옹 전쟁 이후 대규모 군대에 필연적으로 찾아오는 운명과도 같은 것이었다.

나폴레옹은 사관학교 시절부터 절친한 전우였던 오귀스트 드 마르몽(Auguste Frédéric Viesse de Marmont) 원수의 배신으로 실각해 황제 자리에서 물러났다. 1814년의 일이다. 그 후 루이 16세의 동생이 루이 18세(Louis XVIII, 재위 1814~1815, 1815~1824)로서 왕위에

**아돌프 노르트헨, 〈모스크바에서 후퇴하는 나폴레옹〉**

1851년, 캔버스에 유채, 120x95cm, 소장처 미상

오르며 루이 왕조가 부활했다. 한편 나폴레옹은 이탈리아의 토스카나와 코르시카섬 사이에 있는 엘바섬에 유배되었다.

---

## 1812년
# 어둠을 밝히는 가스등
### 배관을 통해 에너지를 보내다

---

### ⊙ 제철업 발달로 탄생하게 된 '머독의 가스등'이 세계사를 바꾸다

현대사회에서는 밤이 되면 전기 조명이 휘황찬란하게 들어와 도시 지역에 불야성 같은 광경이 펼쳐진다. 그러나 기나긴 인류의 역사를 돌아보면 이는 지극히 최근에 들어서서의 일이다. 어느 나라에서나 어둠을 밝혀주는 도구라고는 양초·오일램프 정도밖에 없었다. 좀 더 시간이 지나자 대도시에서는 석탄에서 발생하는 가스를 이용한 등이 어둠을 밝히는 대형 조명 역할을 해냈다.

당시 제철업이 발달한 영국에서는 석탄을 태워서 제철에 사용하는 코크스(탄)를 만들었다. 한데 이 코크스를 만들 때 발생하는 가스('석탄가스'라고 하며 수소와 메탄을 함유하고 있다)에 주목해 이것으로 램프에 불을 붙이는 획기적인 시스템을 만든 이가 있었다. 윌리엄 머독(William Murdoch, 1754~1839)이라는 청년이 바로 그다. 그리고 나폴레옹의 몰락이 시작된 1812년, 세계 최초의 가스회사가 런던에 탄생했다.

제조 공장에서부터 파이프를 연결해 석탄에서 얻은 가스로 가로등을 밝히는 시스템은 유럽 도시로 확대되어 갔다. 에너지원을 공장에서 분배하는 시스템은 훗날 찾아오는 전기 시대의 선구적 존재였다. 가스등은 어두운 거리를 밝혀 세상을 빛의 시대로 이끈 것만으로도 세계사를 바꾼 주요 도구의 하나로 인정받을 만하다. 한데 여기서 그치지 않고 가스등은 이후 더 큰 '보물'을 만들어낸다.

---

1814년

## 실패작으로 끝난 로켓 개발

**영국 로켓 실패가 초강대국 미국의 작은 원동력이었다?**

---

### ⊙ 미국 대통령 관저가 '화이트하우스'로 개명된 것이 독립전쟁 당시 영국군의 로켓포 공격으로 불탔기 때문이라는데?

나폴레옹 전쟁이 끝난 뒤 영국은 무역선을 통해 곡물 등의 물자가 미국에서 프랑스로 운송되는 것을 집요하게 방해했다. 영국은 여기에 만족하지 않고 한발 더 나아가 미국의 항만을 봉쇄했다. 그 연장선에서 영국과 미국은 전쟁에 돌입했다. 1812년부터 1814년까지 지속된 미영전쟁이 그것이다. 학자들은 이 전쟁을 '제2차 미국 독립전쟁'으로 부르기도 한다.

영국령 캐나다 총독은 영국군을 남진시켜 미국을 침공했다. 나폴레옹의 실각으로 프랑스 국력이 약해진 틈을 노린 기습 전략이었다. 당시 영국군은 윌리엄 콩그리브(William Congreve)의 지휘 아래 로켓포를 실전에 투입할 준비를 하고 있었다. 1805년 이후의 상황이다.

한때 동인도회사의 영국군은 인도 마이소르왕국과 벌인 전투에서 현대의 로켓 폭죽을 거대하게 만든 것 같은 로켓포의 공격을 받고 매우 고전한 일이 있었다. 이는 1799년 무렵의 일이다. 그 일을 계기로 영국군에 로켓을 다루는 전문 부대가 만들어졌다. 사실 로켓 병기의 역사는 우리가 상상하는 것보다 훨씬 오래되었다. 실제로 중국에서는 이미 13세기에 남송군이 몽골군을 상대로 로켓 병기를 사용해 기마 군단을 엄청난 공황 상태에 빠뜨린 적이 있었다.

블레이든스버그 전투에서 콩그리브 로켓의 광음에 놀란 미국 민병들이 혼비백산하여 달아나는 일이 발생했다. 1814년의 일이다. 캐나다에서 미국 쪽으로 남진한 영국군이 로켓포 부대를 운용하고 있었기 때문이다. 그날 영국군은 워싱턴으로 진격해 연방의회의사당과 대통령 관저에 불을 질렀다. 그러나 이후 얼마 지나지 않아 미합중국군이 워싱턴을 탈환하는 데 성공했다. 그들은 대통령 관저의 불탄 자리를 감추기 위해 새롭게 도색했다.

화창·화전(13세기)

콩그리브 로켓(19세기)

카추샤 로켓(20세기)

이 역사적 건물은 20세기에 들어서서 '화이트하우스(백악관)'로 개명되었다.

### ⊙ 남북전쟁의 물줄기를 바꾼 볼티모어항 맥헨리 요새 전투

영국군 함대가 미국 제3의 도시 볼티모어항을 침략했다. 1814년 9월의 일이다. 이 도시를 지키는 최후의 보루는 항구 입구에 구축된 성형요새인 맥헨리 요새였다. 영국군은 이 요새를 밤새 공격하며 콩그리브 로켓과 대포를 1,500발 이상 쏟아부었다. 미국군과 볼티모어 시민들은 요새가 함락되는 것은 시간 문제라며 절망에 빠졌다. 당시 시인이자 변호사인 프랜시스 스콧 키(Francis Scott Key)는 영국군의 포로가 된 의사 친구의 석방 문제를 교섭하기 위해 영국 군함에 승선해 있었다. 교섭이 성공적으로 진행되어 석방을 약속받기는 했으나 요새를 공격하는 동안 그는 선내에 구금되어 있었다.

키는 밤새 쉴 새 없이 계속된 영국의 거센 포격에 볼티모어도 더는 버티지 못하고 함락될 것으로 예측하며 절망했다. 그러나 놀랍게도 날이 밝은 후 바깥을 보니 요새 위에 여전히 성조기가 높게 걸려 있는 게 아닌가! 볼티모어항의 맥헨리 요새가 끝내 항복하지 않고 버텨냈다는 사실에 감동한 키는 불굴의 요새를 칭송하는 시를 썼다.

로켓의 붉은 섬광, 공중에서 작렬하는 폭탄,

그 속에서도 우리 깃발은 나부끼고 있었네
And the rocket's red glare, the bombs bursting in air,
Gave proof through the night that our flag was still there

「맥헨리 요새 방어전(Defence of Fort McHenry)」이라는 제목의 이 시는 〈별이 빛나는 깃발(The star-spangled Banner)〉, 즉 미국 국가의 가사가 되었다.

### ⊙ 영국의 로켓 병기가 실패작인 것이 오늘날 초강대국 미국이 탄생한 중요한 요인이었다고?

영국의 로켓 병기는 미국사와 영국사, 그리고 세계사의 물줄기를 바꿔놓았다고 해도 지나치지 않다. 그도 그럴 것이 오늘날 미국이 영국연방의 구성원으로 남아 있지 않고 초강대국 미합중국으로서 군림하고 있는 것은 거의 전적으로 영국의 로켓 병기가 실패작이어서 맥헨리 요새가 함락되지 않은 덕분이기 때문이다.

로켓 병기는 연료가 연소하는 과정에 무게중심이 이동하는 탓에 명중률이 크게 떨어진다는 치명적인 한계를 가지고 있었다. 말하자면 당시 로켓 병기는 무작위로 쉴 새 없이 발사해 공격 지점을 제압하는 용도일 뿐 목표를 정교하게 타격하기는 무리였다. 그러나 이 결함 많은 로켓은 이후 꾸준히 발전을 거듭해 제2차 세계대전 중에는 독일에서 대륙간탄도미사일(ICBM)의 기원이 되는 로켓이 탄생했다. 그리고 그 연장선에서 로켓은 인류를 달까지 실어 보내게 된다.

1824년

# 시멘트의 부활

## 눈에 보이지 않는 이론이 거대 구조물을 지탱하다

### ⊙ 석조 등대 건설 과정에 '소성 시멘트' 분야를 개척해 세계 건축사를 바꾼 토목공학자 존 스미턴

산업혁명의 결과로 원료와 제품 유통을 위해 철교, 터널, 항만 등의 인프라 정비가 이루어지면서 강력한 시멘트가 필요해졌다.

영국 플리머스항은 도버 해협에 인접한 요충지다. 이 항구로부터 남서쪽으로 멀지 않은 곳에 위치한 암초 위에 있던 목조 등대가 소실되는 사고가 발생했다. 영국 정부는 지체 없이 그곳에 견고한 석조 등대를 지어야 한다고 판단했다. 1755년의 상황이다. 그도 그럴 것이 당시만 해도 레이더가 없던 시대였기에 등대가 없으면 배가 좌초하기 십상이었기 때문이다.

당대 명망 높은 토목공학자 존 스미턴(John Smeaton, 1724~1792)이 그 공사 책임자로 임명되었다. 그는 석조 등대를 만들기 위해 돌과 돌을 한 덩이로 접착할 시멘트를 개발하는 일에 몰두했다. 당연하게도 시멘트는 바닷물과 거센 비바람을 너끈히 견뎌낼 수 있을 만큼 강력해야만 했다. 많은 실험과 도전 끝에 그는 소량의 점토와 구운 석회석 가루를 한데 섞어 사용하면 강도가 높아진다는 사실을 발견했다. 여기서 한발 더 나아가 그는 그 시멘트의 조성을 분석해 '소성 시멘트'라고 하는 분야를 개척했다. 사실 이는 고대 로마시대에 사용되던 시멘트를 재발견하고 재개발한 것으로, 고대 로마의 시멘트가 이 시대에 부활한 셈이다. 사람들은 존 스미턴이 개발한 시멘트를 '수경성 석회'라고 불렀는데, 물속에서도 풀어지거나 분해되지 않고 굳는 성질 덕에 붙여진 이름이다.

1759년, 존 스미턴이 강력한 시멘트를 이용해 다시 세운 에디스톤 등대가 처음 불을 밝혔다. 이후 전 세계 등대가 이 방식으로 건설되었으니 스미턴은 가히 현대 시멘트 공학의 선구자로 인정받을 만하다.

## ⊙ '포틀랜드시멘트'를 개발하여 현대 문명을 상징하는 고층 빌딩 건설을 가능케 한 영국 벽돌공 조지프 애스프딘

조지프 애스프딘(Joseph Aspdin, 1778~1855)은 영국의 벽돌공이었다. 놀랍게도 그는 석회석 분말에 점토와 물을 섞은 다음 고온으로 구운 것을 가루로 만든 강력한 시멘트를 발명했다. 이는 1824년의 일로, 이 해에는 베토벤 교향곡 제9번 〈합창(Choral)〉이 빈에서 최초로 연주되기도 했다.

애스프딘이 발명한 시멘트는 '포틀랜드시멘트(Portland cement)'로 불렸다. 경화된 뒤의 고체가 영국 포틀랜드섬에서 채취되는 포틀랜드석과 비슷하다고 해서 붙여진 이름이다. 포틀랜드시멘트는 공사 현장이나 미장 자재를 파는 매장에서 쉽게 보거나 살 수 있는 바로 그 시멘트다. 이후 다양한 성분의 시멘트가 개발되었다. 시멘트와 시멘트에 자갈과 물을 섞어 만드는 콘크리트가 다리, 터널, 항만 설비 등의 인프라를 조성해 철도와 배를 통한 물자 수송을 뒷받침해주었다. 산업혁명과 자본주의는 시멘트와 콘크리트 없이는 불가능했을 거라고 말해도 지나치지 않을 정도로 두 물자의 역할은 지대했다. 현대 문명을 상징하는 고층 빌딩이나 거대한 댐, 교량 등도 모두 콘크리트를 이용해 만들어낸 작품이다.

우리 눈에 보이지는 않지만, 시멘트 내부에서는 칼슘이나 산소 등의 이온이 물 분자와 정전기적 인력으로 결합하면서 무수히 많은 작은 인력이 모여 거대한 구조물을 지탱한다.

---

1825년

## 획기적인 고무 제품 탄생

### 고무 시대가 세상을 바꾸기 시작하다

---

**⊙ '악마의 물질'로 불리며 골칫거리로 전락한 콜타르로 방수포를 만들어 공업화에 성공한 찰스 매킨토시**

제철업에서 코크스가 활발히 이용되고 런던 등의 대도시에 배관을 통해 석탄가스를 사용하는 가스등 설치가 확대되었다. 이 과정에 석탄을 분해할 때 생기는 검고 끈적끈적하며 강렬한 냄새가 나는 부산물인 콜타르가 큰 문제가 되었다.

콜타르는 목조선이나 토목공사 등에서 방수제, 방부제로 이용되었다. 그러나 결국 콜타르는 '악마의 물질'로 불리며 관련 업자들의 골칫거리가 되었다. 또한 폐기물로 강이나 바다에 아무렇게나 버려져 환경오염 문제를 일으켰다. 이는 가스등에 사용할 가스를 제조하는 과정에 날마다 너무 많은 콜타르가 생산되었기 때문이다.

그러던 중 콜타르에서 얻을 수 있는 나프타(석유와 같은 것)가 고무를 녹인다는 사실을 우연히 발견한 이가 있다. 그는 글래스고에서 염색업을 하는 한 스코틀랜드인이었다. 이 역사적 발견이 이루어진 때는 1823년의 어느 날이다. 아무튼, 그 염색업자는 녹인 고무를 무명천 2장에 발라서 맞붙이면 방수포가 된다는 지식을 터득했고 공업화하는 일에 나섰다.

공업화는 매우 성공적이었고, 초기 생산품은 순식간에 전량 매진되었다. 그도 그럴 것이 방수포는 비가 많이 내리는 글래스고에 안성맞춤인 상품이었기 때문이다. 이 인물의 이름은 찰스 매킨토시(Charles Macintosh, 1766~1843)로, 지금도 '매킨토시'라는 레인코트 브랜드가 유통되고 있을 정도로 대단한 성공을 거두었다.

그 무렵 영국을 비롯한 유럽에는 바야흐로 본격적인 '고무 시대'가 도래하고 있었다. 포장마차 제작자 영국인 토머스 핸콕(Thomas Hancock, 1786~1865)이 고무를 늘리거나 가공하는 기술을 발명하면서 그 방향과 흐름에 더욱 가속력이 붙은 것이었다. 위대한 두 개발자 매킨토시와 핸콕은 현명하게도 함께 고무 사업을 시작했다. 1825년의 일이다.

그러나 고무가 본격적으로 세상을 바꾸게 된 것은 고무에 매료된 또 한 명의 사내가 나타난 이후로, 이와 관련해서는 뒤에서 살펴볼 것이다.

---

1827년

## 사진 발명

**반도체 제조에도 활용되는 사진 기술**

---

### ⊙ 17세기 네덜란드 화가 페르메이르도 '카메라 오브스쿠라'를 이용해 그림을 그렸다고?

오늘날 세상은 디지털카메라를 탑재한 스마트폰 전성시대를 맞이했다. 그 덕분에 누구나 마음만 먹으면 사진작가가 될 수도 있는 시대를 우리는 살고 있다. 사진은 인류 역사를 통틀어 몇 손가락에 꼽을 만한 획기적이고 신통방통한 발명품이다.

프랑스 발명가 조제프 니세포르 니에프스(Joseph Nicéphore Niépce, 1765~1833)는 카메라 오브스쿠라(Camera Obscura, 작은 구멍이 뚫린 어두운 상자)로 만든 상을 기록하는 혁신적인 기술에 도전했다. 카메라 오브스쿠라는 작은 구멍을 통과한 상이 거꾸로 뒤집혀서 비치게 한다. 원래 이것은 귀족들 사이에서 유행하던 놀이 장치였다. 17세기 네덜란드 화가 요하네스 페르메이르(Johannes

카메라 오브스쿠라(맨 위)와 여러 가지 현미경

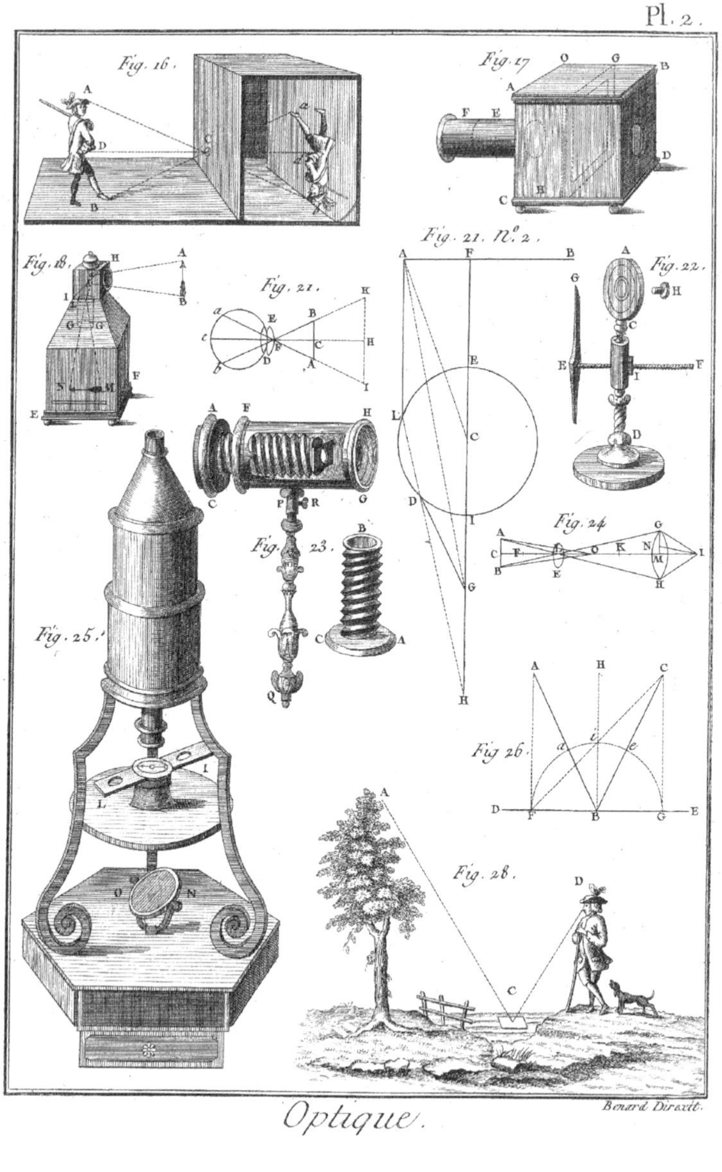

Vermeer)도 이 장치를 이용해서 그림을 그렸다. 말하자면 이것은 '카메라의 조상'이라고 할 만하다. 참고로, '카메라'는 라틴어로 '방'을 의미하고 '오브스쿠라'는 '어둡다'라는 뜻이다.

니에프스는 유리판에 아스팔트를 바르면 빛에 반응하여 화학 변화를 일으킨(이를 '감광'이라고 한다) 부분이 딱딱해진다는 사실을 발견했다. 1822년의 일이다. 나아가 1827년에는 카메라 오브스쿠라에 이 감광제를 놓고 상을 만든 다음 반응하지 않는 아스팔트를 씻어내서 네가(음화)를 만들었다. 그런 다음 그는 이것을 원판으로 삼아 판화처럼 종이에 인쇄하는 데 성공했다.

### ⊙ 우표보다 작은 크기 실리콘에 다이오드 100만 개 등 디바이스를 새겨 반도체를 만드는 '포토리소그래피' 기술

오늘날의 실리콘(규소) 반도체 집적 회로나 메모리를 제조하는 기술도 같은 원리를 이용한 것이다. 가령 규소 기판 위에 미세한 규소(반도체) 부분과 이산화규소(절연층) 부분을 만든다고 가정하자. 이때 먼저 규소 기판 위에 빛과 반응해서 경화하는 감광성수지('포토레지스트'라고 한다)를 바른다. 그런 다음 머리카락 단면을 20등분할 수 있을 정도의 가는 레이저광선을 쏘아서 규소로 남기고 싶은 부분의 수지를 경화시켜 보호 상태로 만든다. 그 직후 경화되지 않은 수지를 약품으로 녹여서 씻어내면 규소가 노출된 부분이 만들어진다. 이는 창문에 글자 실(seal)을 붙이고 거품 형태 유리창 클리너를 분사한 다음 실을 벗겨내면 글자가 드러나는 것과 비슷하다.

이런 방법을 반복해서 우표보다 작은 크기 실리콘에 100만 개나 되는 다이오드(diode, 아주 작은 전기 스위치가 된다) 등의 디바이스를 새겨 반도체 등을 만든다. 이는 '포토리소그래피(photolithography)'라는 기술이다. 포토리소그래피는 '석판인쇄'를 말하는 '리소그래피'에서 유래한 단어로, 그리스어에서 '리소스(Lithos)'는 '돌', '그라피아(graphia)'는 '쓰다'라는 의미다.

니에프스는 건축, 디자인, 회화 등 다방면에서 활동하던 루이 다게르(Louis-Jacques-Mandé Daguerre, 1787~1851)와 공동 연구를 시작했다. 1829년 이후의 일이다. 얼마 후 니에프스가 세상을 떠나자 다게르는 혼자 남아 연구를 지속했다. 그리고 그는 마침내 '다게레오타이프(Daguerreotype)'라는 본격적인 사진 기술을 탄생시켰다. 이는 1837년의 일이다.

---

1834년

## 콜타르를 분석하다

### 누구도 상상하지 못한 가치를 찾아내다

---

**⊙ 골칫덩어리 취급받던 콜타르에서 인공 염료 페놀과 아닐린을 추출해 보물섬으로 만든 독일 화학자 프리들리프 룽게**

프리들리프 룽게(Friedlieb Ferdinand Runge, 1794~1867)는 독일 함

부르크 근교에서 태어나 의학, 약학, 화학 등의 학문을 공부했다. 그는 자신과 마찬가지로 화학에 지대한 관심을 가지고 있던 당대 최고의 작가 요한 볼프강 폰 괴테(Johann Wolfgang von Goethe)와 깊은 우정을 나누었다. 그는 괴테와의 우정을 실제로 증명이라도 하려는 듯 커피 원두 분석을 의뢰 받아 최초로 카페인을 추출한 인물이기도 하다.

프리들리프 룽게는 화학 회사에서 일할 당시 끈적끈적하고 악취 나는 물질이라 아무도 연구하고 싶어 하지 않던 골칫덩어리 콜타르를 정밀 분석했다. 그 결과 그는 훗날 '페놀(phenol, 석탄산)'과 '아닐린(aniline)'으로 명명되는 두 가지 물질을 추출하는데 성공했다. 1834년의 일이다. 그는 천연 성분으로 알고 있던 아닐린이 콜타르에 들어 있다는 사실을 발견한 후 콜타르로 인공 염료를 만들 수 있으리라는 기대를 품고 연구에 매진했다. 이렇듯 분자의 관점에서 바라보면 콜타르는 사실 골칫덩어리가 아니

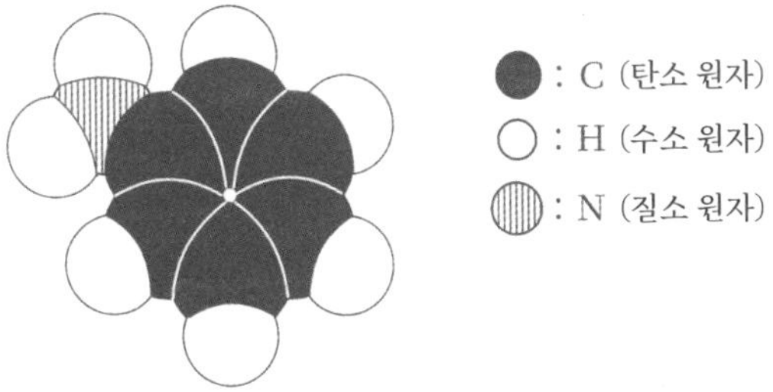


아닐린

라 보물섬이었던 셈이다.

### ⊙ 모두에게 외면당한 룽게의 혁신적인 두 발명품 '페놀'과 '아닐린'의 가치를 알아보고 성공을 일군 화학자는?

아닐린은 '쪽'을 의미하는 스페인어 '아닐(añil, 아라비아어로 an-nīl)'에서 유래한 명칭이다. 이는 쪽을 증류해서 얻는 무색 액체다. 아닐린은 오늘날의 화려한 의류, 예술 작품, 잉크 등 세상을 채색하는 염료, 액정의 분자, 의약품 등의 원료로 사용된다. 아닐린이 산화하면 색이 잘 바래지 않는 검은 염료 아닐린블랙이 되어 청바지나 티셔츠를 검게 물들이는 데 사용된다. 검은색 유성 펠트펜의 독특한 냄새는 아닐린에서 유래한 성분의 냄새다.

룽게가 연구원으로 일하던 회사는 그의 염료 연구 결과를 채택하지 않았다. 제조 공정에 너무 많은 비용이 들어간다는 이유에서였다. 룽게로서는 운 나쁘게도 콜타르에서 유용한 물질을 얻을 수 있다는 점을 제시한 논문도 발표했으나 그 역시 주목받지 못했다. 당시만 해도 '페놀'과 '아닐린'이 세계사를 바꿀 만한 혁신적인 물질이라는 사실을 그 누구도 상상하지 못했기 때문이다.

룽게에게는 어떨지 모르지만 인류에게는 다행스럽게도 룽게의 논문에 주목한 사람이 있었다. 아우구스트 빌헬름 폰 호프만(August Wilhelm von Hofmann, 1818~1892)이라는 독일 화학자가 바로 그다. 호프만이 룽게의 바통을 이어받고 달려 마침내 새로운 시대의 계기를 만든다.

1837년

## 사진 실용화

### 은염 사진, 컬러 사진, 디지털카메라로 진화하다

### ⊙ 본격적인 사진 실용화의 계기가 된 프랑스 화학자 다게르의 발명품 '다게레오타이프'

니에프스의 발명을 계승한 프랑스의 다게르가 '다게레오타이프'라는 이름의 은판 사진을 개발하는 데 성공했다. 그는 은판 표면에서 요오드(아이오딘)를 반응시켜 요오드화은(AgI)으로 만들고, 이것을 20분 동안 노출(촬영)시켜서 빛이 닿은 부분만 은 입자가 생기게 함으로써 상을 만드는 방법을 사용했다. 1837년의 일이다.

1839년, 프랑스 학술원에서 이 새로운 사진 기술이 공개되었다. 이 일을 계기로 석고상이나 망원경으로 바라본 달을 사진 촬영하는 등 본격적인 사진 실용화가 시작되었다. 이후 전 세계적으로 사진 열풍이 불었으며, 수많은 발명가가 사진 기술을 향상시키는 일에 몰두했다. 이 연장선에서 은염 사진, 컬러 사진, 폴라로이드 사진, 디지털카메라로 진화해갔다.

사진 기술 발달과 사진 실용화는 보도사진을 통해 세상에서 일어난 사건을 있는 그대로의 모습으로 알 수 있게 되는 등 사회적으로 큰 영향을 끼쳤다.

1839년

## 고무 실용화

### 현대 문명을 지탱하는 고무의 시대로

**⊙ 고무 실용화에 뚝심 있게 도전해 탄성과 내구성을 갖춘 고무를 개발하는 데 성공한 미국 발명가 찰스 굿이어**

'고무'는 현대 문명을 지탱하는 가장 대표적인 물질 중 하나다. 이렇게 이야기해도 누구든 쉽게 반박하지 못할 것이다. 그도 그럴 것이 고무타이어, 장화 같은 방수제품, 화학공장에서 자동차까지 파이프의 이음매에서 가스나 액체가 새는 것을 방지하는 개스킷(밀봉재), O형 고무링(오링), 벨트류 등의 기계부품 등 일일이 열거하기 어려울 만큼 많은 고무가 사용되고 있기 때문이다. 신통방통한 제품 소재 고무는 어떻게 발명되었을까?

실용적이고도 혁신적인 고무 제조법을 개발한 이는 찰스 굿이어(Charles Goodyear, 1800~1860)라는 이름의 한 미국 발명가였다. 그는 말 그대로 고무에 매료된 남자였다.

1830년대 미국에서는 많은 고무제품 제조사가 등장해 고무를 사용한 다양한 제품을 출시했다. 그러나 당시 출시된 고무제품은 대부분 소비자에게 외면당했고 그 결과 많은 회사가 도산했다. 이유가 뭘까? 당시의 고무제품은 여름이 되면 끈적끈적해지고 겨울이 되면 딱딱해져 금이 가는 치명적 결함이 있어 상품성이 떨어졌기 때문이다.

찰스 굿이어는 고무 실용화를 목표로 꾸준히 연구를 진행하고 있었다. 1834년 즈음의 상황이다. 그의 연구는 생각처럼 순탄치 않았다. 아무리 끈기와 인내로 고무를 사용한 제품을 만들어봐도 웬일인지 실패를 거듭할 뿐이었다. 그는 고무신발이나 우편용 주머니 등 여러 가지 상품을 만들었으나 하나같이 여름이 되면 끈적끈적해져 도무지 사용할 수 없게 돼버렸다. 그 바람에 굿이어는 한순간에 빚더미에 앉아 자녀의 교과서를 전당포에 맡기고 돈을 빌려야 할 만큼 매우 어려운 상황에 빠졌다. 게다가 돈을 갚지 못해 채무자 교도소에 수감된 적도 한두 번이 아니었다.

### ⊙ 굿이어가 우연히 발견한 '가황법'으로 전 세계에 신소재 고무 열풍이 불다

1839년 어느 추운 겨울날의 사건에 대해서는 다양한 일화가 전해 내려온다. 굿이어가 주위 사람들에게 무시당하는 것에 화가 나 난로에 황과 생고무를 던져 넣었다는 일화가 대표적이다. 굿이어가 난로 옆에서 꾸벅꾸벅 졸다가 생고무와 황이 든 병을 손으로 쳐서 생고무와 황이 난로 위로 떨어지며 섞였다는 일화도 사람들의 입에 오르내린다. 여러 일화의 공통점은 생고무와 황을 가열했다는 사실이다. 아무튼 그 일을 통해 굿이어는 생고무에 소량의 황을 첨가해서 가열하면 잘 튕기는 성질이 나타나고 내구성이 극적으로 향상된다는 사실을 알게 되었다. 이것을 '가황법'이라고 한다.

가황법이 발명된 덕분에 여름이든 겨울이든 고무를 사용할 수 있게 되었다. 여기에 더해 탄성과 내구성이 향상되어 실용화가 가능해졌다. 그 결과 전 세계적으로 신소재 고무 열풍이 불기 시작했다.

찰스 굿이어의 동생 넬슨 굿이어(Nelson Goodyear)는 황을 25퍼센트 이상 첨가하면 검고 매우 딱딱한 고무가 만들어진다는 사실을 발견했다. 그는 이 기술을 발전시켜 '에보나이트(ebonite)'라는 이름의 수지로 실용화하는 데 성공했다. 에보나이트는 '흑단'을 의미하는 '에보니(ebony)'에 '~석'을 의미하는 접미사 '-ite'가 결합해서 만들어진 용어다. 에보나이트는 악기의 마우스피스, 만년필 등에 사용된다.

## ⊙ 생고무 4,000톤을 얻기 위해 인디오 3만 명을 희생시켰다고?

천연고무를 산출하는 파라고무나무는 아마존 정글에서 자란다. 이 나무는 현지인을 강제 노동에 동원한 대량 채취로 '고무 귀족'으로 불리는 부유층을 만들어냈다. 그로 인해 브라질 아마존강 하구에서 1,000킬로미터나 거슬러 올라간 고무 집산지 마나우스에 부가 집중되었다. 마나우스 거리에는 유럽에 뒤지지 않는 대형 오페라하우스가 들어섰는데, 유럽에서 그곳으로 오페라 공연을 하기 위해 찾아올 정도였다.

영국 정부는 탐험가 헨리 위컴(Henry Wickham)에게 명령해 아마존 상류 유역에서 7만 개나 되는 고무나무 씨앗을 영국에 몰래

들여오게 했다. 그런 다음 영국 정부는 런던의 큐 왕립식물원에서 싹을 틔우는 데 성공했으며, 그것을 실론과 말레이시아에 이식했다. 이는 1875년의 일로, 당시 브라질이 전 세계 고무 생산을 독점하고 있었기 때문에 벌어진 상황이다. 이후 동남아시아의 고무 플랜테이션이 크게 확대되어 현재 전 세계 고무 생산의 80퍼센트 정도를 담당하고 있다. 헨리 위컴이 밀수해 영국으로 들여온 고무나무 씨앗 7만 개가 전 세계 '고무 생산 지도'를 송두리째 바꿔놓은 셈이다.

이런 상황의 연장선에서 천연고무 생산에서 브라질이 차지하는 비중은 점차 줄어들었다. 천연고무나무에서 대량의 생고무를 얻기 위해 베어서 쓰러뜨리는 등 고무나무를 소홀히 다룬 탓이 컸다. 아마존 유역 등 브라질 생산지의 상황은 참혹했다. 좀 더 구체적으로 1900년부터 1911년까지 3만 명이나 되는 인디오가 생고무 4,000톤을 얻기 위해 희생당했다. 이는 고무나무를 찾아내 수액을 채취하는 작업을 위해 현지인을 노예처럼 혹사시킨 결과였다.

### ⊙ 고무를 구성하는 거대한 분자 폴리이소프렌의 두 가지 구조는?

고무는 '폴리이소프렌(polyisoprene)'이라는 매우 긴 끈 모양 분자로 이루어져 있다. 이 거대한 끈 같은 분자를 '고분자화합물(중합체=폴리머)'이라고 부른다. 초등학교 운동장에서 초등학생 50명이 손에 손을 잡고 한 줄로 서 있는 장면을 머릿속에 떠올려

보면 이해가 쉬울 것이다. 또 이런 줄이 20줄 정도 모여 있다고 생각해보자.

이런 상황에서 전체의 움직임은 완만해질 수밖에 없다. 각 학생이 저마다 나름대로 움직이려고 해도 서로 손을 잡고 있어 생각처럼 쉽지 않기 때문이다.

자, 이제 학교 운동장에서 고무 분자로 시선을 돌려보자. 온도가 상승하면 학생, 아니 고무 분자의 움직임이 활발해져 긴 줄이 좀 더 빨리 움직인다. 즉, 유동성이 커진 상태가 되는 것이다. 이는 바로 고무·플라스틱 등의 독특한 성질인 가열하면 부드러워지는 성질, 즉 '열가소성'의 근원이다. 말하자면 가열로 인해 유동성이 높아져 변형이 가능해지는 것이다.

실제 고무나 플라스틱은 초등학생에 해당하는 기본 유닛이 고무의 경우 $-C_5H_8-$, 비닐봉지에 사용되는 폴리에틸렌의 경우 $-CH_2CH_2-$이다. 이것이 각각 수천 개에서 1만 개 가까이 연결되어 긴 분자를 이루고 있다.

고무를 구성하는 거대한 분자 폴리이소프렌에는 두 가지 구조가 있다. 하나는 뱀이 똬리를 튼 것 같은 모양이다. 이런 끈들이 전기 코드처럼 서로 얽힌 상태를 만들어서 잡아당기면 끈이 늘어나고 힘이 빠지면 원래의 헝클어진 상태가 된다. 바로 이 성질이 신축성 있는 고무를 만든다.

다른 한 가지는 지그재그 구조로 곧게 뻗은 막대 같은 모양의 분자다. 이것이 모이면 다발처럼 되어서 고무와 달리 딱딱한 구조로 변한다. 이것을 '구타페르카(gutta-percha)'라고 하는데, 카메라의 손이 닿는 부분이나 골프공의 외피 등을 만드는 데 사용된다.

**천연고무(폴리이소프렌) 분자**

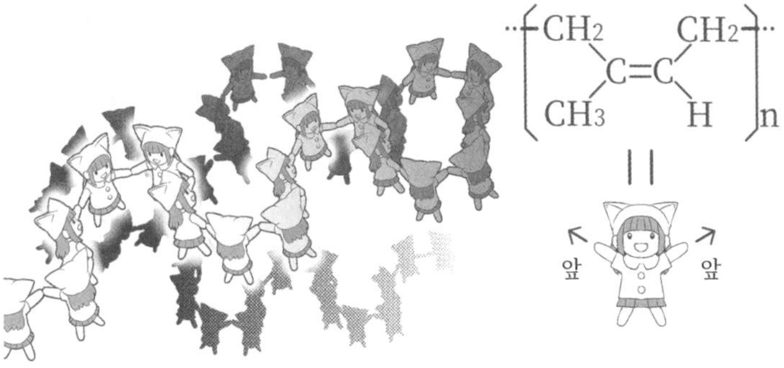


**가황고무**

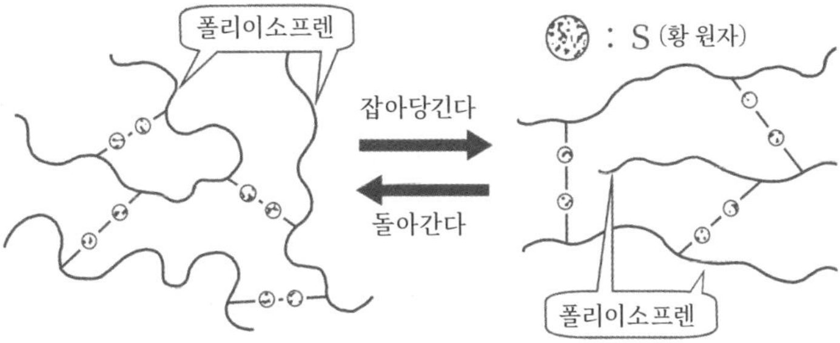


**구타페르카**

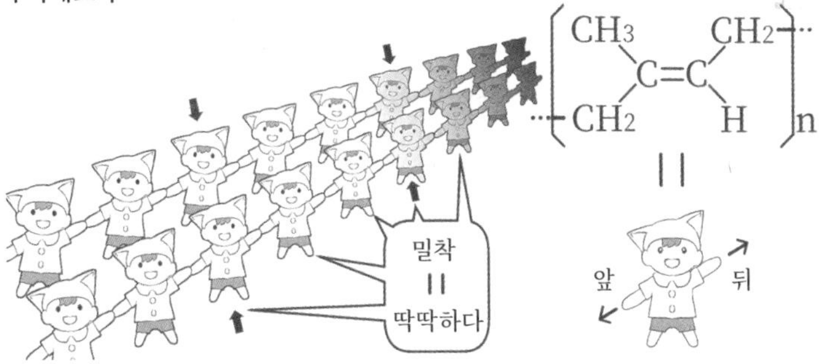

1839년

# 아편전쟁

영국의 압도적인 해군력 앞에 몰락한 중화제국

## ⊙ 중국 상인의 차 독점 상황이 만든 두 가지 역사적 흐름, '아편전쟁'과 인도산 차 '아삼 홍차와 다르질링 홍차의 탄생'

18세기 중반 이후 홍차 문화가 전 계층으로 전파된 영국에서 중국산 차의 수요가 기하급수적으로 증가했다. 그러더니 얼마 지나지 않아 급기야 수입 초과 상태가 되고 말았다. 그도 그럴 것이 중국 상인이 차를 독점 판매하고 있던 데다 그들은 오로지 금과 은만을 차 대금으로 받았기 때문이다. 좀 더 구체적으로 말하자면, 매년 오늘날의 가치로 환산할 때 무려 1조 원 이상의 막대한 금액을 은으로 지급해야 했던 셈이다.

이런 상황은 아무도 예기치 못한 두 가지 굵직한 역사적 흐름을 만들어냈다. 그중 하나는 인류 역사상 가장 추악한 전쟁으로 불리는 '아편전쟁'이고, 다른 하나는 인도에서의 차 재배, 즉 '아삼 홍차와 다르질링 홍차의 탄생'이다.

영국은 중국에 강매할 상품으로 인도 벵갈산 아편을 들여와 밀매를 시작했다. 이는 차로 인해 발생하는 무역 불균형을 시정하기 위한 자구책의 하나였다. 아편은 양귀비의 덜 익은 꼬투리에서 나오는 분비물을 추출해 건조시킨 고무 모양의 흑갈색 물

1841년 1월 7일, 영국 동인도회사 증기선 네메시스의 공격으로 파괴되는 중국 정크선

질이다. 아편에 들어 있는 성분의 하나인 모르핀(morphine)은 진통·마취 효과가 뛰어나다는 장점을 지니고 있지만 의존성이 매우 강하다는 심각한 문제점도 있다.

양귀비는 지중해 동부 지역이 원산지인 식물로 이미 고대 문명 시대부터 약초로 사용되어왔다. 그러다가 알렉산드로스 대왕의 동방 원정을 통해 양귀비가 인도에 전래되었으며(여기에는 다양한 설이 있다), 이후 중국에도 전파되었다. 20세기 초 무렵까지만 해도 시럽이나 리큐어 등의 형태로 알코올보다 저렴하게 아편을 구할 수 있었다. 충격적이게도 과거에 사람들은 끊임없이 칭얼대는 아이를 얌전하게 만들기 위한 용도로 아편을 사용하기도 했다.

### ⊙ 아편전쟁의 영향으로 일어난 태평천국의 난으로 2,000만 명이 사망하는 대참사가 벌어지다

1776년 이전까지 200상자 정도에 불과하던 수입 아편이 1838년에 이르러서는 4만 상자 이상으로 크게 증가했다. 그러자 중국 은이 대량으로 유출되어 나라 재정을 위협하는 수준으로 치달았다. 여기에 아편 중독으로 인한 폐해가 갈수록 심각해지자 청(淸)왕조는 흠차대신 임칙서(林則徐)를 광저우로 파견해 영국이 들여온 대량의 아편을 전부 몰수해버렸다. 이에 영국은 자유무역 보호를 명분으로 내세우며 전쟁을 선포했다. 최초의 교전에서는 영국 군함 2척이 청의 군함 29척과 맞붙었다. 1839년 11월의 일이다. 그리고 이내 영국 함대가 파견되어 대규모 전투를 벌인 끝에 청의 구식 군함을 괴멸시켰다. 이는 이듬해인 1840년의 일이다. 이후 1842년 난징조약이 체결되어 청의 도시 홍콩이 영국에 할양되었다.

아편전쟁을 계기로 '중화' 제국은 본격적으로 서구 열강의 간섭을 받기 시작했다. 또 그 연장선에서 곤궁에 빠진 민중이 태평천국의 난에 참여해 2,000만 명 가까이 사망하는 대참사가 벌어진다.

### ⊙ 유럽 열강에 비해 중국의 화포 개량이 더딜 수밖에 없었던 이유

중국에는 광대한 평원과 거대한 강이 많이 있다. 그러므로 오랜 옛날부터 중국인은 중앙 집권적 관료기구를 만들어 대규모 관개시설을 갖추고 관리해왔다. 이런 관료기구는 많은 긍정적인 역할을 수행했으나 부정적인 영향도 적지 않았다. 그도 그럴 것이 관료기구를 유지하는 것이 지상과제였기에 개인이 기술을 개발하거나 발명가를 육성하는 일을 방해했기 때문이다. 그런 흐름 속에서 유럽 열강이 화포 개량을 거듭하는 동안에도 고전적인 로켓탄이나 수류탄을 작렬시키는 초보적 단계에서 벗어나지 못하고 있었다.

이후 청제국은 포르투갈 상인 등을 통해 뒤늦게나마 유럽 화포를 수입하기는 했다. 그러나 청의 화포는 영국의 최신 군함에 탑재된 최신형 화포와 최신식 총(머스킷이라고 부르는 소총) 앞에서는 여전히 상대가 되지 못했다.

⊙ 제르튀르너는 왜 양귀비 추출물을 분리한 물질에 그리스 신화의 꿈을 관장하는 신의 이름을 따서 모르핀이라고 명명했을까?

아편에는 모두 20종류가 넘는 알칼로이드가 들어 있다. 그중에서 가장 많은 양을 차지하는 성분이 모르핀이다. 독일 약제사 프리드리히 제르튀르너(Friedrich Sertürner, 1783~1841)는 양귀비 추출물에서 모르핀을 분리하는 데 성공했다. 1803년의 일이다. 한데, 왜 '모르핀'이라는 이름이 붙었을까? 그것은 제르튀르너가 모르핀을 분리한 후 그리스 신화의 꿈을 관장하는 신 모르페우스(Morpheus)의 이름을 따서 그렇게 이름을 지었기 때문이다. 당시만 해도 아직 화학적 분석 기법이 발달하지 못한 탓에 학자들조차 모르핀 분자의 입체 구조(원자의 3차원적 연결)에 관해서는 알지 못했다. 그러던 중 마침내 모르핀 분자의 입체 구조가 해명되기에 이른다. 이는 제르튀르너의 모르핀 추출 성공 이후 122년이 지난 1925년의 일이다.

모르핀은 어떻게 진통 작용을 할까? 학자들은 모르핀이 뇌 속 신경 전달에 관여하는 단백질로 구성된 수용체에 작용해 통증 신호를 차단하거나 신경의 흥분을 억제하기 때문이라고 판단한다.

모르핀은 인간의 몸속에서 합성되지 않는다. 그런 모르핀이 뇌 속에서 작용한다는 것은 무슨 의미일까? 애초에 모르핀과 비슷한 분자가 인간의 몸속에서 만들어져 작용하기 때문이라고 학자들은 추측한다. 결국 인류는 모르핀보다 수백 배나 강력한 '뇌 내 마약'이라는 분자를 발견한다.

## 1841년
# 농업과 화학의 융합
### 비료를 공업적으로 인공 합성하는 시대가 오다

⊙ **한랭화의 영향으로 자전거가 발명되었다는데, 왜일까?**

인구 증가를 보장하는 여러 가지 중 가장 중요한 요소는 무엇일까? 두말할 필요 없이 '농업 생산력 향상'이다. 이는 역사적으로 명백히 증명된 사실이다. 당연한 얘기지만 식량 생산이 인구 증가를 따라잡지 못하면 기근이 발생할 수밖에 없다. 그렇다면 인류는 어떻게 그토록 중대한 과제인 농업 생산력 향상을 이루어냈을까? 조파기 같은 도구가 개량되면서 농업 생산력이 증대한 것은 사실이다. 그러나 농업 생산력을 획기적으로 향상시킨 것은 뭐니 뭐니 해도 '비료'다.

유럽의 기후는 '소빙기(소빙하기)'로 불리는 불안정한 상태에 놓여 있었다. 19세기 초 무렵의 상황이다. 그 연장선에서 유럽의 농업이 한랭화로 인해 엄청난 타격을 입은 것은 1810년을 전후한 시기의 형편이다. 또한 인도네시아의 탐보라 화산에서 인류 역사상 가장 큰 규모의 화산 분화가 발생해 한랭화를 가속시켰다. 이는 1815년의 일이다.

여담이지만, 자전거의 발명은 한랭화의 영향으로 이루어졌다고 해도 지나친 말이 아니다. 왜 그런지 잠깐 살펴보자. 독일의 귀족이며 삼림관이던 카를 폰 드라이스(Karl Freiherr von Drais)가 말을 대신할 이동 수단으로 '달리는 기계(Laufmaschine)'라는 이륜차를 발명한 것이 자전거의 원조가 된 셈이다. 한랭화가 지속되면서 말이 굶어죽는 일이 빈번히 발생하자 중요한 이동 수단인 말 부족 사태를 우려한 드라이스가 새롭고도 유용한 탈것을 개발한 것이었다. 이는 1817년의 일이다. '달리는 기계'는 이후 영어로 '드래진(draisine)' 또는 '댄디 호스(Dandy Horse)'라는 별칭으로 불렸다.

### ⊙ 비료를 공업적으로 인공 합성하는 시대가 펼쳐지다

독일의 유스투스 폰 리비히(Justus von Liebig, 1803~1873)는 19세기를 대표하는 화학자 중 한 명이다. 그는 『농업과 생리학에 대한 유기화학의 응용(Die organische Chemie in ihrer Anwendung auf Agricultur und Physiologie)』이라는 책을 발표해 '식물 생장에 필요한 것은 부엽토다'라는 기존의 주장을 정면으로 반박했다. 1840년의 일이다.

여기서 한발 더 나아가 리비히는 식물 생장에 필요한 것은 부엽토가 아니라 부엽토 속에 함유돼 있는 성분인 질소, 인산, 칼륨의 세 가지 원소라고 주장했다. 말하자면 그는 '부엽토 원리주의'에도 반기를 든 셈이었다. 이는 1841년의 일이다. 그리고 그는 이들 원소 가운데 가장 양이 적은 것에 맞춰서 다른 원소의 필요량도 정해진다는 '최소율' 개념을 종합적으로 발표했다. 이는 말하자면 질소, 인, 칼륨이 들어 있는 화합물로 구성된 비료를 주면 식물 생장을 촉진할 수 있다는 의미다. 이로써 광석 등을 원료로 만든 무기질 비료가 대대적으로 보급되는 시대가 찾아왔고, 그 결과 대규모 농업에서는 인공비료 투입에 힘입어 수확량이 2~3배 증가했다.

오랫동안 농업에는 '원소의 순환 원리'가 적용되었다. 이는 한마디로 사람이나 동물이 배설한 분뇨를 비료로 이용한다는 개념이자 원리다. 중국은 이 순환에 의지하여 엄청나게 많은 인구를 먹여 살려왔다. 유럽과 일본에서도 도시화가 진행되자 도시에서 나온 분뇨를 농촌에서 거름으로 사용했다. 전 세계적으로 손에 꼽는 대도시였던 에도는 19세기에 인구가 100만 명이 넘었다고 한다. 한데 그 많은 인구를 지탱한 것은 그들이 배설한 분뇨였던 셈이다.

리비히의 연구는 이런 원소 층위에서의 순환을 단절시키고 암석 등의 성분(무기화합물)을 바탕으로 한 비료로 전환시켰다. 그 덕분에 전 세계는 비료를 공업적으로 인공 합성하는 시대를 맞이하게 되었다.

유스투스 폰 리비히는 소년 시절 끔찍하고 참혹한 유럽 대기근을 겪으며 성장했다. 1816~1817년의 일이다. 이후 그가 화학자로서 식량 증산을 위한 해결책을 찾아내는 데 유독 집착한 데에는 그런 개인적인 경험도 한몫했다고 볼 수 있다. 그는 껍질이나 지방을 제거한 뒤의 쓸모없는 고기를 가공해 고기 추출물을 만드는 방법을 공업화해 막대한 이익을 올렸다. 말하자면 20세기에 본격적으로 발전하는 식품 가공업의 발판을 리비히가 마련했다고 볼 수 있다.

1845년

# 흑색화약의 종언

## 새로운 화약의 시대가 도래하다

### ⊙ 유럽 각국의 육군 군복이 갈수록 화려해질 수밖에 없었던 절박한 이유

19세기 중엽까지 소총이나 대포 등의 화포에는 여전히 흑색화약이 사용되고 있었다. 물론 그 과정에 성분·입자 등의 개량이 이루어지기는 했다. 그러나 전쟁터에서 사용되는 화포의 수가 증가함에 따라 예기치 않은 문제가 발생했다. 그중에서도 화포를 발사할 때 대량으로 발생해 전장을 자욱하게 만드는 흰 연기가 만만치 않은 문제를 일으켰다. 그로 인해 정확한 조준이 불가능한 것은 둘째치고 적군과 아군을 구별할 수조차 없는 상황이 벌어졌다. 그런 맥락에서 유럽 각국의 육군 군복은 점점 더 화려해져 갔다. 아군을 오인 사격하는 끔찍한 사태를 방지하고 지휘관이 적군과 아군을 명확히 분간할 수 있도록 시인성을 높이려는 취지에서 이루어진 조치였다. 좀 더 구체적으로, 영국군은 '레드코트'로 유명한 빨간색, 프랑스군은 파란색, 프로이센군은 남청색 등 국가별로 다른 색을 채택해 사용했다.

화포를 발사할 때 생기는 연기의 문제점은 또 있다. 이 연기는 적진에서도 그대로 보이기 때문에 발사 지점이 특정되어 곧장

적의 반격으로 이어질 위험성이 크다는 점이 그것이다. 19세기 후반 이런 결점을 보완하거나 극복한 새 화약이 등장한 데는 이와 같은 사정이 있었다. 그 결과 1,000년 동안 계속된 흑색화약 시대가 막을 내린다. 그 새로운 화약이란 바로 '니트로셀룰로오스(nitrocellulose)'라는 분자다.

### ⊙ 질산과 황산을 닦아낸 앞치마가 우연히 가져다준 기적적인 발명

오존을 발견한 학자로도 유명한 스위스 바젤대학 교수 크리스티안 쇤바인(Christian Friedrich Schönbein, 1799~1868)은 자택 주방에서 질산·황산 등을 이용해 실험을 하고 있었다. 1845년 어느 날의 일이다. 그는 왜 주방에서 실험을 했을까? 평소 같으면 그의 아내가 주방에서 제멋대로 실험하도록 놓아두지 않았겠지만 마침 아내가 외출을 해서 집에 없었기 때문이다. 쇤바인은 실험에 너무 열중한 나머지 깨끗이 청소된 주방 바닥에 질산과 황산 액체를 흘리고 말았다. 아내가 그 상황을 보면 한바탕 잔소리를 듣게 될 것이 뻔하다고 생각한 쇤바인은 증거를 없애기 위해 액체를 닦아낼 만한 것을 찾아 주위를 둘러보았다. 그의 눈에 아내의 무명 앞치마가 들어왔다. 쇤바인은 셀룰로오스로 만들어진 무명 앞치마로 질산과 황산을 닦아낸 다음 앞치마를 말리기 위해 난로 옆에 널어두었다. 아내가 언제 집에 돌아올지 모른다는 생각에 걱정하며 앞치마를 말리고 있을 바로 그때였다. 갑자기 앞치마에 불이 붙더니 순식간에 타버렸다.

### ⊙ 쇤바인이 개발한 '면화약'이 새로운 폭약으로 실용화될 수 있었던 결정적 이유

화학적으로 설명하면, 앞치마의 소재, 즉 무명 성분인 셀룰로오스가 진한 질산과 황산에 반응해 니트로셀룰로오스가 된 것이다. 셀룰로오스 분자가 지닌 엄청난 수의 —OH(히드록시기)가 $-ONO_2$(질산에스테르)가 되면 흑색화약(과거 화승총 등에 사용된 화약)보다 훨씬 강력한 폭발성 분자인 니트로셀룰로오스가 만들어진다.

쇤바인은 그것을 '면화약(Schießbaumwolle, guncotton)'이라고 불렀다. 처음에는 니트로셀룰로오스를 제조하는 공정에서 남게 되는 질산 때문에 지나치게 불안정해 폭약으로 사용할 수 없었다. 그러나 1860년대 후반, 질산을 제거해 안정화하는 기술을 발명하는 데 성공한 덕분에 '면화약'은 새로운 폭약으로 실용화되었다. 이는 연기가 적게 발생한다는 것이 오히려 장점으로 작용하여 '무연 화약'으로도 불렸다.

한편 연구가 꾸준히 진행되면서 셀룰로오스와 진한 질산의 반응 조건을 조절하면 $-ONO_2$가 줄어들어 에탄올 등의 액체에 녹는다는 사실이 알려졌다. 이렇게 만들어진 용액을 '콜로디온(collodion)'이라고 하며, 콜로디온은 사진용 유리판에 브로민화은 결정을 고착시키는 데 사용되었다. 그도 그럴 것이 콜로디온을 무언가에 바르면 곧바로 굳어버리기 때문이다. 콜로디온의 '굳는 성질'을 활용해 상처에 바르는 액체 반창고 등이 개발되어 실생활에 이용되기 시작한 것이다.

1846년

# 에테르 마취 수술

## 고통 없는 외과 수술 시대로

**⊙ 아산화질소 가스를 이용하여 마취제를 개발하는 데 성공한 치과의사 호레이스 웰스**

인류를 고통에서 구원한 기술 중 하나로 '마취'를 꼽을 수 있다. 마취 기술이 발명되기 전까지 수술은 끔찍함 그 자체였다. 이를테면 외과의사는 수술을 시작하기 전 환자를 기절시키기 위해 나무망치로 그의 머리를 때려야 할 때가 많았다. 환자가 비명을 지르며 몸부림치지 않도록 수술 전 위스키 한 병을 전부 마시도록 지시하기도 했다. 고통스러운 수술을 받는 일이 너무도 공포스러워 수술 전 자살하는 경우도 드물지 않았다. 또한 통증을 완화하기 위해 사용한 아편에 중독되어 폐인이 되는 사람도 생겼다.

미국 코네티넛주 하트퍼드의 호레이스 웰스(Horace Wells, 1815~1848)는 치과의사였다. 그는 당시 유행하던 아산화질소($N_2O$) 가스를 들이마신 사람이 넘어져서 상처를 입었음에도 시종일관 싱글벙글 웃는 모습을 보고 놀랐다. 그 순간 그는 아산화질소 가스를 환자를 마취하는 데 사용할 수 있으리라 직감했다. 즉시 그는 어느 화학자를 통해 아산화질소를 입수해 직접 들이마신 다음 동료 치과의사에게 자기 치아를 뽑게 해 '통증 없는 발치

미국 치과의사 호레이스 웰스는 아산화질소 가스를 활용해
'통증 없는 발치 수술'에 성공했다.

수술'에 성공했다. 1844년의 일이다. 그는 여기서 한발 더 나아가 메사추세츠 종합병원에서 많은 의사가 지켜보는 가운데 '통증 없는 발치 수술'에 한 번 더 도전했다. 그러나 운 나쁘게도, 아산화질소의 양이 충분하지 않은 탓에 마취가 제대로 되지 않아 사기꾼이라는 오명을 뒤집어썼다. 이는 이듬해인 1845년의 일이다.

그 후 웰스는 마취 연구에 몰두하다가 클로로포름이라는 약품에 중독되어 고통받던 중 스스로 목숨을 끊었다.

### ⊙ 에테르를 사용하여 환자를 전신마취시킨 뒤 턱 종양 제거 수술에 성공한 치과의사 윌리엄 모턴

치과의사 윌리엄 모턴(William T. G. Morton, 1819~1868)은 한때 웰스와 함께 일했다. 그는 '마취야말로 막대한 부를 창조하는 새로운 비즈니스가 될 것이다'라고 믿었다. 그는 웰스의 이론과 노하우를 바탕으로 새로운 마취법을 찾는 일에 몰두했다. 모턴은 보스턴에 개인 연구소를 열고 의학, 화학 등을 가르치던 찰스 잭슨(Charles Thomas Jackson, 1805~1880)을 찾아가 디에틸에테르(diethyl ether)가 좋겠다는 조언을 얻었다.

디에틸에테르는 에탄올과 진한 황산을 가열하여 쉽게 얻을 수 있는 액체다. 이 액체는 끓는점이 섭씨 34도 정도로, 사람의 체온 정도 온도에서도 끓고 만다. 그러므로 이 액체는 인체에 닿으면 즉시 증발해 사라져버린다. 이런 높은 휘발성이 고대 그리스에서부터 믿어져 온 천공(우주)을 채우는 신성한 물질(에테르)이 천공으로 돌아가는 모습을 연상하게 한다고 해서 '에테르'라는 이름을 붙인 것이다. 인류 역사의 오랜 기간 동안 에테르라는 신성한 물질이 우주에 존재한다는 것이 상식으로 받아들여졌다. 그런 맥락에서 20세기까지는 전자기파 역시 에테르를 통해 전파된다고 여겨졌다.

모턴은 먼저 유리로 만든 흡입기 속에 디에틸에테르를 빨아들인 해면(스펀지)을 집어넣었다. 그런 다음 환자에게 그것을 들이마시게 하면 환자가 완전히 의식을 잃어서 전신마취 수술을 할 수 있음을 알게 되었다. 이후 그는 메사추세츠 종합병원에서 에테르를 사용하여 환자를 전신 마취시킨 뒤 턱의 종양을 제거하는 수술을 하여 대성공을 거두었다. 1846년의 일이다. 그와 함께 수술을 한 집도의도 탁월한 마취 효과를 인정하고 그에게 찬사를 보냈다. 이 수술이 행해진 장소는 150년도 더 지난 오늘날까지 그대로 남아 있으며, '에테르 돔(Ether Dome)'으로 불린다.

---

## 1846년
## 니트로글리세린 발견
### 훗날의 노벨상 제정에 크게 기여하다

---

### ⊙ 획기적인 협심증 치료약으로 사용된 니트로글리세린

이탈리아 화학자 아스카니오 소브레로(Ascanio Sobrero, 1812~

1888)는 글리세린이라는 흔한 액체에 진한 황산과 진한 질산을 첨가해 기름 같은 액체를 만들어냈다. 이는 스위스에서 쇤바인이 아내의 무명 앞치마를 태워버리는 사건이 일어난 지 1년 뒤인 1846년의 일이다. 소브레로가 이 정체불명의 새로운 액체를 핥아보니 심장이 격렬하게 뛰고 맥박이 빨라지고 두통이 생겼다.

이 액체가 충격을 받으면 격렬하게 폭발하는 물질임을 알게 되기까지 그리 오랜 시간이 걸리지 않았다. 소브레로도 실험 도중 폭발 사고를 겪었기 때문이다. 이 액체가 바로 니트로글리세린(nitroglycerin)이다.

니트로글리세린은 획기적인 협심증(심장의 혈관이 좁아져서 발작을 일으키는 괴로운 병) 치료약으로 사용되었다. 협심증을 앓고 있는 직원이 제조 공장에 있는 동안에는 발작을 일으키지 않는다는 사실을 알게 되면서다. 물론 니트로글리세린은 본격 제조가 시작된 후 이곳저곳에서 빈번히 폭발 사고를 일으키는 단점을 가지고 있었다.

### ⊙ 니트로글리세린이 발생시키는 미량의 일산화질소가 혈관을 확장하여 협심증 발작을 막는다?

니트로글리세린이 협심증 발작을 막는 메커니즘은 오랫동안 밝혀지지 않았다. 그러던 중 화학자 3명이 니트로글리세린이 대사를 통해 발생시키는 미량의 일산화질소(NO)에 혈관을 확장하는 작용이 있으며 생체 내에서도 만들어지고 있음을 밝혀냈다. 그들은 1998년 노벨 생리학상·의학상을 받았다.

거머리·모기 등의 흡혈 동물이 피를 빨 때도 일산화질소를 방출해서 혈관을 확장시킨다. 신생아의 폐동맥이 열리지 않아 태어난 뒤 이내 죽게 되는 병이 있다. 오늘날에는 일산화질소를 이용해 폐동맥을 확장시키는 방법으로 이 병을 치료할 수 있게 되었다. 또한 혈관이 상시 확장되어 있으면 심장에 부담이 커져 머지않아 죽게 되기에 우리 몸속에서는 혈관을 확장시키는 일산화질소를 없애버리는 효소가 활동하며 혈관을 원래 상태로 되돌려놓는다. 이 효소를 방해하는 분자가 발명되어 전 세계 남성의 구세주가 되었다. 그 약은 바로 구연산실데나필, 상표명 '비아그라'다.

### ⊙ 폭발성 강한 니트로글리세린으로 유전 화재를 진화한다는데, 어떻게 그게 가능할까?

소브레로가 발명한 니트로글리세린은 곧 전 세계적으로 이용되기 시작했다. 그도 그럴 것이 이 물질의 폭발력이 엄청났기 때문이다. 이 물질은 액체 폭약으로 광산 발파용 등의 수요가 급증했다. 문제는 니트로글리세린의 폭발력이 너무도 강해서 운송과정에 배나 마차, 창고는 물론이고 제조 공장 등 온갖 곳을 인정사정없이 날려버린다는 점이다.

1953년 제작된 프랑스 영화 〈공포의 보수(The Wages of Fear)〉는 니트로글리세린의 엄청난 위력과 공포를 다룬 작품이다. 이 영화는 거액의 보수를 챙길 목적으로 액체 니트로글리세린을 유전 화재 현장까지 트럭으로 운반하는 남자 4명의 스릴 넘치는 이야기다. 실제로 오늘날에도 유전에 화재가 발생하면 화염이 분출되는 주변에 폭약을 늘어놓고 폭발시켜 공기를 차단함으로써 연소를 방해하는 방법으로 불을 끈다.

---

1847년

## 소독법 발명

**소독법과 병원 감염 예방으로 많은 산모의 생명을 구하다**

---

**⊙ 감염병 예방을 위해 손 씻기 등 간단한 소독이 얼마나 중요한지 인류에게 처음 알린 의사 겸 과학자 제멜바이스**

코로나바이러스감염증-19 유행은 인류에게 '손 씻기' 등의 간단한 소독이 얼마나 중요한지를 새삼 깨닫게 해주었다. 일반적으로 감기는 다양한 원인 바이러스가 손에 달라붙었다가 눈이나 입 점막에 침투하여 감염을 일으킨다.

헝가리 의사이며 과학자인 이그나츠 제멜바이스(Ignaz Philipp Semmelweis, 1818~1865)는 감염병을 예방하기 위해 손 씻기 등의 간단한 소독이 얼마 중요한지를 인류에게 처음 알린 인물이다. 제멜바이스는 1846년 이후 빈 종합병원에서 산부인과 의사로 일하고 있었다. 빈 종합병원에는 출산용 병동이 두 동 있었는데, 제1병동은 지금으로 치면 대학부속병원 같은 곳으로, 전문의사와 의학부 학생들이 담당했다. 그리고 제2병원은 조산사들이 관리했다. 한데 놀랍게도 제1병동과 제2병동의 사망률에 큰 차이가 났다. 좀 더 구체적으로, 제1병동에서는 출산 시의 감염증, 옛날부터 산욕열(산후열)로 불린 병으로 8명 중 1명이 죽어 나갔다. 반면 조산사가 담당하는 제2병동에서는 산욕열로 인한 사망자가 50명 중 1명 정도에 불과했다. 제1병동의 사망률이 6배 이상 높았던 셈이다.

### ⊙ 출산이 그야말로 목숨을 거는 일이던 시대

산욕열은 산모가 출산할 때 주로 걸리는 감염증이다. 산욕열에 걸리면 온몸에 염증이 퍼져서 목숨을 잃게 된다. 당시만 해도 산욕열은 정확한 원인을 알 수 없는 수수께끼의 질병이었다. 그랬기에 일단 이 병에 걸리면 제대로 손도 써보지 못한 채 고통받다가 죽는 모습을 하릴없이 지켜보는 수밖에 없었다.

올리버 웬들 홈스(Oliver Wendell Holmes, 1809~1894)는 보스턴에서 활동하는 해부학자였다. 1843년 그는 산욕열을 예방하려면 손부터 발, 그리고 의복에 이르기까지 모든 것을 청결하게 해야 한다는 논문을 발표해 경종을 울렸다. 그도 그럴 것이 산욕열이란 전염성 있는 질병으로, 시체를 해부하거나 산욕열 환자와 접촉한 의사가 산모에게 감염시키기 때문이다. 그러나 당시 의사회는 홈스의 이론과 주장에 전혀 관심을 보이지 않았다.

한편 제멜바이스는 데이터를 추출하고 통계적으로 분석한 끝에 마침내 명확한 결론에 도달했다. 그가 내린 결론은 바로 시체에서 발생하는 악취가 산욕열의 원인이라는 점이었다. 제멜바이스가 이런 결론에 도달할 수밖에 없었던 데는 그럴 만한 이유가 있었다. 즉, 제1병동에서는 의사나 의학부 학생이 시체를 해부한 뒤 그대로 출산에 관여해왔기 때문이다. 이 점을 염두에 두고 보면, 앞에서 살펴본 대로 제1병동과 제2병동의 사망률에 6배나 차이가 나는 점도 납득이 간다.

### ⊙ 병원체 조직으로부터 전자를 빼앗아 분자 구조를 바꿈으로써 파괴하는 차아염소산

당시에는 공기 속을 떠도는 나쁜 '기(氣)' 같은 것, 일명 '미아즈마(miasma, 그리스어로 '오염'이라는 의미)'라는 것이 병을 일으킨다는 '장기설(瘴氣說)'이 고대 그리스 시대 이후로 여전히 신봉되고 있었다. 아직 병원체·세균 등이 제대로 알려져 있지 않았던 탓이다. 악취를 제거하는 수단으로 반드시 표백분 수용액으로 손을 씻도록 한 것은 그래서였다. 표백분은 염소로 만드는 화합물이다.

스웨덴 화학자 칼 빌헬름 셸레(Carl Wilhelm Scheele, 1742~1786)는 '염소'라는 이름의 가스를 맨 처음 발견했다. 1774년의 일이다. 그는 염소와 망간광(이산화망간)을 반응시켜 보았다. 그러자 갑자기 황록색 가스가 발생했다. 한데 이 가스를 들이마시자 가슴의 압박감이 느껴졌다. 이 가스의 정체가 바로 염소가스다. 그 후 이는 새로운 원소임이 판명되었다.

염소의 원소기호는 Cl이다. 이는 염소가스의 색인 '황록색'을 의미하는 그리스어 '클로로스(chloros)'에서 유래했다. 염소가스 $Cl_2$를 물에 녹인 것을 '염소수'라고 한다. 또한 물속에서 염소분자($Cl_2$)의 일부가 물과 반응해서 염산(HCl)과 차아염소산(HClO)이 된다. 이 차아염소산은 병원체 조직으로부터 전자를 빼앗아 분자 구조를 바꿈으로써 파괴한다. 이는 차아염소산의 산화력(전기를 빼앗는 힘)이 강하기 때문이다. 염소수가 소독에 사용되는 것은 이런 맥락에서다.

차아염소산 이온이 들어 있는 다루기 쉬운 표백분이 발명되어 표백제로서 사용되기 시작한 것은 1799년 무렵이다. 염소수와 마찬가지로 표백분 수용액은 소독 작용을 한다.

### ⊙ 의사의 손이 산욕열을 전염시키는 매개체가 되어온 사실을 밝혔다는 이유로 의사회에서 추방당한 제멜바이스

제1병동의 산욕열 발병률이 제2병동과 비슷한 수준까지 떨어졌다. 1847년 이후의 상황이다. 이는 전적으로 제멜바이스가 깨끗이 손을 씻고 철저히 소독하도록 한 덕분이었다. 여기서 한발 더 나아가 1848년부터 소독 대상을 의료기구로까지 확대하자 산모가 산욕열로 사망하는 일은 거의 없어졌다.

제멜바이스는 논문을 통해 의사의 손이 산욕열을 전염시키는 매개체가 되어온 사실을 밝혔다. 그리고 그는 산욕열을 예방하려면 염소수를 이용한 소독이 필요하다는 점을 호소했다. 그러나 의사회는 "의사를 살인자 취급하다니!"라고 거세게 비난하며 그를 의사회에서 추방해버렸다.

결국 제멜바이스는 정신병원에 강제로 입원당하는 모욕적이고도 참담한 일까지 당했다. 그리고 그곳에서 모질게 학대받는 과정에 생긴 상처가 원인이 되어 감염증으로 세상을 떠났다. 그는 잔혹한 운명에 농락당하면서도 인류를 구원한 비운의 천재였다.

---

1851년

## 냉동 장치 발명

**기계 제빙과 기계 냉장을 통한 운송이 가능해지다**

---

**⊙ 냉장고·냉동고라는 획기적인 기계를 발명하고도 불우한 삶을 살다 간 미국 출신 의사 겸 과학자 존 고리**

현대사회를 살아가는 우리에게 냉동고는 없어서는 안 될 필수품이다. 그런 터라 전자제품 판매점에서는 자동 제빙기가 딸린 냉장고까지 팔리고 있다. 식품을 장기간 신선하게 보존하기 위해 온갖 지혜를 짜내며 음식문화를 만들어온 인류에게 냉장고와 냉동고는 최고의 발명이자 궁극적인 해답이 아니었을까?

옛날 사람들은 어떻게 얼음을 구하고 이용했을까? 어쩌면 당연하게도 그들은 전적으로 자연에 존재하는 얼음에 의지할 수밖에 없었다. 예를 들면 그들은 높은 산이나 깊은 동굴 등에 있는 얼음을 잘라와 '빙실(빙고)'이라는 이름의 동굴이나 땅속에 판

서늘한 구멍 같은 곳에 보관했다. 그러나 오늘날에는 과학기술을 이용해 극저온을 만들어낼 수 있게 되면서 초전도 자석을 이용할 수 있고 매우 불안정한 상태의 백신도 안전하게 운송, 보관할 수 있게 되었다.

미국 플로리다에서 활동한 의사이자 과학자였던 존 고리(John Gorrie, 1803~1855)는 냉동·냉장의 역사에서 위대한 첫발을 내디딘 사람들 중 거의 첫손가락에 꼽을 만한 인물이다.

1830년대에 플로리다주는 말라리아와 황열병에 시달리고 있었다. 그런 터라 열병에 걸린 환자의 열을 내리기 위해 얼음이 절실히 필요했다. 당시 플로리다에서는 여름에 얼음 가격이 매우 비쌌다. 멀리 북쪽에 있는 보스턴에서 겨울에 잘라내 창고에 보관 중이던 얼음을 가져와야 했기 때문이다. 고리가 얼음을 생산하는 제조 장치를 직접 만들고자 시도한 것은 그런 연유에서였다.

19세기에 들어서면서 미국과 유럽에서는 기체의 특성을 이용해 냉동고·냉장고를 개발하고자 하는 사람이 여럿 나타났다. 스프레이를 연속해서 사용하면 용기가 차가워진다. 집에 있는 스프레이 등을 사용하다가 이런 경험을 한 사람이 많을 것이다. 냉장고나 에어컨은 이 원리를 이용한 제품이다. 좀 더 구체적으로, 압력을 가해 액화시켜 만든 액체는 기체로 증발할 때 주위에서 열을 빼앗는다. 이때 발생한 기체를 회수해서 다시 압력을 가해 액체로 만든다. 이 사이클을 반복하면 온도를 낮출 수 있다.

고리는 먼저 피스톤으로 공기를 팽창시켜 식히고, 차게 식은 공기를 다른 방으로 보냈다. 그런 다음 그 찬 공기로 소금물을 식히는 사이클을 반복했다. 그런 식으로 그는 소금물을 영하까지

식힌 다음 그것을 사용해 물을 얼려 얼음을 만드는 데 성공했다.

존 고리는 냉장고·냉동고라는 획기적인 기계 발명자로 인류사에 남았으나 다른 많은 혁신가들과 마찬가지로 불우한 삶을 살았다. 그는 1851년 냉장고·냉동고 특허를 취득했으나 출자자가 나타나지 않아 실의 속에서 세상을 떠났다. 1855년의 일이다.

## ⊙ 초기 냉장고에는 독가스가 사용되었다는데, 과연 사실일까?

냉동 장치를 탑재한 증기선 파라과이호가 부에노스아이레스항에서 프랑스 르아브르를 향해 출항했다. 존 고리가 세상을 떠나고 22년이 지난 1877년의 일이다. 세계 최초로 냉동 장치를 탑재한 이 배는 아르헨티나의 양고기를 냉동 운송하는 데 성공했다.

그 냉동 설비를 설계한 이는 프랑스 엔지니어 페르디낭 카레(Ferdinand Carré, 1824~1900)로, 그는 냉매로 암모니아를 사용했다. 즉, 액화한 암모니아가 기체가 될 때 열을 빼앗아 온도가 내려가는 현상을 이용해 냉각을 하고 기체가 된 암모니아를 다시 펌프로 압축해 액체로 되돌리는 사이클을 이용한 것이다.

그 무렵 영국에서는 인구가 급증하면서 식량 부족이 우려되는 상황이 벌어졌다. 그에 따라 오스트레일리아로부터 양털·양고기 등을 실어오는 것이 영국 정부의 막중한 과제로 대두하면서 냉동 장치가 장착된 증기선을 이용한 운송이 실용화 단계에 들어섰다.

초기의 냉장고·냉동고는 심각한 문제점을 가지고 있었다. 그것은 바로 자칫 가스가 새기라도 하는 날에는 곧장 치명적인 인명 사고로 이어질 수 있다는 점이었다. 당시의 냉장고·냉동고가 암모니아·염화메틸·이산화황 등 독성이 강한 가스를 이용했기 때문이다. 이런 유독가스를 대신할 새로운 물질이 한 화학자의 손에 의해 발명된 것은 그런 맥락에서였다. 그 새로운 물질이 바로 오늘날 환경 문제의 주범으로 지탄받는 프레온가스다.

냉장고의 원리

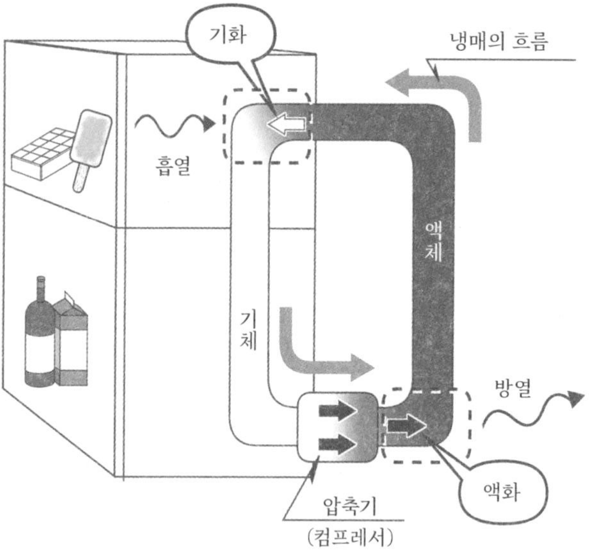

1853년

## 페리의 내항과 포경

### 램프용 기름의 주력이 고래기름에서 석유로

⊙ **20세기에 급증한 마가린 수요가 왜 고래의 수난으로 이어졌을까?**

미국에서는 포경이 성행했다. 램프에 사용하는 고래기름 수요가 크게 증가한 탓이었다. 19세기의 상황이다. 광대한 태평양까지 포경선이 진출하는 일이 잦아짐에 따라 증기선에 필요한 석탄이나 항해 물자 등의 보급기지가 자연스럽게 필요해졌다. 미국 해군 제독 매슈 캘브레이스 페리(Matthew Calbraith Perry, 1794~1858)가 일본을 방문한 것은 그런 맥락에서였다. 그는 보급거점을 확보하고 통상조약을 체결하기 위한 미합중국의 대표로 찾아온 것이었다. 이는 1853년의 일로, 당시 일본 정부는 쇄국정책을 실시하고 있었다.

램프용 기름을 둘러싼 국제 상황이 또다시 급변하기 시작했다. 램프용 기름 수요가 증가하자 새로운 연료 석유에 주목하는 사람이 많아졌다. 그 연장선에서 드디어 유전 개발이 시작되었다. 참고로, 그 무렵 램프 기름으로 사용되는 고래기름 수요는 크게 줄어들었다. 석유에서 얻을 수 있는 등유가 이용되기 시작하면서 일어난 변화였다. 그러나 그 시대에 연이어 새로운 변화가 일어나면서 고래기름 수요가 다시 크게 늘어났다. 그 새로운 변화란 뭘까? 20세기에 들어서며 고래기름에서 마가린을 추출, 생산할 수 있게 된 것이었다. 이후 마가린 수요가 확대됨에 따라 고래의 수난은 20세기에도 계속되었다.

---

## 1855년
# 제철의 신기술
### 제철업 발전에 크게 공헌하는 기술의 기초를 만들다

---

### ⊙ 전로법의 기원이 되는 기술을 발명하고 제철 기술을 혁신한 영국 발명가 헨리 베서머

19세기 세계 여러 나라에서는 대포와 철도 선로 등을 제작하기 위한 철의 수요가 증가했다. 대포의 고성능화와 대량 생산을 달성하기 위해서는 강도가 높은 철인 강철을 효율적으로 양산하는 기술과 시스템이 절실히 필요했다.

당시 한편으로 용광로가 대형화하고, 다른 한편으로 그곳에서 얻게 되는 선철의 탄소 성분을 줄여서 좀 더 강한 철을 생산하기 위한 방법으로 '반사로'와 '퍼들법(pudding process)'이 사용되고 있었다. 한데 여기에는 심각한 단점이 있었다. 그것은 바로 그 공정에 시간이 너무 오래 걸리는 데다 그에 비해 소량의 철밖에 얻을 수 없다는 점이었다. 당시로서는 대량 생산을 달성할 길이 아득히 멀게만 느껴지는 막막한 상황이었다. 왜냐하면 강철을 만들기 위해서는 퍼들법으로 얻은 탄소 성분이 적은 연철을 녹여서 탄소를 조금 늘릴 필요가 있어 번거로운 공정이 추가되기 때문이었다.

2월 혁명으로 프랑스 대통령에 당선된 루이 나폴레옹(Louis-Napoléon Bonaparte, 재임 1848~1852)은 훗날 프랑스 제2제정에서 나폴레옹 3세(Napoleon III, 재위 1852~1870)로 황제 자리에 오르는 인물이다. 그는 나폴레옹 보나파르트의 조카, 즉 그의 동생의 아들이었다. 루이 나폴레옹은 화포에 가장 적합한 철의 대량 생산 과제를 해결하는 사람에게 2만 프랑(오늘날 화폐가치로 약 5만 달러, 6,600만 원)을 수여하겠다며 공모전을 열었다. 1850년의 일이다.

영국 발명가 헨리 베서머(Henry Bessemer, 1813~1898)가 루이 나폴레옹이 내건 상금을 획득하고 제철 기술을 혁신한 인물로 역사에 기록되는 영예를 누렸다. 그는 오늘날의 제철소에서 사용되는 '전로법(轉爐法, converter process)'의 기원이 되는 기술을 발명했다.

1853년에 시작된 크림전쟁에서는 영국·프랑스 연합군의 신식 화포가 러시아의 구식 화포를 압도했다. 당시 베서머는 새로운 포탄을 발명한 후 그것을 실용화하기 위해 프랑스에서 연구에 몰두하고 있었다. 그 무렵 그는 '강한 철=강철'의 대량 생산 기술을 발명하는 일에 본격적으로 착수했다. 한 프랑스 장교에게서 아무리 고성능 포탄을 만들어도 포신이 견디지 못한다는 지적을 받고서였다.

## ⊙ 초기에 베서머의 전로법에 클레임이 쏟아져 들어온 이유

베서머는 용광로에서 생기는 탄소 성분이 많은 선철에서 손쉽게 탄소를 줄여 강철을 만드는 획기적인 방법을 고안해냈다. 먼저, 거대한 달걀 모양 용광로를 기울여 입구로 녹인 선철을 흘려 넣는다. 그런 다음 용광로를 바로 세우고 용광로 하부 측면으로 공기를 계속 유도해 선철에 들어 있는 탄소 등의 불순물을 태운다. 이는 탄소 성분을 줄여서 강철을 만드는 과정이다. 쉽게 말해, 짜장 컵라면을 조리할 때 끓는 물을 붓고 3분을 기다린 다음 물을 버리는 것과 비슷한 과정이라고 생각하면 된다. 탄소 성분이 연소되며 뜨거워져서 선철은 계속 녹은 채로 있으므로 가열 장치도 필요 없는 간단한 장치로 약 20분 만에 완료하는, 대량 생산이 가능한 기술이다. 이 용광로를 '회전로' 혹은 '전로'라고 불렀다.

배서머는 전로법 특허를 취득했고, 곳곳의 제철업자들이 그 특허를 사들였다. 1855년의 일이다. 그러나 그로부터 얼마 지나지 않아 여기저기서 클레임이 쏟아져 들어왔다. 전로법으로는 고품질 강철을 만들 수 없다는 것이 주된 이유였다. 베서머는 그 원인을 규명하고자 불철주야 노력했으나 아무리 궁리하고 애를 써도 알 수 없었다. 그는 깊은 고민에 빠졌다. 사실 베서머가 사용한 선철은 인이 적은 철광석에서 유래한 것이었는데, 제철업자가 사용한 선철은 인을 다량 함유하고 있기 때문에 인 화합물이 남은 철이 된 것이었다. 실제로 스웨덴에서는 인이 적은 철광석을 사용했을 경우 전로법이 성공적이었다. 또한 기본적으로 철광석에 인이 적은 미국에서는 전로법이 대성공을 거두어 순식간에 보급되었다.

베서머의 전로

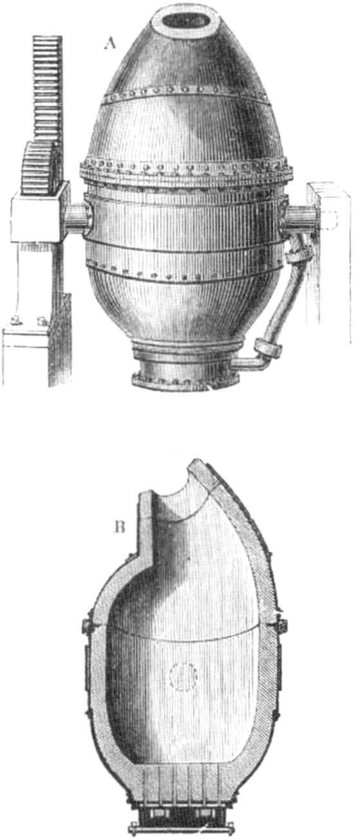

인과 같은 불순물을 제거하고 싶을 때는 어떻게 해야 할까? 간단하다. 선철과 함께 석회석($CaCO_3$)을 투입하면 된다. 이렇게 하면 석회석이 가열을 통해 반응성이 높은 생석회($CaO$)가 되고, 그 생석회가 불순물과 반응해 '슬래그'라는 부유물이 되면서 저절로 인과 불순물을 분리시켜 준다. 그러나 베서머의 회전로는 이 기술을 사용할 수 없었다. 회전로 내부에 규소 산화물, 즉 산성 벽돌을 사용했기에 생석회 같은 강알칼리성 물질과 반응하기 때문이었다.

### ⊙ 법원 서기관 시드니 토머스는 어떻게 이 난제를 해결했을까?

시드니 토머스(Sidney Gilchrist Thomas, 1850~1885)는 낮에는 법원 서기관으로 생계를 위해 일하다가 일과 후에는 취미 삼아 화학 실험을 하는 생활을 반복했다. 그런 그가 전로법을 개량하기 위한 연구를 본격적으로 시작했다. 1878년의 일이다. 그 과정에 그는 회전로 내부에 알칼리성 내화 벽돌(산화마그네슘과 생석회가 주체)을 사용하면 생석회와 불순물인 인 성분이 반응하며 슬래그가 되어 저절로 제거된다는 사실을 발견했다.

이 기술을 '염기성 전로법' 또는 '토머스법'이라고 부른다. 염기성이란 알칼리성을 의미한다. 토머스의 전로에는 인이 들어 있어도 문제가 되지 않았기에 인이 다량 함유된 유럽의 철광석을 사용할 수 있게 되었다. 오늘날의 제철소에서는 주로 염기성 전로를 사용하고 있다.

1855년

# 알루미늄 막대

**대량 생산이 가능해지면서 알루미늄 시대가 찾아오다**

## ⊙ 알루미늄 1그램을 만드는 데 순금 1킬로그램과 맞먹는 돈이 들어갔다고?

현대인은 도시락을 준비하거나 생선을 굽거나 할 때 알루미늄 포일을 흔히 사용한다. 그러나 프랑스 황제 나폴레옹 3세 시대까지만 해도 알루미늄은 굉장히 비싼 금속이었다. 실제로 알루미늄 1그램(1원 주화보다 약간 많은 양)을 만들려면 순금 1킬로그램 가격과 맞먹는 막대한 돈이 들어갔다. 그런 터라 나폴레옹 3세는 고귀한 손님을 대접할 때만 알루미늄 식기를 사용하고 그 밖의 손님에게는 금 식기를 사용했을 정도다.

프랑스의 젊은 화학자 앙리 드빌(Henri Étienne Sainte-Claire Deville, 1818~1881)은 나트륨을 이용해서 알루미늄을 제조하는 공업적인 방식을 찾아냈다. 이는 바로 전기 분해로 얻은 귀중한 금속 나트륨(Na)과 염화알루미늄을 반응시키는 방법이다. 그러면 나트륨 쪽이 전자를 방출해서 알루미늄 이온($Al^{3+}$)에 주는 전자의 캐치볼(산화 환원 반응)이 일어나 알루미늄이 생겨난다.

다만 문제라면 막대한 비용이 들어간다는 점이었다. 먼저 나트륨을 만들어야 했기 때문이다. 드빌은 파리 만국박람회에 '점토에서 만든 은백색 금속 막대'라는 문구와 함께 알루미늄 막대를 출품했다. 1855년의 일이다. 그러자 이에 자극을 받은 나폴레옹 3세는 거액의 연구비를 제공했다. 나폴레옹 3세는 왜 드빌의 연구에 거액의 예산을 투자하기로 결정했을까? 중량이 철 갑주의 3분의 1밖에 안 나가는 가벼운 알루미늄 갑주와 알루미늄으로 만든 가벼운 화포로 무장한 기동력이 뛰어난 군단을 보유하고 싶었기 때문이다.

### ⊙ 알루미늄 제조가 다른 어떤 금속 제조와도 비교가 안 될 만큼 어려운 이유

알루미늄은 전자를 방출해 양이온($Al^{3+}$)이 되기 쉬운 물질이다. 자연계에서 알루미늄은 주로 양이온 형태로 광석이나 점토 등에 존재한다. 그렇다면 알루미늄은 과연 어떤 형태로 묻혀 있을까? 금속 알갱이 형태로 땅속에 묻혀 있을 거라고 생각하기 쉽지만 그렇지는 않다. 아무튼, 이 광물 속에 들어 있는 알루미늄 이온에 강제로 전자를 주입하여 알루미늄 금속으로 되돌리는 것이 말처럼 쉬운 일은 아니다. 왜냐하면 알루미늄 이온이 구리 이온이나 철 이온과는 비교도 안 될 만큼 전자를 잘 받아들이지 않기 때문이다.

마침내 미국의 한 청년과 프랑스의 한 청년이 각각 독자적으로 연구에 매진한 끝에 알루미늄 대량 생산 기술을 발명함으로써 알루미늄 시대를 활짝 열었다. 이 사실에 대해서는 뒤에서 좀 더 자세히 살펴볼 것이다.

1856년

# 합성염료 탄생

**우연한 발견을 계기로 세계사를 바꾸는 화학 회사들이 탄생하다**

## ⊙ 나폴레옹군에게 반나절 만에 패한 뒤 과학기술 향상과 근대화에 몰두한 프로이센

흑백 사진과 컬러 사진은 이미지가 전혀 다르다. 패션, 자동차와 기차, 텔레비전과 모니터, 거리의 광고와 낙서, 책과 잡지 등 오늘날의 세상은 온갖 다채로운 색으로 넘쳐난다.

산업혁명으로 섬유 공업 생산력이 비약적으로 향상되어 대량의 실이 유통되기 시작했다. 이후 그 실을 다양한 색으로 물들이는 방법, 즉 염색에 관심이 집중되었다. 이런 시대적 요구와 그동안 발전해온 화학이 만나 인류는 비로소 새로운 합성염료 시대를 맞이하게 된다. 이는 19세기의 상황이다.

당시 독일은 아직 통일국가가 아니었다. 이 나라는 프로이센·헤센·바이에른 등 여러 국가로 분열되어 있었다. 예나-아우어슈테트 전투에서 프로이센군은 나폴레옹군에게 반나절 만에 괴멸당했다. 1806년의 일로, 프로이센은 화포를 중심으로 '과학력이 곧 국력'이라고 강조한 나폴레옹의 혜안에 패했음을 깨달았다. 이후 프로이센은 근대화를 위한 대개혁에 착수해 나폴레옹처럼 군사 학교를 설립하고 온 국력을 기울여 과학력 향상에 매진했다.

### ⊙ '콜타르 연구야말로 유기물질의 보물섬'이라고 생각하며 연구에 매진한 독일 화학자 호프만

훗날 독일제국이 되는 프로이센과 바이에른에서는 화학, 특히 유기화학이 발전했다. 식물이나 생체와 관련된 물질을 다루는 유기화학은 앞에서 소개한 화학자 유스투스 폰 리비히가 개척한 분야다. 리비히는 단순히 연구만 한 것이 아니라 대학에 최초로 거대한 교육용 실험실을 설치해 체계적으로 화학을 가르쳤다.

리비히의 연구실에서는 유명한 화학자를 여럿 배출했다. 아우구스트 빌헬름 폰 호프만도 리비히의 제자 중 한 명이었다. 호프만은 영국 왕립화학대학에 초빙되어 유기화학을 가르쳤다. 1845년 이후의 일이다. 다른 한편으로 그는 룽게의 연구를 이어받아 콜타르 연구에 매진했다. 그는 '콜타르 연구야말로 유기물질의 보물섬'이라고 생각했다.

### ⊙ 알렉산드로스 대왕도 쓰러뜨린 무서운 감염병 말라리아를 퇴치하기 위해 퀴닌 분자 합성을 시도하는 호프만

호프만은 콜타르에서 얻을 수 있는 물질로 영국에서 수요가 높은 퀴닌 분자의 합성을 시도했다. 퀴닌은 남아메리카에서 자라는 기나나무 껍질에 들어 있는 성분으로, 열대지방 풍토병인 말라리아를 예방하는 약이다.

말라리아는 말라리아원충(Plasmodium)이라는 기생충이 모기를 매개로 몸속에 침투해서 일어나는 감염병이다. 일단 이 병에 감염되면 간이나 적혈구에서 원충(아메바·유글레나 같은 단세포 미생물)이 계속 증가하며 고열이나 장기 손상으로 사망한다. 감염자의 피를 빤 모기는 이 원충도 함께 빨아들이게 되기에 다른 사람의 피를 빨 때 그 사람에게 원충을 감염시킨다. 이런 식으로 말라리아 환자 한 명이 모기를 매개체로 수백 명을 감염시킬 수 있다.

말라리아는 이탈리아 고어로 '나쁘다'라는 의미의 '말(mal)'과 '공기'라는 의미의 '아리아(aria)'가 합쳐진 말로, '나쁜 공기'라는 의미다. 이 감염병은 오랜 옛날부터 전 세계적으로 맹위를 떨쳐왔다. 가장 대표적인 예를 하나 들자면, 그 유명한 알렉산드로스 대왕도 말라리아에 감염되어 사망했다는 설이 유력하다. 21세기에 들어와서도 말라리아는 여전히 만만치 않은 기세를 보이며 매년 전 세계적으로 40~60만 명의 목숨을 앗아가고 있다.

19세기에는 서구 열강의 제국주의화와 함께 아시아·아프리카 등의 식민지 경영이 성행했다. 그와 병행하여 이 시대 식민지인 열대지방에서는 말라리아 같은 감염병이 맹위를 떨치고 있었다.

## ⊙ 식민지 인도에 주둔한 영국인들은 왜 기나나무 껍질 추출물로 강장수 토닉워터를 만들었을까?

기나나무는 페루 안데스 고원에서 주로 자란다. 이 나무의 껍질에 들어 있는 퀴닌 분자는 말라리아원충의 증식을 저해하는 말라리아 특효 예방약으로 사용된다. 콜롬비아 남부에서 볼리비아에 이르는 광대한 지역에서는 예로부터 기나나무 껍질을 달여서 마시면 이유를 알 수는 없지만 고열에 시달리며 죽어가는 병을 막을 수 있다는 이야기가 전해져 내려왔다.

식민지 인도에 주둔한 영국군 병사와 영국인은 말라리아의 위협에 무방비로 노출돼 있었다. 그들이 기나나무 껍질에서 추출한 성분을 탄산수에 타고 설탕을 첨가해 쓴맛을 지운 강장수(強壯水) 토닉 워터를 만든 것은 말라리아 예방을 위해서였다. 이 토닉 워터는 엄청난 반향을 불러일으켰다. 참고로, 여기에 증류주인 진을 섞으면 진토닉 칵테일이 된다.

### ⊙ 퀴닌 인공 합성 실험을 하던 중 우연히 발견한 합성염료로 막대한 부를 축적한 퍼킨 부자

런던 왕립화학대학에 다니던 윌리엄 헨리 퍼킨(William Henry Perkin, 1838~1907)은 화학을 무척 좋아했다. 퍼킨은 18세 젊은 나이에 아우구스트 빌헬름 폰 호프만 연구실에서 조수로 일하고 있었다. 퍼킨은 부활절 휴가 중 자택의 실험실에서 퀴닌 합성 실험을 시작했다. 한데 당시 그는 퀴닌의 구조조차 알지 못했다. 그런 그가 퀴닌 합성 실험에 과감히 도전한 것은 평소에 호프만이 "퀴닌 인공 합성에 성공하기만 하면 억만장자가 될 수 있을 텐데……"라고 말하는 것을 들었기 때문이다. 1856년 무렵의 상황이다.

퍼킨의 주먹구구식 퀴닌 합성 실험은 실패로 끝났다. 그는 자신이 원료로 사용한 아닐린이라는 물질을 산화시킨 후 새까만 것이 생겨서 한숨을 내쉬며 용기를 씻기 시작했다. 그 검은 물질이 에탄올에 녹자 마치 라벤더처럼 선명한 보라색이 되는 것을 발견한 것은 그때였다. 우연하면서도 기적적인 발견, '세렌디피티'가 일어난 것이다!

퍼킨은 이 물질을 사용해 천을 선명한 보라색으로 물들인 샘플을 염료회사에 보냈다. 이후 그는 즉시 학교를 그만두고 아버지와 그 물질을 공업화·상품화하는 일에 발 벗고 나섰다. 염료회사에서 "비용만 저렴하다면 충분한 가치가 있는 발견이다"라는 긍정적인 답변을 받았기 때문이다. 퍼킨 부자는 효율성이 뛰어난 합성장치와 염색기술을 개발하고, 염료를 대량 생산할 수 있는 공장을 지어 거액의 부를 쌓았다.

1859년, 퍼킨 부자가 '모브(mauve)'라는 상표로 시판한 염료는 순식간에 대단한 인기를 얻었다. '모브'는 예쁜 보라색 꽃을 피우는 당아욱의 프랑스 명칭이다. 보라색은 예로부터 제왕의 색이었다. 그도 그럴 것이 보라색 염료는 지중해에서 잡히는 뿔고둥에서만 추출할 수 있었으며, '티로스 보라색'이라고 부른 이 염료 1.5그램을 얻으려면 뿔고둥 1만 2,000개가 필요한 더없이 귀중한 색소였기 때문이다. 그런 터라 나폴레옹 3세의 황후와 프랑스 궁정의 여성들, 그리고 대영제국의 빅토리아 여왕도 모브로 물들인 드레스를 즐겨 입을 만큼 크게 유행했다.

퍼킨의 발명은 단순히 보라색 염료를 발명한 것 이상으로 엄청난 파급 효과가 있었다. 화학 반응을 조합해 새까만 돌멩이, 즉 석탄에서 컬러풀한 염료를 합성하는 새롭고도 획기적인 화학 공업 단계로의 진입을 가능케 한 것이기 때문이다. 이 시대에 화학자들 사이에서는 여러 단계의 합성 반응을 구사해 염료 분자를 만드는 유기화학 분야가 메가트렌드로 자리 잡았다.

**아서 스톡데일 코프, 〈윌리엄 헨리 퍼킨 경〉**

1906년, 캔버스에 유채, 124.5x927cm, 내셔널 포트레이트 갤러리 소장

### ⊙ 퍼킨이 합성염료를 발명해 새로운 공업 분야를 개척했음에도 영국에서 합성염료가 발전하지 못한 까닭은?

이 시대에 윌리엄 헨리 퍼킨이 합성염료를 발명해 새로운 공업 분야를 개척했다. 그런데 이상한 점은, 그랬음에도 퍼킨의 조국 영국에서는 합성염료가 발전하지 못한 것이다. 이유가 뭘까? 영국에서는 여전히 인도에서 대량 수입되는 쪽 등의 천연염료가 대세였기 때문이다.

그러고 보면 결핍이 전혀 없이 모든 것이 충족돼 있는 상황에서는 창의적인 궁리와 도전을 하지 않는 법이다. 그것이 인간 본성과 맞닿아 있는 자연의 원리가 아닌가 한다. 말하자면, 뭔가 의미 있는 성취를 이루기 위해서는 헝그리 정신이 꼭 필요한 것이다.

한편 프로이센에서는 유스투스 폰 리비히의 제자들이 우수한 화학자로 성장하여 산업계로 대거 진출했다. 그들은 대학교와 산업계, 민관일체 연계 방식으로 연구에 매진하여 화학을 비약적으로 발전시켰으며 학식과 재능을 유감없이 발휘했다. 이렇듯 합성염료 열풍이 불면서 새로운 합성염료가 꼬리에 꼬리를 물고 발명되었다.

### ⊙ 19세기 말에 탄생해 '세계사를 바꾸는' 원동력이 된 독일의 유명 화학 회사들

전 세계를 선도하고 견인하는 독일의 대형 화학 회사가 합성

염료 열풍과 함께 탄생하고 성장했다. 20세기에 들어서면서 펼쳐진 상황이다.

오늘날 대표적 초거대 제약회사 중 하나인 바이엘사(Bayer AG)는 벤젠의 수소 하나가 아미노기로 치환한 화합물인 아닐린을 주로 사용하는 합성염료 회사로 출발했다. 1863년의 일이다. 회히스트사(Hoechst AG) 또한 같은 해에 회사를 세웠다. 이 회사는 20세기에 들어서서 다양한 의약품과 플라스틱을 생산하는 기업으로 발전했다. 그 후 합병을 거듭하면서 2004년에 '회히스트'라는 이름이 사라지고 제약그룹 사노피(Sanofi S.A.)가 되었다.

화학 회사 BASF(Badische Anilin und Sodafabrik)는 오늘날에도 세계 최대급 거대 기업으로 이름이 높다. 이 회사가 탄생한 것은 1865년의 일이다. BASF는 그 회사명을 보면 알 수 있듯이 합성염료인 아닐린과 소다(탄산나트륨)를 만드는 공장으로 출발한 기업이다.

화학자 파울 멘델스존 바르톨디(Paul Mendelssohn Bartholdy, 1841~1880)가 AGFA(Aktiengesellschaft für Anilinfabrikation)를 창업했다. 이는 1867년의 일로, 이 회사의 창업자는 저명한 작곡가 펠릭스 멘델스존 바르톨디(Felix Mendelssohn Bartholdy)의 아들이다. AGFA는 '아닐린 제조 주식회사'의 약자인데, 카메라를 좋아하는 사람이라면 누구나 알아보고 반가워할 만한, 사진 필름으로 친숙한 브랜드일 것이다.

이런 독일의 유명 화학 회사들은 20세기에 화학 산업이 놀라우리만치 급성장하면서 세계적인 초거대 기업으로 발전해갔다. 그리고 이런 굴지의 기업들은 글자 그대로 '세계사를 바꾸는' 원동력이 되어갔다.

### ⊙ 천연염료와 완전히 똑같은 분자를 인공적으로 합성하는 데 최초로 성공을 거둔 그레베와 리베르만

인디고 합성의 구조를 밝혀내는 등 유기화학 연구의 커다란 도약을 이끈 독일 화학자 아돌프 폰 바이어(Adolf von Baeyer, 1835~1917)는 노벨화학상을 수상했다. 1905년의 일이다. 그는 화학의 대가 유스투스 폰 리비히와 어깨를 나란히 하는 또 한 명의 위대한 화학자로 역사에 남아 있다. 카를 그레베(Carl Gräbe, 1841~1927)와 카를 리베르만(Carl Theodore Liebermann, 1842~1914)은 꼭두서니에서 얻어지는 붉은색 염료 알리자린을 완전 합성하는 기술을 발명하여 과학사에 길이 남을 업적을 세운 화학자들이다. 그들은 아돌프 폰 바이어의 제자들로 바이어와 어깨를 나란히 한다. 좀 더 구체적으로 말하자면 그레베와 리베르만은 천연염료와 완전히 똑같은 분자를 인공적으로 합성하는 데 최초로 성공을 거둔 것이었다. 그 결과 프랑스의 명물이던 꼭두서니 천연 염색산업은 순식간에 쇠락의 길을 걷게 되었다.

그 후 BASF는 염료의 대명사라고도 할 수 있는 천연염료 쪽의 성분 인디고를 석탄의 콜타르에서 인공 합성하는 데 성공했다. 또 BASF는 그것을 더욱 개량해 마침내 쪽으로 만드는 천연염료보다 저렴한 가격으로 인디고를 대량 생산하기 시작했다. 이는 1897년의 일이다. 그 결과 인도의 쪽(인디고의 어원 자체가 인도와 관련 있다) 산업은 괴멸적 타격을 입었다.

1860년 무렵

# 발효 원리를 해명하다

**'미생물학의 아버지' 파스퇴르가 이룬 업적**

## ⊙ '백신'이라는 용어를 만든 역사적 인물이 파스퇴르라고?

프랑스 생화학자 루이 파스퇴르(Louis Pasteur, 1822~1895)는 인류가 오랫동안 이용해온 맥주·빵·와인 등의 발효 원리를 밝혀내고 미생물의 존재를 세상에 알린 과학계의 거인 중 한 명이다. 그는 '생명이 저절로 생겨난다'는 기존 과학계의 상식을 부정하고 그 오류를 지적했다. 또한 그는 분자의 입체 구조를 밝혀내 화학 분야 발전에 크게 공헌했다.

루이 파스퇴르는 백신 연구에 온 열정과 노력을 쏟았다. 그에 앞서 영국 의사 에드워드 제너(Edward Jenner, 1749~1823)가 우두(소가 걸리는 바이러스성 전염병)에서 유래한 성분을 주사하는 방법으로 천연두를 예방하고 퇴치하는 위대한 업적을 세웠다. 이는 1795년의 일이다. 파스퇴르는 제너의 접종법에 아낌없는 찬사를 보내며, 그러한 방법을 '백시네이션(vaccination)'이라고 명명했다. 이는 라틴어로 '암소'를 의미하는 '와카(vacca)'에서 유래한 용어다. 그는 또 이러한 예방 제제를 '백신(vaccine)'이라는 이름으로 불렀다. 이후 파스퇴르는 광견병 백신을 개발해 많은 사람의 목숨을 구하기도 했다.

실험에 몰두하고 있는 루이 파스퇴르(Louis Pasteur, 1822~1895)

### ⊙ 미생물이 부패를 일으키며 아무것도 없는 '무'의 상태에서는 생물이 탄생할 수 없음을 증명한 파스퇴르

19세기 프랑스에서는 와인 산업이 활황이었는데, 어느 양조업자가 파스퇴르에게 한 가지를 의뢰했다. 어떤 나무통의 와인은 시큼해져서 상품화할 수 없게 되는 원인을 밝혀달라는 것이었다. 이와 관련해 유스투스 폰 리비히는 "발효나 부패는 미생물과 상관없는 화학 반응이다"라고 주창했다. 파스퇴르는 리비히의 주장을 정면으로 반박했다. 파스퇴르에 따르면 발효와 부패는 미생물의 작용이라는 것이다.

파스퇴르는 상품화할 수 없을 만큼 와인이 시큼하게 변하는 와인통을 현미경으로 정밀 조사했다. 그 결과 그는 알코올 발효가 원활히 진행될 때는 효모라는 미생물이 활발히 활동하지만 시나브로 시큼해지면서 효모는 줄어들고 유산균이 계속 늘어난다는 사실을 밝혀냈다. 이로써 파스퇴르는 발효 현상을 화학의 관점에서 명확히 파악할 수 있게 되었다. 1860년 전후의 일이다.

파스퇴르는 미생물을 차단하고 공기만 들어가도록 만든 플라스크 안에서는 육즙이 부패하지 않는다는 사실을 밝혀냈다. 이로써 그는 미생물이 부패를 일으킬 뿐 아니라 아무것도 없는 '무(無)'의 상태에서는 생물이 탄생할 수 없음을 증명했다. 이는 1861년의 일이다.

나아가 파스퇴르는 섭씨 60도 부근에서 20분 정도 가열하는 '저온 살균법'을 발명했다. 1865년의 일이다. 그 덕분에 인류는 와인이나 치즈 등의 유제품을 장기 보존할 수 있게 되었다.

1861년

# 알칼리 대량 생산

### 스마트한 제조 방법을 발명해 특허를 취득하다

**⊙ 알칼리 제조법을 발명해 대재벌이 된 솔베이가 '솔베이 회의'를 개최해 마리 퀴리, 아인슈타인 등을 후원하고 양자역학을 발전시켰다는데?**

알칼리 공업 쪽으로 잠시 눈을 돌려보자. 벨기에 화학자 에르네스트 솔베이(Ernest Solvay, 1838~1922)는 르블랑의 공정보다 한 차원 높고 훨씬 스마트한 알칼리 제조법을 발명하는 데 성공했다. 이를 간단히 설명하자면, 직접 반응하지 않는 암염 등의 저렴한 염화나트륨과 석회석을 암모니아를 매개물질로 사용해 반응시킴으로써 외견상 암염과 석회석이 반응해 탄산나트륨이 생성되게 하는 방법이다. 솔베이는 석탄가스를 만들 때 부차적으로 생산되는 암모니아 처리법을 연구하는 과정에 이 방법을 고안해냈다.

솔베이는 자신이 발명한 알칼리 제조법을 대량 생산하는 획기적인 방법을 개발해 특허를 취득했다. 이후 그는 이십 대 초반 젊은 나이에 창업가로 변신하였다. 1861년의 일이다. 2년 후 그가 야심만만하게 세운 회사 SOLVAY는 꾸준히 발전한 끝에 다국적 기업이 되어 벨기에를 대표하는 대재벌로 성장했다.

**1927년 솔베이 회의**

앞줄 중간에 알베르트 아인슈타인을 비롯해 에르빈 슈뢰딩거, 베르너 하이젠베르크, 닐스 보어, 막스 플랑크, 마리 퀴리 등 저명한 과학자들이 한자리에 모였다.

솔베이는 자선사업에 많은 돈을 기부했으며, 과학 발전에도 거액을 투자했다. 누구보다 과학을 사랑했던 그는 자신의 과학 이론을 학자들에게 들려주고 싶은 마음에 '솔베이 회의(Conseils Solvay)'라는 이름의 물리학자와의 교류회의를 개최했다. 1911년 이후의 일이다. 이 회의에서는 마리 퀴리(Marie Curie, 1867~1934), 알베르트 아인슈타인(Albert Einstein, 1879~1955), 막스 플랑크(Max Flanck, 1858~1947) 등의 저명한 과학자들이 모여 갓 탄생한 물리학 분야인 양자역학에 관해 활발히 토론하며 양자역학 발전에 공헌했다.

### ⊙ '세스퀴탄산소다'는 어떻게 솔베이법을 대체하게 되었나?

식염수 전기 분해를 통한 수산화나트륨 제조법이 발명되었다. 이는 20세기에 들어서서의 일이다. 그 후 이 기술이 알칼리 공업의 주류로 자리 잡기 시작했다. 이로써 솔베이법의 비중은 자연스럽게 줄어들었다.

오랫동안 천연 알칼리 자원으로 사용되어 온 물질이 있다. 바로 '소다'다. 트로나(trona) 광석은 소다의 일종으로, 탄산나트륨과 탄산수소나트륨으로 구성된 광물이다. 트로나 광석의 거대 광상(鑛床)이 당시 급속한 발전을 이루던 미국에서 발견되었다. 1938년의 일이다. 오늘날 트로나 광석을 가공한 천연 세제 제품이 '세스퀴탄산소다'라는 이름으로 온라인쇼핑몰 등에서 판매되고 있다.

1865년

# 무균 외과 수술

### 안전한 수술의 시대로

⊙ **'살균' 개념을 정립하여 근대 의료를 탄생시키는 데 크게 공헌한 외과의사 조지프 리스터**

의료 현장은 그야말로 처참하기 이를 데 없었다. 적어도 19세기 중엽까지는 그런 상황이 지속되었다. 병원은 동굴처럼 어둡고 쓰레기장처럼 지저분하고 밀폐된 지하실처럼 환기도 제대로 안 되었다. 먼저 입원해 있던 환자가 사망해도 침대 시트를 바꾸지 않고 그대로 사용했다. 작은 상처가 원인이 되어 운 나쁘게 감염병에 걸린 환자는 썩은 손이나 다리를 외과수술로 절단하는 수밖에 없었다. 외과 병동에는 환자의 괴저(피부 아래 조직까지 괴사한 것)로 인한 악취가 가득했다.

당시에는 외과수술을 받은 환자의 40퍼센트 정도가 수술 과정에서 발생한 세균 감염으로 안타깝게도 목숨을 잃었다. 전쟁터에서 부상당한 병사가 입원하는 군 병원의 경우 사망률이 70퍼센트에 가까울 정도로 상황은 훨씬 심각했다. 글자 그대로 당시는 암흑 시대였다.

조지프 리스터(Joseph Lister, 1827~1912)는 이런 암흑 시대에 근대 의료를 탄생시킨 인물이다. 당시 그는 글래스고 왕립병원 외과

의사로 일하고 있었다. 리스터는 그 시대 의사들과 달리 하수나 오수에서 발생하는 악취가 병을 일으키는 것이 아니라고 생각했다. 그보다 그는 공기 속을 떠다니는 눈에 보이지 않는 어떤 물질이 질병의 원인일 것으로 짐작했다. 리스터가 이런 생각을 하게 된 데에는 프랑스 생화학자 루이 파스퇴르의 영향이 매우 컸다. 그도 그럴 것이 '병의 원인은 눈에 보이지 않는 세균'이라는 주장을 담은 파스퇴르의 논문을 읽고 난 뒤 그가 '살균'에 대해 진지하게 생각하고 연구에 몰두했기 때문이다.

파스퇴르는 세균은 지구 어디에나 존재하며, 가열해서 끓이는 방법으로 세균을 완전히 박멸할 수 있음을 과학적으로 증명해냈다. 그러나 그런 그조차 병동이나 환자를 물에 삶을 수는 없었다. 리스터는 반드시 획기적인 방법을 찾을 수 있을 거라고 믿으며 소독에 적합한 물질을 끊임없이 모색했다. 그 과정에 그는 '페놀'에 주목했다. 페놀은 콜타르에서 얻는 물질로, 당시 페놀은 쓰레기장 등의 악취를 없애는 용도로 사용되고 있었다. 그렇다면 페놀이 병을 일으키는 '나쁜 기운'도 없앨 수 있지 않을까? 리스터의 생각은 여기까지 이르렀다.

### ⊙ 리스터는 왜 "제멜바이스야말로 위대한 소독법의 발명자다"라고 칭송했을까?

다리에 복합 골절상을 입은 11세 소년이 병원으로 이송되어 왔다. 미국 제16대 대통령 에이브러햄 링컨(Abraham Lincoln, 재임 1861~1865)이 암살되는 충격적인 사건이 벌어진 1865년 어느 날의 일이다. 당시 이런 경우에는 다리를 절단하는 것이 가장 효과적인 방법이자 거의 유일한 해결책으로 여겨졌다. 복합 골절상을 입으면 뼈 파편이 피부를 찢어 치명적인 감염증을 일으킬 확률이 매우 높았기 때문이다. 이런 녹록지 않은 상황에서 리스터는 소독이라는 새로운 방법을 동원한 외과수술을 과감히 시도해 보기로 했다. 다리를 절단하는 극단적인 일만은 어떻게든 피하고 싶은 생각에서였다. 그는 수술실에서 부러진 뼈와 그 주위를 페놀 수용액으로 정성껏 닦고 페놀을 적신 천을 상처에 붙인 다음 금속 시트로 덮어두었다. 그러자 놀랍게도 소년은 감염으로 열이 나는 일 없이 호전되다가 다친 부위가 치유되었다. 다리를 절단할 필요가 없어진 것은 두말 할 나위 없는 일이었다.

조지프 리스터는 자신이 개발한 소독법의 성과를 의학 잡지 《랜싯(The Lancet)》에 공식적으로 발표했다. 1867년의 일이다. 그 후 그는 한참 수술이 진행되는 중에도 수술 부위에 페놀 수용액을 분무기로 분사하곤 했다. 그리고 한발 더 나아가 그는 크롬산(크로뮴산)이라는 물질을 이용해 봉합용 실을 소독하기도 했다. 1868년의 일이다. 이 일을 계기로 수술 과정에서 세균에 감염되는 일이 급격히 감소했을 뿐만 아니라 청결하고 안전한 근대적 외과수술의 토대가 마련되었다.

후일담이지만, 리스터는 "제멜바이스야말로 위대한 소독법의 발명자다"라며 이그나츠 제멜바이스에게 아낌없는 존경과 찬사를 보내기도 했다. 이는 그가 역사상 최초로 차아염소산 수용액을 이용한 소독법을 널리 퍼뜨리고자 애쓴 제멜바이스의 전기를 읽고 나서 한 말이다.

1882년 조지프 리스터가 페놀 수용액으로 소독한 뒤 수술을 진행하고 있다.

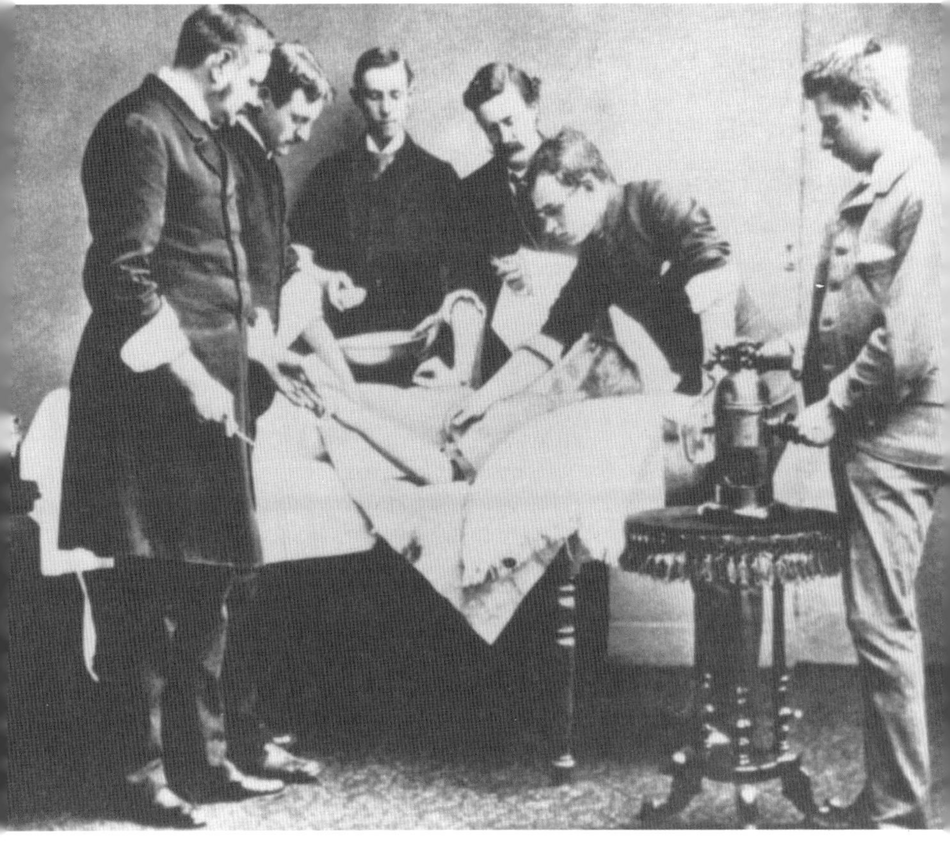

1866년

## 다이너마이트 발명

### 폭약으로 얻은 거액의 부가 학문 발전에 이바지하다

### ⊙ 규조토에 니트로글리세린을 스며들게 하면 안정화되어 폭발을 제어할 수 있다는 사실을 발견한 노벨

스웨덴의 한 가족이 니트로글리세린 제조 공장을 경영하고 있었다. 때는 1846년 무렵이었다. 역사에 뚜렷한 이름을 남긴 알프레드 베른하르드 노벨(Alfred Bernhard Nobel, 1833~1896) 가족이 바로 그들이다.

노벨 가족이 운영하는 스톡홀름의 실험실에 폭발 사고가 일어나 인명 피해가 발생한 것은 1864년 9월 어느 날의 일이다. 갑작스레 벌어진 이 참사로 여러 명의 사상자가 나왔는데, 사망자 중에는 노벨의 동생도 있었다. 노벨은 이 폭발 사고를 계기로 니트로글리세린을 안전한 폭약으로 만드는 일에 몰두하기 시작했다. 노벨은 흑색화약보다 폭발력이 강한 니트로글리세린(폭발력이 흑색화약의 약 19배)을 다루기 쉽게 만들고자 실험에 실험을 거듭했다. 그 결과 니트로글리세린을 규조토(태곳적에 살았던 단세포 조류의 시체 골격이 퇴적해 다공질 돌 형태가 된 물질이며 화학적으로는 이산화규소)에 스며들게 하면 안정화되어 폭발을 쉽게 제어할 수 있다는 사실을 발견했다. 1866년의 일이다. 그리고 이듬해 노벨은 이

기술의 특허를 획득했다.

그 연장선에서 한발 더 나아가 노벨은 기폭 장치인 뇌관을 발명했다. 뇌관은 도화선이나 전기로 작은 폭발을 일으켜서 그 충격으로 폭약을 폭발시키는 장치를 말한다. 노벨이 고안한 뇌관은 폭약을 사용하기 직전에 꽂아서 작동시키도록 되어 있어서 폭약을 안전하게 다룰 수 있게 해주었다.

규조토 입자에 니트로글리세린을 흡수시켜 만든 이 혼합물은 순식간에 선풍적인 인기를 끌며 전 세계로 불티나게 팔려나갔다. 이것이 바로 그 유명한 다이너마이트다. 다이너마이트는 고대 그리스어로 '힘'을 의미하는 '뒤나미스(dýnamis)'와 '-석(돌)'을 의미하는 접미사 '-ite'가 결합해서 만들어진 단어다. 즉, 이는 '힘을 지닌 돌'이라는 의미다.

노벨의 발명 행진은 여기서 멈추지 않았다. 그는 다시 규조토 대신 니트로셀룰로오스를 혼합해 젤리 형태 비슷하게 만든, 기존의 다이너마이트보다 훨씬 강력한 '젤리그나이트(Gelignite, 세계 최초의 플라스틱 폭약)'를 발명하는 데 성공했다. 이는 1875년의 일이다. 젤리그나이트는 오늘날 사용되는 다이너마이트의 기본형으로 자리 잡았다.

노벨은 공장을 지은 다음 자신이 발명한 다이너마이트를 생산, 판매해 막대한 부를 일구었다. 그 돈으로 그는 스웨덴의 보포르스(Bofors)라는 철공소를 인수한 뒤 생산과 경영에 직접 참여해 무기와 화학제품 전문 제조사로 발전시켰다. 이는 1894년의 일이다. 보포르스사는 두 차례 세계대전을 겪는 동안 대포와 기관총 등을 제조하는 무기 제조사로 성장했다.

**에밀 외스테르만, 〈알프레드 노벨〉**

1915년, 캔버스에 유채, 스톡홀름 노벨 재단 소장

## ⊙ 노벨의 발명품 다이너마이트는 어떻게 세계지도를 바꿔놓았나

이후 다이너마이트는 대규모 토목공사에서 눈부신 활약을 펼쳤다.

여기서 잠시, 2,000여 년 전 유럽으로 시선을 돌려보자. 때는 기원전 218년, 알프스산맥의 어느 험준한 지점이 바로 그 현장이다. 카르타고의 명장 한니발은 로마를 급습하기 위해 눈사태 등으로 수만 명의 장졸을 희생시키는 위험을 감수하며 수십 마리 코끼리를 이끌고 험준한 알프스산맥을 넘었다. 그런데 바로 그 알프스산맥을 관통하는 철도 공사를 진행하여 이탈리아와 스위스를 연결하는 약 20킬로미터 길이의 심플론 터널(Simplon Tunnel)이 개통되었다. 이는 1906년의 일이다.

로마나 중세에는 어떻게 터널 공사를 했을까? 정 등의 도구를 사용해 돌을 만나면 돌을 캐내고 바위를 만나면 바위를 부수며 손으로 파내는 방식으로 작업했을 것이다. 그런 터라 운 나쁘게 단단한 암반을 만나기라도 하면 1년 내내 1미터 정도밖에 나아가지 못했다. 그러나 암반에 작은 구멍을 뚫어 다이너마이트를 끼워 넣고 폭파시키면 제아무리 단단한 암반이라도 한 시간 이내에 몇 미터를 파낼 수 있다.

다이너마이트는 길이 80여 킬로미터에 이르는 파나마 운하 공사에서도 대활약했다. 1881년 프랑스가 시작한 공사를 미국이 이어받아 1914년에 마침내 운하가 개통되면서 대서양과 태평양이 연결되었다. 다이너마이트가 세계지도를 바꾼 것이다.

1866년

# 독일 통일

## 시대 흐름을 타고 거대 재벌이 탄생하다

### ⊙ 적군과 아군 모두 같은 제조사의 화포를 사용하여 전쟁을 치르는 아이러니한 시대

19세기 후반은 새로운 '철기 시대' 양상을 띠었다. 그도 그럴 것이 이 시대에 '전로법'을 이용한 강철의 대량 생산이 시작되어 역사의 물줄기를 돌려놓았기 때문이다. 프로이센과 오스트리아 사이에 벌어졌던 프로이센-오스트리아 전쟁은 그 상징과도 같은 전쟁이었다. 이는 1866년의 일로, 당시 양 군대 모두 같은 제조사의 화포를 사용해 포격전을 벌였다.

당시 화포를 대량 생산한 회사는 독일의 크루프(Krupp)사다. 알프레트 크루프(Alfred Krupp, 1812~1887)는 열네 살 어린 나이에 아버지가 운영하던 작은 철공소를 물려받은 후 탁월한 사업 수완을 발휘해 거대 철강기업으로 성장시켰다. 여기에는 때마침 절묘하게 불어온 철도 건설 열풍으로 철로 수요가 급증한 영향이 있었다. 나아가 크루프는 1844년 베를린 산업박람회에 총신을 출품해 금상을 수상하기도 했다.

크루프사는 주물용 강을 활용해 강도 높은 총신과 포신을 생산할 수 있게 되면서 본격적으로 화포 제조 사업에 진출했다. 그러나 프로이센 육군본부는 신흥 회사라는 이유로 크루프사를 인정하지 않았다. 이런 상황에서 크루프사는 손 놓고 구경만 하고 있지는 않았다. 크루프사는 공격적인 마케팅을 통해 벨기에에는 야포를, 영국에는 함포를 수출했다. 또 수에즈 운하를 건설하는 오스만제국의 이집트 총독 사이드 파샤(Saʿīd Pasha, 재임 1854~1863)에게 많은 양의 대포를 판매하기도 했다. 말하자면, 크루프사는 제대로 대금만 지불한다면 적군이든 아군이든 개의치 않고 전 세계 어느 나라에나 대포를 수출했다.

크루프사는 단숨에 세계 최고의 철강 가공 기술을 보유한 기업이 되었다. 그럼에도 여전히 프로이센 왕국에게는 크루프사가 특별한 관심을 끌지 못하던 때 다음과 같은 일화가 전한다. 프로이센 국왕 프리드리히 빌헬름 4세(Friedrich Wilhelm IV, 재위 1840~1861)는 1857년 이후 병으로 국왕직을 수행할 수 없는 상황에 처했다. 이에 동생 빌헬름(Wilhelm Friedrich Ludwig)이 1858년부터 프로이센을 섭정했는데, 빌헬름은 크루프사가 이룩한 혁신의 중요성을 제대로 파악하고 있었다. 빌헬름 섭정은 친히 크루프사 제철 공장을 시찰하러 왔다. 그러자 크루프사는 선반에 올려놓은 회중시계 위에 무게가 30톤에 달하는 거대한 해머를 떨어뜨린 다음 시계에 닿기 직전에 멈추는 퍼포먼스를 선보여 자사의 압도적인 기술력을 과시했다. 결국 크루프사는 프러시아군의 주요 무기 보급사로 선정되었다. 이후 빌헬름 섭정은 프로이센 왕국 호엔촐레른 왕조의 제7대 국왕(재위 1861~1888), 나아가 독일제국 초대 황제 빌헬름 1세(Wilhelm I, 재위 1871~1888)로 등극했다.

### ⊙ '철혈정책'으로 군비 확장 정책을 펼치며 독일 통일을 추진한 프로이센 수상 비스마르크

당대 독일은 자본주의적 물자의 흐름이 원활치 않은 데다 심각한 방해를 받고 있었다. 35개 영방국(領邦國)과 4개 자유 도시로 사분오열되어 있었던 것이 주요 원인으로, 상품 운송을 위해 국경을 넘을 때마다 관세가 부과되어 무역에 큰 차질이 빚어진 탓이었다. 그러던 중 1834년 가맹국 사이의 관세를 철폐하는 독일 관세동맹이 결성되면서 느슨한 독일 연방이 형성되었다.

프로이센은 관세 철폐를 주요 콘셉트로 하는 독일 연방의 경제적 통일을 계기로 주도권을 잡았다. 이후 프로이센 수상 오토 폰 비스마르크는 '철혈정책'이라는 이름의 군비 확장 정책을 대대적으로 펼치며 막강한 군사력을 앞세워 독일 통일을 과감히 추진해 나갔다. 프로이센이 독일 통일을 달성하는 데 있어 가장 큰 걸림돌이었던 대상은 뭐니 뭐니 해도 오스트리아였다. 여기에 보수 세력과 단단히 손을 잡고 분열을 획책하는 프랑스도 만만치 않은 위협 요소였다. 이런 분위기 속에서 비스마르크가 이 두 나라를 군사력을 동원해 무력화시켜야겠다고 판단한 것은 어쩌면 당연한 결과였다.

알프레트 크루프가 아버지에게 작은 철공소를 물려받아 세계 최고 철강 기업으로 성장시킨 크루프사. 이 회사는 노련한 서퍼가 파도타기를 즐기듯 롤러코스터처럼 격동하는 시대의 흐름에 영리하게 올라탔다. 이후 크루프사는 프로이센뿐 아니라 다른 여러 나라에 화포를 판매해 거대 재벌로 도약하는 데 성공했다.

### ⊙ 프로이센과 오스트리아 모두 쾨니히그레츠에서 크루프사의 대포로 싸웠는데, 프로이센이 압승을 거둔 이유는?

마침내 프로이센-오스트리아전쟁이 발발했다. 1866년의 일이다. 이 전쟁에서 두 나라 군대는 모두 크루프사가 개발한 대포를 앞세웠다. 황당한 일이 아닐 수 없었다. 여기에 더해 프로이센군은 오스트리아군보다 5배 빠른 속도로 사격할 수 있는 최첨단 병기 드라이제 니들건(Dreyse needle gun)으로 무장했다. 드라이제 니들건은 프로이센 총기 장인 요한 니콜라우스 폰 드라이제(Johann Nikolaus von Dreyse, 1787~1867)가 1836년에 발명한 최신 무기였다. 이는 총구가 아닌, 총 뒤쪽에서 탄환을 넣고 방아쇠를 당겨서 발사하는 '후장식(後裝式) 볼트 액션 라이플'이라고 부르는 근대적 무기다.

양 군대의 크루프사 대포끼리 격렬한 포격전을 벌여 셀 수 없이 많은 사상자가 발생함과 동시에 막대한 이익을 크루프사에 가져다준 일이 실제로 일어났다. 이는 쾨니히그레츠(오늘날의 체코) 대포 포격전에서 실제로 있었던 일이다. 다른 한편으로 보병 전투에서는 총구에 탄환을 집어넣어 가며 발사하는 오스트리아군의 구식 소총을 프로이센군의 드라이제 니들건이 완전히 압도했다.

헤게모니를 잡기 위한 건곤일척의 결전에서 오스트리아군은 막강한 군사력과 뛰어난 전략으로 승부하는 프로이센군을 당해낼 수 없었다. 오스트리아군은 사상 초유의 쓰라린 패배를 맛보았다. 1867년, 프로이센은 이 승리를 계기로 오스트리아를 제외시킨 채 북독일 연방을 결성해 독일 통일의 길로 달려갔다.

1866년

# 무선과 해저케이블

### 원거리 통신의 진화로 세계가 단숨에 좁아지다

**⊙ 볼타의 전지, 모스의 전기 부호 등의 발명에 힘입어 본격화한 전기 무선통신이 세계사의 물줄기를 바꾸다**

19세기 유럽에서는 전기 연구가 활발히 진행되었다. 알레산드로 볼타(Alessandro Volta, 1745~1827)가 전지를 발명한 일을 계기로 바야흐로 전기 시대가 도래한 것이다. 새뮤얼 모스(Samuel Morse, 1791~1872)가 점(•)과 선(—)이라는 두 가지 부호를 전기 신호로 만든 모스 부호(알파벳 26문자와 숫자)를 고안하면서 마침내 전기를 이용한 통신 시대가 열렸다. 이는 1837년 무렵의 상황이다. 또한 1876년에는 미국 발명가이며 엔지니어인 알렉산더 그레이엄 벨(Alexander Graham Bell, 1847~1922)이 전화기 특허를 취득했고, 1895년에는 이탈리아의 굴리엘모 마르코니(Guglielmo Marconi, 1874~1937)가 무선통신을 발명했다.

먼 옛날, 인류는 정보를 전달하기 위해 봉화를 사용했다. 말하자면, 일정한 간격을 띄워서 봉화대를 세우고 불을 피우면 불이나 연기를 발견한 관측자가 자신도 불을 피워서 중계하는 것이 고대의 정보 전달 방식이었다. 그 밖에도 인류는 나무판을 올리고 내리는 완목식 신호기를 여럿 설치해서 신호를 전달하는 등

원거리 통신을 진화시켜 왔는데, 그 화룡점정은 바로 '전기 통신'이었다.

### ⊙ 세계를 단숨에 좁혀 놓은 해저케이블 건설을 가능케 한 특수 물질, 구타페르카

해저케이블 공사에는 높은 수압과 바닷물로 인한 부식을 견뎌낼 수 있는 특수한 물질이 필수적이다. 그도 그럴 것이 해저케이블은 심해 바닥에 설치되기 때문이다. 그 특수한 물질이란 뭘까? 19세기 후반에는 '구타페르카'라는 물질로 절연한 해저케이블이 활용되었다.

구타페르카는 천연고무와 같은, 폴리이소프렌이라는 거대 분자다. 이는 $-C_5H_8-$이라는 유닛(이소프렌이라는 분자로 구성되어 있다)이 여럿 연결되어 만들어진 거대한 사슬 모양 분자이지만 유닛인 $-C_5H_8-$의 입체 구조가 미묘하게 다르다. 이 작은 차이가 천연고무와 구타페르카의 큰 차이를 만들어낸다. 구타페르카는 사포테과 식물 수액에서 얻을 수 있다. 이것을 거푸집에 흘려 넣으면 성형이 가능하며, 공기에 일정 시간 노출시키면 딱딱해져서 천연고무와 달리 형태가 고정된다.

케이블을 실은 배가 미국 쪽과 영국 쪽에서 각각 케이블을 부설하며 나아갔으나 연거푸 단선이 되는 등 실패가 거듭되었다. 수많은 우여곡절 끝에 마침내 안정적으로 접속할 수 있게 된 것은 1866년부터였다.

이렇게 해서 전기통신과 해저통신 케이블은 세계를 단숨에 좁

1866년 미국 뉴펀들랜드 하츠콘텐트항에 도착한 대서양 횡단 케이블

혀 놓았다. 그리고 광섬유를 이용한 해저케이블이 실용화되면서 비약적으로 대용량 통신이 가능해졌다. 이는 1980년대에 들어서서의 일이다. 오늘날 해저케이블은 국제 정보 통신의 99퍼센트를 담당하고 있으며, 나머지를 통신 위성이 담당하고 있다.

2021년 전 세계에는 해저케이블 447개가 설치되어 있다. 일본은 섬나라이기 때문에 인터넷도 대용량 해저케이블을 통한 광통신으로 다른 나라와 연결되어 있다. 트위터, 인스타그램, 페이스북 등 다양한 영상이나 정보가 해저케이블을 통해 전 세계로 발신되고 있는 것이다.

---

1866년

## 다이아몬드 원소

**우주에는 다이아몬드로 이루어진 별이 있다**

---

### ⊙ 다이아몬드 연마술이 나오기 전 다이아몬드 가격이 사파이어 등 보석의 10분의 1에도 미치지 못한 까닭

다이아몬드는 화학적 관점에서만 보자면 '탄소 분자가 모인 물질'로 정의할 수 있다. 다시 말해, 이는 숯이나 연필심과 같은 탄소 덩어리다. 그러나 탄소라는 동일 원소만으로 구성돼 있다 하더라도 원자의 연결 방식이 다른 까닭에 성질이 달라진다. 이것을 '동소체'라고 하는데, 일테면 산소($O_2$)와 오존($O_3$)도 동소체다. 결론적으로 말하자면, 물질의 성질은 원자의 연결 방식, 즉 구조에 따라 결정되는 것이다.

다이아몬드는 인도에서 채취된 것이 그 시작으로 알려져 있다. 기원전 7~8세기 무렵의 일이다. 물론 그 시대에는 다이아몬드를 연마하거나 절삭하는 기술이 없었기에 칙칙한 원석을 부적 등의 용도로 사용한 것으로 보인다. 잘 알려져 있다시피, 다이아몬드는 지구상에서 가장 단단한 물질이다. '다이아몬드'의 어원은 고대 그리스어 '아다마스(adamas)'가 라틴어, 고대 프랑스어, 중세 영어 등을 거치며 '다이아몬드(diamond)'로 변화했다고 본다. 그리스어 '아다마스'는 '~하지 않다'라는 부정의 의미를 가지는 접두사 '아(a)'와 '정복하다'라는 의미의 '담나오(damnáō)'가 합쳐진 단어로, '정복할 수 없다', '무적', '단단해서 부수기 어렵다'라는 뜻이다. 고대 로마시대에는 로마군 장군 등이 다이아몬드를 일종의 부적으로 몸에 지니고 다녔으며, 중세에는 봉건영주와 제후 역시 부적의 용도로 검이나 갑주에 달았다고 한다. 그 이유는 '무적'이라는 다이아몬드의 이름 때문이며 강인한 성질 때문이기도 하다.

다이아몬드 연마술이 나오기 이전까지 다이아몬드 가격은 사파이어 같은 보석의 10분의 1에도 미치지 못했다. 그러던 중 일대 전환점이 찾아왔다. 플랑드르 세공사 로데비크 반 베르켄(Lodewyk van Bercken)이 다이아몬드 분말을 사용해 원석을 연마하는 기술을 개발한 덕분이었다. 그 결과, 다이아몬드를 8면체·12면체 등으로 자름으로써 반짝반짝 빛나게 만들 수 있게 되었다. 1475년의 일이다. 그 후 다이아몬드는 언제 그랬냐는 듯 최고의 보석으로 주목받으며 왕후·귀족이 열광하는 매력적인 아이템이 되었다.

### ⊙ 교활한 방법으로 남아프리카의 다이아몬드를 독점한 '남아프리카의 나폴레옹' 세실 로즈

남아프리카에서 거대한 다이아몬드 광산이 발견되었다. 이는 1866년, 인도와 브라질에서 더는 다이아몬드가 채취되지 않게 되었을 무렵의 일이다. 영국 정치가이며 사업가인 세실 로즈(Cecil Rhodes, 1853~1902)는 한꺼번에 너무 많은 양의 다이아몬드를 채취하면 자칫 가격이 폭락할 우려가 있다고 생각했다. 이에 그는 대부호 로스차일드 가문에게 자금을 빌려 다이아몬드를 독점할 목적으로 1888년에 드비어스(De Beers)사를 설립하고 강압적으로 아프리카를 정복했다.

세실 로즈는 '남아프리카의 나폴레옹'이라는 별명으로 불렸으며 케이프 식민지 총리 자리에까지 올랐다. 그 유명한 남아프리카의 인종 분리정책 아파르트헤이트도 세실 로즈가 기원인 셈이다. 참고로, 과거에 존재한 로디시아(Rhodesia, 오늘날의 짐바브웨와 잠비아)라는 국명은 그의 이름에서 유래했다.

드비어스사는 국제적인 다이아몬드 신디케이트로서 다이아몬드 생산과 유통을 지배하며 수요와 공급의 균형을 조작해 다이아몬드 가격을 끌어올렸다. 또 사파이어 등에 비해 한참 뒤처진 후발주자인 다이아몬드를 홍보하기 위해 유명한 캐치프레이즈를 만들어냄으로써 매출을 끌어올렸다.

잠시, 시선을 드넓은 우주로 돌려보자. 지구로부터 40광년 떨어진 곳에 있는 거대 행성이 다이아몬드 등의 탄소로 구성돼 있을 가능성이 높다는 주장이 제기되었다. 이는 2011년의 일이다. 놀랍게도, 이 다이아몬드 행성의 크기는 지구의 2배나 된다고 한다. 미래 어느 시점에 인류가 과연 이 행성이 도달하게 될지 자못 궁금하다.

---

1867년

## 철근 콘크리트 발명

**현대 문명의 상징**

---

**⊙ 철근과 콘크리트의 장점을 결합해 최강의 건축 재료 '철근 콘크리트'를 발명한 프랑스 정원사 조제프 모니에**

콘크리트는 압축에 강한 반면 잡아당기는 힘에는 약하다. 반대로 철은 압축하면 휘어져버리지만 잡아당기는 힘에는 강하다. 인류는 이 둘을 결합해 최강의 건축 재료를 만들어냈다. 바로 '철근 콘크리트'다.

이처럼 각각의 장점을 살리고 단점을 보완하도록 재료를 조합해서 만드는 소재를 '복합 재료'라고 한다. 20세기 후반부터 21세기에 걸쳐 인류는 탄소 섬유 강화 플라스틱(CFRP) 등 다양한 복합 재료를 발명해 문명을 발전시켰다.

철근 콘크리트를 발명한 사람은 누구일까? 여기에는 여러 명이 거론될 수 있는데, 최초로 실용화에 성공한 이는 프랑스 정원사 조제프 모니에(Joseph Monier, 1823~1906)다. 당시만 해도 화분은 전통적인 도기로 만들어졌다. 그러다가 드디어 이 세계에도 신소재인 콘크리트 제품이 등장하기 시작했다. 그런데 콘크리트 제품은 무겁고 잘 깨진다는 결점이 있었다. 모니에는 화분을 가볍게 만들기 위해 두께를 줄이면서도 강도를 높일 방법을 모색했다. 많은 궁리와 노력 끝에 그는 철망에 콘크리트를 흘려 넣어서 성형하는 방법을 고안했다. 조제프 모니에는 파리 만국박람회에 철망을 집어넣은 콘크리트 화분을 출품해 호평을 받았으며 특허도 취득했다. 1867년의 일이다.

그 후 독일 건축가 구스타프 아돌프 바이스(Gustav Adolf Wayss, 1851~1917)가 조제프 모니에에게 200만 마르크라는 거액을 주고 철근 콘크리트 특허를 사들였다. 1885년의 일로, 하중시험 등을 통해 철근 콘크리트의 성능을 높게 평가한 바이스는 철근 콘크리트 공법을 빌딩·교량 등 대규모 건설에 폭넓게 활용했다.

철근 콘크리트 공법이 비약적으로 발전하던 그 무렵, 요하네스 브람스(Johannes Brahms, 1833~1897), 안톤 브루크너(Anton Bruckner, 1824~1896), 엑토르 베를리오즈(Hector Berlioz, 1803~1869) 등 낭만주의 음악이 유행하고 오케스트라 구성도 대규모가 되었다. 이 시대에 루트비히 판 베토벤(Ludwig van Beethoven, 1770~1827)은 음악을 귀족과 교회로부터 해방시켜 누구나 즐길 수 있는 예술로 만들었다. 그 결과 일반 대중이 콘서트에 오게 되면서 대콘서트홀 건설이 뚜렷한 시대 흐름으로 자리 잡아가고 있었다. 이를 가능하게 한 것이 바로 '철근 콘크리트 공법'이었다.

미국에서 철근 콘크리트가 주목받게 된 것은 1906년 샌프란시스코 대지진이 발생했을 때였다. 좀 더 구체적으로, 어느 거리의 폐허가 된 벌판에 철근 콘크리트로 지은 창고만 강진에도 무너지지 않고 버티고 서 있었던 일이 직접적인 계기가 된 것이었다.

이런 흐름 속에서 명망 있는 건축가들이 너도나도 철근 콘크리트를 이용한 건축을 시도하게 되었다. 일테면 프랭크 로이드 라이트(Frank Lloyd Wright, 1867~1959), 발터 그로피우스(Walter Gropius, 1883~1969), 르코르뷔지에(Le Corbusier, 1887~1965) 등 20세기 최고 건축가로 인정받는 이들이 조형의 자유도가 높은 철근 콘크리트의 장점을 살린 건축물을 잇달아 만들어냈다.

### ⊙ 고대 로마시대 콘크리트 건축물이 2,000년 넘게 건재함을 자랑하는 데 반해 철근 콘크리트로 지은 건물이 200년밖에 버티지 못하는 이유

철근 콘크리트는 고층 빌딩과 고층 아파트를 만들어내는 등 현대 문명의 상징이 되었다. 그렇다면 철근 콘크리트는 단점이 없을까? 물론 있다. 철근이 들어가기 때문에 단순한 콘크리트에 비해 쉽게 열화(劣化, 절연체가 외부·내부 영향에 따라 화학적·물리학적 성질이 나빠지는 현상)된다는 점이 대표적이다.

철은 산에 노출되면 이내 녹이 슨다. 철은 산에 약하기 때문이다. 반대로 철은 알칼리성에는 반응하지 않는다. 철근을 둘러싸고 있는 콘크리트는 철을 산성으로부터 지켜준다. 콘크리트는 알칼리성 물질이기 때문이다. 그러나 문제는 철근 콘크리트 외부, 즉 표면에서 생겨난다. 좀 더 구체적으로, 철근 콘크리트 표면부터 서서히 알칼리성이 약해지고 중화되어 중성 물질로 변해가는데, 이는 공기 속에 있는 이산화탄소(산성 기체) 때문이다. 그러다가 급기야 철근 콘크리트 속 철 주위 부분까지 중성이 되면 그 철은 더는 콘크리트의 보호를 받지 못해 녹슬기 시작한다. 그리고 일단 철이 녹슬기 시작하면 팽창하기 때문에 내부에서 콘크리트를 손상시켜 점점 열화되는 것이다.

콘크리트의 중성화 속도는 2년에 1밀리미터 정도로 알려져 있다. 이것을 실제 건물에 적용해서 생각해보자. 철 주변 콘크리트 두께를 3센티미터 정도라고 했을 때 콘크리트 중성화 수치(속도)를 감안하면 철 주변 콘크리트가 완전히 중성화하는 데 60년 정도 걸린다는 얘기다. 이는 제대로 관리하고 보완 대책을 세우지 않으면 건물의 철근 콘크리트가 열화되어 심각한 문제가 발생할 수 있다는 의미다. 그러고 보면 건축물은 말할 것도 없고 고속도로 등 대규모 시설물을 관리하는 일이 얼마나 어려운지 알 수 있다.

판테온 등 고대 로마시대 콘크리트 건축물이 2,000년 넘게 원래 형태를 유지한 채 건재함을 자랑하는 데 반해 철근 콘크리트로 지은 오늘날의 건물은 아무리 세심하게 관리한다 해도 길어야 200년 정도밖에 버티지 못한다. 이는 철근 콘크리트를 이용해 건물의 강도를 높인 대가로 수명이 짧아졌기 때문이다. 무릇 무엇인가를 얻으려면 다른 무엇인가를 잃는 것, 이것이 자연과 인생의 원리가 아닌가 싶다.

---

## 1869년
# 유전을 관장하는 물질
### 분자생물학의 토대를 쌓다

---

### ⊙ 경이적인 과학·의학 기술의 집대성, 백신 기술

20세기 말엽부터 21세기에 걸쳐 유전자 해석과 바이오테크놀로지가 눈부신 진화와 발전을 이룩했다. 그 덕분에 혼돈스러운 코로나 팬데믹 상황에서도 신형 코로나바이러스의 유전자(설계도)가 단숨에 해석되어 바이러스 표피의 돌기 같은 단백질 부분 설계도인 염기서열(A, U, C, G라는 네 가지 유형의 분자가 연결되어 만들어지는 암호 같은 배열)이 특정되었다. 그리고 여기서 한발 더 나아가 그 설계도 복사본인 메신저 RNA를 수식(修飾)한 것이 인공으로 대량 생산되어 백신으로 제품화되었다. 간략히 정리하자면, 이는 다음과 같은 메커니즘이다. 먼저, 인체 내부에서 RNA(설계도)를 바탕으로 바이러스 돌기 부분이 만들어진다. 그러면 자연스럽게 이 돌기 부분을 표적으로 여기는 유도 미사일 같은 항체가 대량으로 생성된다. 이로써 우리 인체는 진짜 바이러스의 위협에 대해 완벽한 방어 체제를 갖추게 되는 것이다. 그야말로 경이적인 과학·의학 기술의 집대성이라 할 만한데, 인류가 이 경지에 도달하기까지 길고 험난한 여정이 기다리고 있었다.

### ⊙ 백혈구 시체를 분석해 백혈구 세포핵에서 수수께끼의 산성 물질 '뉴클레인'을 발견했으나 불운하게도 인정받지 못한 미셰르

스위스 출신 프리드리히 미셰르(Friedrich Miescher, 1844~1895)는 유기화학을 공부한 뒤 의화학을 연구하고 있었다. 그런데 사정을 잘 모르는 이의 눈에 그는 이상한 사람으로 보였을 것이다. 그도 그럴 것이 그는 백혈구를 연구하겠다며 병원에서 붕대에 묻은 고름을 대량으로 모았기 때문이다.

미셰르는 많은 양의 고름, 즉 백혈구 시체를 분석해 백혈구 세포핵에서 수수께끼의 산성물질을 발견했다. 미지의 유기화합물과 대량의 인산을 포함한 이 물질을 그는 '뉴클레인(nuclein)'이라고 명명했다. 1869년의 일이다. 그러나 당시에는 이 미지의 물질이 유전을 관장하는 유전자의 본체라는 사실을 아무도 깨닫지 못했다.

오스트리아 수도사 그레고어 요한 멘델(Gregor Johann Mendel, 1822~1884)은 완두콩 교배를 통해 유전에는 법칙성이 있으며, 유전자라는 것이 정보를 운반한다는 내용의 획기적인 논문을 발표했다. 이는 프리드리히 미셰르가 뉴클레인을 발견하기 4년 전의 일이다. 그러나 아쉽게도 멘델의 이 뛰어난 논문은 세상의 빛을 보지 못하고 있었다. 전문 연구자가 아닌 일개 수도사가 쓴 논문이기 때문이었다. 이런 분위기에서 미셰르가 발견한 뉴클레인이야말로 실은 그 유전자의 실체인 디옥시리보핵산, 즉 DNA임을 알게 되기까지는 80년이라는 긴 시간이 더 필요했다.

미셰르가 뉴클레인을 발견한 뒤 많은 과학자가 유전이라는 현상의 신비, 신의 작업이라고도 할 수 있는 자연의 법칙을 해명하고자 도전했다. 또 그들은 유전자의 분자를 조작하거나 새로운 유전자 분자를 만들어내는 기술을 발전시켜 나갔다. 이는 20세기 중반 이후의 일이다.

1869년

## 원소주기율표의 의미

물질 탐구의 '지도'를 만든 화학자

### ⊙ 프랑스 화학자 부아보드랑에게 어느 날 러시아에서 날아온 의문의 편지

과학자들 사이에 '원소'를 탐구하는 흐름이 형성되었다. 이는 아일랜드 과학자 로버트 보일(Robert Boyle, 1627~1691)이 17세기에 물질의 궁극적 구성 성분으로 '원소'를 정리한 뒤의 상황이다. 프랑스 화학자 앙투안 라부아지에(Antoine Lavoisier, 1743~1794)는

33종의 원소를 발표했는데, 그중에서 '열'과 '빛'은 오늘날 원소로 간주되지 않는다.

그때로부터 2세기 남짓 지난 19세기에 이르러 새로운 원소를 찾아내기 위한 화학자들의 경쟁이 갈수록 격화되었다. 프랑스 화학자 폴 에밀 르코크 드 부아보드랑(Paul-Émile Lecoq de Boisbaudran, 1838~1912)은 꾸준히 연구한 끝에 새로운 원소를 발견하고 고대 프랑스 국명인 갈리아를 따서 '갈륨(Gallium, Ga)'이라는 이름을 붙였다.

그러던 어느 날, 새로운 원소를 발견한 부아보드랑에게 누군가가 러시아에서 보낸 편지 한 통이 날아들었다.

"갈륨을 발견했다는 귀하의 발표는 정확성이 부족합니다. 귀하는 갈륨의 비중이 4.7이라고 발표했는데, 그것은 잘못되었습니다. 갈륨의 비중은 5.9에서 6.0 사이여야 합니다"라는 내용이었다.

비중이란 어떤 물질의 밀도와 온도가 섭씨 4도인 물의 밀도에 대한 비율이다. 대략적으로 말하자면, 1세제곱미터의 질량(그램)과 같다(다만 비율이므로 단위는 없다). 편지를 읽은 부아보드랑은 크게 화를 냈다. "내가 얼마 전에 발견한 새로운 원소인데, 마치 자기가 이미 잘 알고 있던 원소인 것처럼 말하는군! 지금 나를 놀리는 건가?"

편지 봉투를 보니 발신인 란에 '상트페테르부르크대학 교수 드미트리 멘델레예프'라고 적혀 있었다. 부아보드랑은 불쾌한 기분을 감추지 못한 채 다시 실험을 했다. 한데 놀랍게도 이전 실험에서 얻은 비중이 잘못되었음이 판명되었다. 멘델레예프

(Dmitri Mendeleev, 1834~1907)가 지적했듯이 새로운 원소의 비중은 5.9였다. 그 순간 부아보드랑은 갈륨을 단 한 번 본 적조차 없는데도 마치 예언자처럼 정확히 밀도를 맞힌 멘델레예프에게 경외심을 느꼈다. 멘델레예프는 어떻게 자기 눈으로 직접 확인한 적도 없는 새 원소 갈륨의 비중을 정확히 맞힐 수 있었을까? 그가 과학사상 처음으로 원소의 주기율표를 만들고 그 법칙성에 근거해 아직 발견되지 않은 원소의 성질까지 예측하고 있었기 때문이다.

### ⊙ 물질의 결합과 반응에는 일정한 규칙이 있다는 과학적 물질관을 확립한 멘델레예프의 원소 주기율표

1869년, 멘델레예프 교수는 화학 교과서를 집필하고 있었다. 당시 그는 이미 세상에 알려져 있던 원소들을 카드로 만들어 벽에 붙여 놓고 서로 비슷한 원소들끼리 나열하다 주기율표를 만들어냈다. 그 과정에 그는 아직 발견되지 않은 원소의 자리를 비워 놓고, 그 원소가 어떤 속성과 데이터를 가지고 있을지 예상했다. 말하자면 그는 단순히 원소를 늘어놓은 것이 아니라 '법칙성'을 전면에 드러낸 것이다.

사실은 멘델레예프보다 먼저 원소의 주기성에서 비슷한 원소가 도레미파솔라시도가 반복되듯 차례차례 나타난다는 점을 깨닫고 "원소가 음표와 같다"고 발표한 화학자가 있었다. 그러나 그 화학자는 "그래서 다음에는 어떤 음악이 만들어지는 거요?"라는 조롱만 당했다.

러시아 화학자 드미트리 멘델레예프(Dmitri Mendeleev, 1834~1907)

멘델레예프의 주기율표도 당시 권위 있는 화학자들에게 무시당하기는 마찬가지였다. 그러나 새로운 원소인 갈륨의 속성을 정확히 예측하고 적중시키자 차츰 그의 주기율표를 받아들이는 화학자가 늘어났다.

멘델레예프의 원소 주기율표를 통해 우주의 만물을 구성하는 궁극의 성분 부품 일람표가 완성되었다. 이는 그림 도구로 치면 다양한 색을 담은 '팔레트'에 비유할 만하다. 물론 당시에는 아직 발견되지 않은 원소가 많아 팔레트에 물감이 들어 있지 않은 빈칸이 많기는 했지만. 오늘날의 교과서에 실려 있는 주기율표는 우주 만물을 구성하는 재료를 나타내는 표이므로 작은 종이 위에 우주를 담은 것이나 마찬가지다. 이는 화학의 아버지 라부아지에가 원소표를 발표하고 정량적으로 데이터를 모아서 연금술과 결별하고 학문으로서 화학을 정립한 지 70여 년 만에 일어난 혁명적인 일이었다.

멘델레예프의 주기율표 덕분에 물질의 결합과 반응에는 일정한 규칙이 있다는 과학적 물질관이 명확해졌다. 또한 원소를 구성하는 원자에는 이 주기성의 원인이 되는 시스템적 내부 구조가 있지 않을까 하는 새로운 방향성이 제시되었다. 이런 흐름의 연장선에서 20세기에는 원자의 내부 구조, 즉 원자핵과 전자 등이 발견되었다.

멘델레예프는 오랜 연구와 풍부한 경험을 통해 강인한 의지와 확고한 신념을 갖게 되었다. 그는 당대 전제적인 제정 러시아에서 여학생의 청강을 허가했고(여성이 사회적으로 배척되던 시대였다), 여성 직원을 적극적으로 채용했다. 그러던 그는 어느 날 갑자기 자신이 근무하던 대학을 떠나야 했는데, 황제의 독재 체제에 반대하는 학생들의 항의 문서를 문부대신에게 제출한 일이 빌미가 되었다. 1890년의 일이다. 멘델레예프는 그야말로 '화학계의 풍운아'라고 할 만한 인물이었다.

## 1870년
# 셀룰로이드 발명
### 식물에서 유래한 세계 최초의 플라스틱

**⊙ 천연 셀룰로오스를 기반으로 한 인류 역사상 최초의 플라스틱으로 상아 부족 사태를 해결한 인쇄공 출신 발명가 하이엇**

남북전쟁 이후 미국에 수많은 벼락부자가 탄생했다. 그들 부유층 가정에서는 한때 당구대를 설치하는 것이 유행이었다. 당시는 상아로 당구공을 만들었기에 코끼리 남획 문제가 심각하게 불거졌으며 당구공이 안정적으로 공급되지 못하는 상황이 펼쳐졌다. 그러자 기업의 안정성과 미래에 불안을 느낀 미국의 당구공 제조사가 "상아를 대체할 만한 저렴한 소재를 찾아내면 상금 1만 달러를 주겠소!"라며 현상금을 걸었다. 이쯤 되면 막대한 현상금을 노리는 치열한 개발 경쟁이 펼쳐지는 것은 당연한 수순이었다. 최종적으로 현상금 1만 달러를 손에 쥐게 된 이는 누구였을까? 인쇄공 출신 발명가 존 웨슬리 하이엇(John Wesley Hyatt, 1837~1920)이었다. 하이엇은 동생 아이제이아(Isaiah Hyatt)의 도움을 얻어 니트로셀룰로오스(Nitrocellulose) 섬유와 장뇌(camphor, 녹나무에서 얻는 결정으로 방충제나 향료로 사용된다)를 섞어서 천연 셀룰로오스를 기반으로 한 인류 역사상 최초의 플라스틱을 만들어냈다.

하이엇 형제는 이 플라스틱의 특허를 취득했다. 1870년의 일이다. 그리고 그들은 훗날 '셀룰로이드(Celluloid)'라는 상표를 등록했으며, 플라스틱 수요가 급증하는 시대 조류와 절묘하게 맞물리며 돈방석에 앉는 행운을 누렸다. 참고로, 하이엇 형제보다 앞서 1855년 무렵 영국의 알렉산더 파크스(Alexander Parkes)가 셀룰로이드와 비슷한 물질을 발명하는 데 성공했으나 아쉽게도 상업적으로는 실패했다.

### ⊙ 엄청난 대중적 인기를 끌던 셀룰로이드 화학 제품은 왜 갑자기 인기가 시들해지고 새로운 합성수지로 대체되었을까?

셀룰로이드는 기다란 니트로셀룰로오스 분자들 틈새에 커다란 장뇌 분자가 들어간 형태를 띤다. 이를 비유하자면, 우동면 사이에 유리구슬이 잔뜩 들어가서 면과 면이 고착되지 않고 유연해진 상태와 비슷하다고 할까? 이렇듯 유연성이 있어 다양한 모양으로 만들 수 있다.

셀룰로이드는 아기인형 등 여러 가지 장난감 재료로 사용되었다. 또한 셀룰로이드가 필름 재료로 사용되기 시작하면서 유리판에 기록하던 사진도 차츰 사라져갔다. 이렇듯 셀룰로이드는 사진이 대중적으로 인기를 얻어가는 데 있어 원동력이 되었다.

그러나 장점만 있는 물질도 없고, 인기가 영원히 지속되는 제품도 없는 법. 한때 지지 않는 해처럼 여겨졌던 셀룰로이드에게도 이윽고 '일몰의 순간'이 찾아왔다. 셀룰로이드 제품으로 인한 화재 사고가 자주 일어나면서 차츰 인기가 시들해졌고, 마침내 새로운 합성수지로 대체되게 된 것이다. 이는 셀룰로이드 성분인 니트로셀룰로오스가 불에 잘 타는 성질을 가졌기에 벌어진 상황이다.

---

1879년

## 구아노 전쟁이란?

**자원이 전쟁을 일으키다**

---

### ⊙ 바다와 인접해 있지 않은 나라 볼리비아가 해군 보유를 포기하지 못하는 이유

흔히 '볼리비아'라고 부르는 볼리비아 다민족국은 남아메리카대륙에 위치하며 바다와 인접해 있지 않음에도 해군을 보유하고 있다. 이유가 뭘까? 이는 라틴아메리카에서 벌어진 전쟁의 역사와 관련이 있다. 좀 더 구체적으로, 독립 직후의 볼리비아는 태평양과 인접한 지역을 자국 영토로 두고 있었다.

남아메리카대륙은 당시 포르투갈령이던 브라질을 제외한 대다수 나라와 대부분의 영토가 스페인 식민지 신세로 전락해 있었다. 이는 1800년대 초 무렵의 암담한 상황이다. 그 후 30여 년간 라틴아메리카의 여러 나라는 꾸준히 독립전쟁을 벌인 끝에 마침내 침략자 스페인을 몰아내는 데 성공했다. 그 과정에 독립 영웅 시몬 볼리바르(Simón Bolívar, 볼리비아 제1대 대통령 재임 1825~1825)는 남아메리카대륙을 아우르는 명실상부한 통일국가 수립을 꿈꾸며 당당히 독립전쟁을 이끌어 볼리비아 역사에 자기 이름을 아로새겼다.

남아메리카대륙 이곳저곳에서 국경선 문제가 발생했다. 독립전쟁의 기운이 들불 번지듯 번져 나가는 과정에서 일어난 일이었다. 문제는 그게 다가 아니라는 점이었다. 당장이라도 전쟁이 날 것처럼 분위기가 험악해지고 상황이 심각해졌다. 특히 칠레와 볼리비아 국경 부근에서 분쟁이 끊이지 않았다. 분쟁의 주된 원인은 초석, 구리, '구아노(guano)'라고 불리는 광물 등의 풍부한 자원에 있었다. 급기야 칠레가 페루·볼리비아 연합군을 상대로 선전포고를 하면서 전쟁(구아노 전쟁)이 발발했다. 1879년의 일이다. 전쟁은 칠레의 압승으로 끝났고, 볼리비아의 태평양 연안 영토도 전부 칠레에게 넘어갔다. 그러나 볼리비아는 언젠가 다시 태평양 연안의 영토를 수복하겠다는 각오로 오늘날까지 해군을 해체하지 않고 남겨두고 있다고 한다.

페루 앞바다 구아노섬, 1880년

### ⊙ 여러 국가 사이에 전쟁까지 벌어지게 한 '구아노'의 정체는?

'구아노 전쟁'이라고 하면 구아노 때문에 발발한 전쟁이라는 의미일 것이다. 그렇다면 과연 구아노가 무엇이기에 국가들 사이에 전쟁까지 벌어지게 만들었을까? 구아노는 스페인어다. 본래는 남아메리카 원주민 언어인 케추아어로 '똥'을 의미하는 단어에서 유래했다. 좀 더 구체적으로, 구아노는 바닷새의 똥이 오랫동안 쌓여서 돌처럼 딱딱하게 굳은 물질을 의미한다. 화학적으로는 이 물질에 인산칼륨이 풍부하게 들어 있어서 '인광석'이라는 이름으로도 불린다. 말하자면, 상대적으로 강수량이 적은 칠레의 태평양 연안이나 섬 등지에서 가마우지 같은 바닷새의 똥이 퇴적되어 광석이 된 것이다. 참고로, 정어리 등 크고 작은 물고기를 주로 먹는 바닷새의 똥에는 인, 질소, 칼륨이라는 비료의 3대 요소가 풍부하게 들어 있다.

당시 독일 화학자 유스투스 폰 리비히는 광물이나 인공 무기 화학물 비료의 유용성을 주장했고, 농업도 근대 자본주의적 스타일로 변화해가고 있었다. 이런 흐름 속에서 칠레 등지에서는 때마침 불어오는 비료 열풍에 편승해 구아노, 즉 인광석을 대량으로 채굴해 유럽과 미국으로 수출했다. 인광석은 칠레 외에도 남태평양 섬에 군데군데 존재했는데, 그중에서도 나우루섬(나우루공화국)이 유명했다.

인간의 욕망을 자극하는 자원이 있는 곳에는 전쟁도 있는 법이다.

1882년

# 보르도액과 포도나무

## 농약의 시대로

### ⊙ '미식 외교'를 동원한 기지로 프랑스를 절체절명의 위기에서 구한 탈레랑페리고르

이탈리아와 프랑스, 스페인, 독일, 헝가리는 와인 산지로 유명한 나라들이다. 예수 그리스도는 12명의 제자와 나눈 최후의 만찬에서 "이 빵은 내 몸이요, 이 포도주는 내 피니라"라고 말했다. 중세 유럽의 대다수 국가는 그리스도교가 모든 것을 지배하는 사회였다. 그런 터라 이들 나라는 그리스도의 이 말을 금과옥조로 삼았고, 수도사들은 양질의 와인을 만드는 일을 주요한 소임으로 여겼다. 오랫동안 포도와 와인은 유럽 문화와 직결되어 있었던 셈이다. 그중에서도 부르고뉴와 보르도의 와인은 인류 역사에 큰 영향을 끼쳤다.

1814년 9월부터 1815년 6월까지 장장 1년 가까운 긴 시간 동안 오스트리아의 수도 빈에서 여러 강대국이 참석하는 국제회의가 개최되었다. 바로 오스트리아 재상 클레멘스 폰 메테르니히(Klemens von Metternich)가 주도한 빈 회의(Congress of Vienna)다. 빈 회의는 프랑스 혁명과 나폴레옹 전쟁으로 야기된 극도의 혼란 상황을 하루 빨리 수습하고 새로운 국제 질서와 협력 체제를 구축하기 위해 열린 무대였다. 이때 자칫 여러 제국 열강의 간섭을 받고 자국 영토를 분할 당할 것을 우려한 프랑스 외무장관 샤를 모리스 드 탈레랑페리고르(Charles Maurice de Talleyrand-Périgord, 1754~1838)는 비장한 마음으로 회의에 참석했다. 프랑스 전권 대사였던 그는 보르도의 최고 명품 와인 '샤토 오브리옹(Château Haut-Brion)'과 신선한 식재료를 가득 실은 큰 마차와 탁월한 솜씨를 지닌 요리사들을 대동하고 있었다. 이날 회의 결과는 어떻게 나왔을까? 대체로 탈레랑페리고르가 의도하는 대로였다. 말할 것도 없이 열강의 권력자를 최고급 와인과 진귀한 요리로 구워삶은 덕분이었다. '미식 외교'를 동원한 탈레랑페리고르의 기지가 프랑스를 위기에서 구하는 순간이었다!

### ⊙ 포도노균병 문제를 해결해 와인을 전멸 위기에서 구한 구세주 밀라르데

오늘날 프랑스 와인은 전 세계적으로 최고의 명성을 날리고 있다. 그런 프랑스 와인도 한때 전멸 위기에 빠진 적이 있다. '필록세라(Phylloxera, 포도나무뿌리 진딧물)'라는 해충이 미국에서 수입한 포도 묘목에 달라붙은 채 대량으로 유입되면서 벌어진 참사였다. 이는 1860년대 상황이다. 필록세라는 질 좋은 습자지에 먹물 번지듯 프랑스, 아니 유럽 전역으로 확산되었고, 내성이 없던 유럽 포도나무는 전멸 위기에 빠졌다. 와인 문화의 명맥이 끊기고, 자칫 그 많은 포도밭이 모두 양 방목지로 바뀔 상황에 몰린 것이다.

프랑스 정부는 근본적인 해결책을 찾고자 30만 프랑의 현상금을 걸었다. 그 결과, 미국산 해충에 내성을 가진 포도나무 뿌리 부분을 밑나무(접본)로 삼고, 그 위에 접붙이기하는 방법이 고안되어 위기를 극복할 수 있었다. 바로 이 방법이 프랑스 와인이 맞닥뜨린 절체절명의 위기를 극복하고 와인 문화를 오늘날까지 이어지게 한 구세주였던 셈이다.

그러나 "산 넘어 산"이라는 말처럼 그게 끝이 아니었다. 이번에는 노균병과의 사상균이 기생하여 발생하는 포도노균병이 유행하며 프랑스 와인 산업을 위협했다. 이 난제를 해결한 이는 보르도대학 식물학 교수 피에르 마리 알렉시 밀라르데(Pierre-Marie-Alexis Millardet, 1838~1902)였다.

밀라르데가 포도노균병 문제를 해결한 경위와 일화가 자못 흥미롭다. 당시 보르도 도로변에 있는 포도밭에서는 도난을 방지하기 위해 황산구리와 석회를 뿌려두곤 했다. 왜 그랬을까? 황산구리와 석회를 포도 잎에 뿌리면 잎이 파란색으로 변해 마치 나무가 병에 걸린 것처럼 보여 도난을 방지할 수 있었기 때문이다. 밀라르데는 세밀한 관찰과 꾸준한 연구, 실험을 통해 이 화합물을 살포한 포도나무는 대체로 병에 강해지며, 특히 노균병에 걸리지 않는다는 사실을 발견했다. 1882년의 일이다. 이후 이 약물은 '보르도액(Bordeaux mixture)'으로 불리며 전 세계적으로 포도나무와 여러 채소를 노균병으로부터 지켜주는 든든한 수호천사 역할을 톡톡히 해내게 된다.

바야흐로 농업에서 식물의 병이나 곤충 피해를 막기 위해 농약을 사용하는 시대가 시작된 것이다.

1884년

# 그람 염색으로 세균을 분류하다

세균을 두 부류로 분류하는 방법

**⊙ 현미경으로 관찰할 때**
**투명한 세포를 염료로 물들여서 구별하는 방법을 고안한**
**덴마크 세균학자 한스 크리스티안 그람**

독일 의사 로베르트 코흐(Robert Koch, 1843~1910)는 아내에게 선물받은 현미경으로 놀랍게도 병원 미생물을 발견했다. 1876년의 일이다. 이로써 그는 탄저균이 탄저라는 병의 원인임을 밝혀낼 수 있었을 뿐 아니라 결핵균과 콜레라균까지 발견하는 위대한 업적을 세웠다.

이 일을 계기로 현미경을 사용해 병원체를 발견하기 위한 경쟁이 그 어느 때보다 치열해졌다. 또한 현미경으로 관찰할 때 투명한 병원균이 잘 보이도록 만들기 위한 방법도 좀 더 적극적으로 모색되기 시작했다. 이를 위해 사용된 것이 아닐린으로 만든 염료였다.

덴마크 세균학자 한스 크리스티안 그람(Hans Christian Gram, 1853~1938)은 현미경으로 관찰할 때 투명한 세포를 염료로 물들여서 구별하는 방법을 고안했다. 이는 1884년의 일이다. 이것을 '그람 염색(Gram Stain)'이라고 하는데, 세균의 종류에 따라 보라색으로 물드는 것(그람 양성균)과 보라색이 아닌 빨간색으로 물드는 것(그람 음성균)이 있음이 밝혀졌다. 이는 세균 표면(세포벽)의 구조가 달라서 발생하는 차이이다. 그람 양성균에는 유산균과 비피더스균 등이 있고, 그람 음성균에는 대장균과 살모넬라균 등이 있다.

석탄 분해로 생겨나는 콜타르에서 얻을 수 있는 아닐린을 원료로 한 합성염료가 세균과 결합한다는 사실은 병원균을 퇴치하는 의약품 개발로 이어진다.

---

1884년

## 인조 견사 발명

**비단 같은 광택이 있지만 불타기 쉽다**

---

**⊙ 천연 소재인 저렴한 셀룰로오스를 고급 섬유인 비단 같은 섬유로 만드는 방법을 발명해 인기를 얻었으나 대참사로 이어진 이유는?**

화학이 비약적으로 발전하면서 천연 소재에 속하는 저렴한 셀룰로오스를 고급 섬유인 비단 같은 섬유로 만드는 방법이 발명되었다.

프랑스 기술자이자 발명가인 일레르 드 샤르도네(Hilaire de

Chardonnet, 1839~1924)는 사진이 취미였다. 어느 날 그는 사진용 유리판에 브로민화은 결정을 고착시키키 위해 니트로셀룰로오스로 만든 끈적끈적한 액체 상태의 콜로디온이라는 물질을 바르고 있었다. 그러다가 실수로 콜로디온 액체를 바닥에 흘렸다. 이야기는 여기에서 시작된다. 샤르도네는 흘린 액체를 무심코 잡아당겼다. 그러자 그것이 쭉 늘어나며 마치 비단 같은 기다란 실이 되었다. 샤르도네는 여기서 멈추지 않고 콜로디온 용액을 주사기 바늘 같은 작은 구멍으로 밀어냈다. 이후 놀랍게도 광택이 나는 비단 같은 실이 만들어졌다.

루이 파스퇴르의 제자였던 샤르도네는 한때 누에를 연구한 적이 있었다. 그랬기에 그는 당연하게도 비단에 관한 지식을 가지고 있었다. 그는 즉시 공업화 작업에 착수했다. 그리고 여기에서 생산된 '비단 같은 실' 제품, 인조견사를 '샤르도네 실크(Chardonnet silk)'라고 명명했다. 1884년, 그는 이 제품으로 특허를 취득했다.

인조견사가 전 세계적으로 인기를 끌면서 곳곳에서 연이어 참사가 일어났다. 왜 그랬을까? 니트로셀룰로오스가 폭약 분자와 구조가 같아 여성의 아름다운 드레스에 신사의 담뱃불이 닿으면 쉽게 불이 붙어서 문자 그대로 자폭 양상을 띠었기 때문이다. 그뿐만이 아니었다. 여러 대륙 여러 나라의 인조견사 공장에서도 자주 화재가 발생했다.

니트로셀룰로오스는 인조견사뿐 아니라 오락용 등 다른 분야에도 폭넓게 이용되었는데, 그로 인해 비극적인 참사가 자주 발생했다.

## 1885년
# 자동차 발명
### 자동차가 20세기 사회를 송두리째 바꿔놓다

### ⊙ 벤츠가 '자동차의 아버지'라는 별명으로 불리는 까닭은?

인류 역사상 자동차를 맨 처음 발명한 사람은 누구일까? 프랑스 발명가 니콜라 조제프 퀴뇨(Nicolas-Joseph Cugnot, 1725~1804)다. 흥미롭게도 그가 자동차를 만든 계기는 자동차 그 자체가 아닌 '대포'에 있었다. 말하자면, 그는 스스로 달리는 기동성 있는 대포를 만들기 위해 연구에 연구를, 실험에 실험을 거듭한 끝에 증기기관을 장착한 자동차를 발명하게 된 것이었다. 1769년의 일이다. 참고로, 이 자동차에는 브레이크가 없었던 탓에 운전 중 벽으로 돌진해 인류 최초의 자동차 교통사고를 일으키는 진기록을 세우기도 했다.

독일 기술자 니콜라우스 오토(Nicolaus Otto, 1832~1891)는 석탄가스를 사용하는 소형 4사이클 엔진을 발명했다. 이 엔진은 오늘날의 자동차에 일반적으로 사용되는 휘발유 엔진(4사이클 엔진)의 원형으로 인정받고 있다. 4사이클 엔진(4행정기관)은 엔진 실린더 안에서 흡기 → 압축 → 폭발 → 배기를 반복함으로써 회전을 지속한다. 사실 그 이전에도 석탄가스로 만든 점화용 불씨를 이용해 연소시켜 피스톤을 움직이는 거대한 엔진은 이미 발명되어 실생활에 사용되고 있었다. 문제는 석탄가스를 사용할 경우 소형화가 어렵다는 점이었다.

독일의 카를 벤츠(Carl Friedrich Benz, 1844~1929)는 세계 최초로 삼륜 자동차를 만들었다. 이는 1885년의 일이다. 이 자동차는 최고 회전수가 분당 250회전에 0.75마력인 1기통 4사이클 엔진을 탑재해 시속 12~15킬로미터로 달릴 수 있었다. 또한 이 자동차는 전기점화장치, 냉각수를 식히는 라디에이터, 커브를 돌 때 안쪽 바퀴와 바깥쪽 바퀴가 달리는 거리 차이를 해소하기 위한 차동기어(differential gear) 등을 장착했다. 벤츠는 흔히 '자동차의 아버지' 또는 '자동차 산업의 아버지'라는 영광스러운 애칭으로 불린다. 이는 그가 오늘날의 자동차와 동일한 구조의 자동차를 발명해 선보였기 때문이다.

이는 여담이지만, 차동기어는 자동차에서 가장 중요한 장치라고 해도 지나친 말이 아니다. 만약 이것이 없다면 운행 중 커브를 매끄럽게 도는 일조차 불가능한 일에 가깝다. 그런데 놀랍게도 벤츠보다 400여 년 앞서 이미 차동기어를 설계한 대단한 인물이 있다. 레오나르도 다빈치(Leonardo da Vinci, 1452~1519)가 바로 그 주인공이다. 이는 다빈치가 얼마나 대단한 천재인지 한 번 더 확인할 수 있는 대목이다.

카를 벤츠의 아내 베르타 벤츠(Bertha Benz, 1849~1944)는 벤츠의 자동차 연구와 사업을 함께한 중요한 동반자였다. 베르타는 특히 최초로 장거리 운전을 한 인물로 역사에 기록되어 있다. 그녀는 어느 날 벤츠의 3호 자동차에 두 아들을 태우고 길을 떠났다. 이는 1888년의 일로, 자신의 집이 있는 도시 만하임에서 베르

레오나르도 다빈치가 그의 노트에 설계해놓은 기어 장치

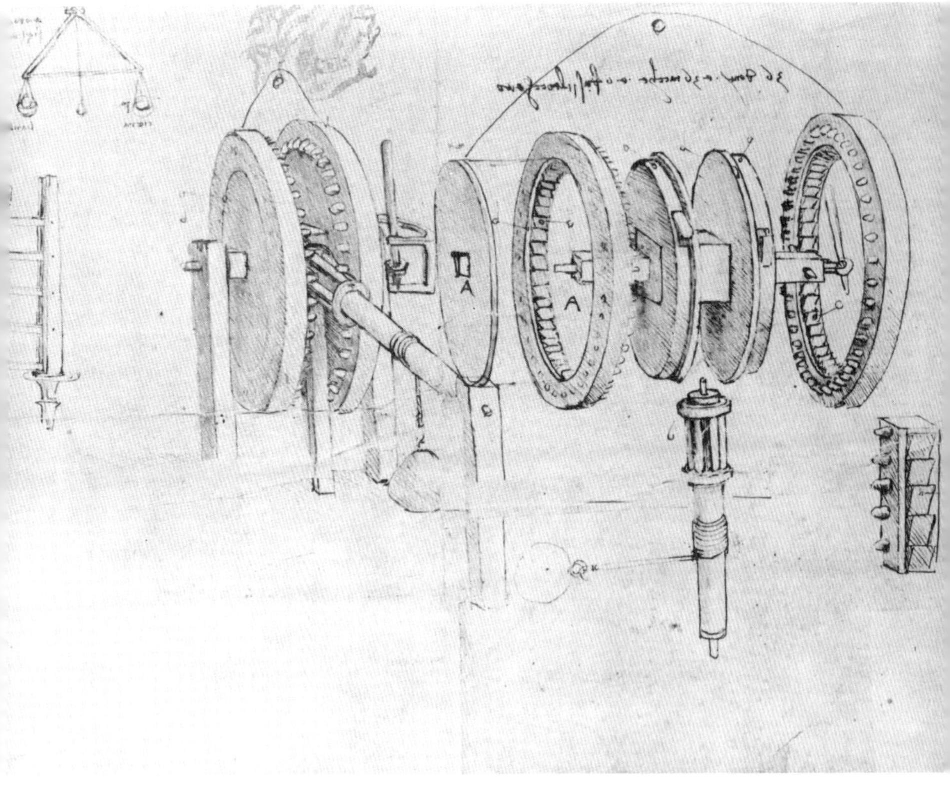

타의 고향 포르츠하임까지 총 주행 거리 왕복 약 190킬로미터에 이르는 장거리 운전을 했다. 그렇기는 해도 오르막길에서는 사람들에게 부탁하여 자동차를 밀기도 하고 휘발유를 구하지 못해 애를 먹는 등 순탄치 않은 여행이었다. 그러나 베르타의 조금 무모해 보이는 이 용감한 여행은 이제 곧 본격적인 자동차 사회가 펼쳐질 것임을 예고하는 선구적인 드라이브이자 그야말로 역사적인 사건이었다.

### ⊙ 벤츠 자동차의 별 모양 엠블렘에 담긴 야심만만한 의미는?

니콜라우스 오토의 회사에서 연구원으로 일하던 고틀리프 다임러(Gottlieb Daimler, 1834~1900)와 빌헬름 마이바흐(Wilhelm Maybach, 1846~1929)는 어느 시점에 독립해서 소형 휘발유 엔진을 개발하는 일에 열정을 쏟아부었다. 그 결과 두 사람은 역마차에 그 엔진을 장착한 사륜 자동차를 개발하는 데 성공했다. 1888년 무렵의 일이다. 이 일을 계기로 전 세계적으로 거센 자동차 제조 열풍이 불었다.

벤츠도 다임러도 즉시 자동차를 양산해 판매하기 시작했다. 그러던 어느 날, 다임러 자동차 판매 대리점을 경영하던 한 부호가 다임러에게 이렇게 제안했다. "다임러라는 이름은 너무 딱딱한 것 같소. 그러니 내 딸의 이름을 따서 '메르세데스'라고 하면 어떻겠소? 기품 있어 보이고 괜찮을 것 같은데……." 다임러는 이 제안을 흔쾌히 받아들여 '메르세데스'로 차명을 바꿨고, 훗날 상표 등록을 했다.

그 후 다임러의 회사와 벤츠의 회사는 합병하여 다임러벤츠(Daimler-Benz AG)가 되었고, 거대 기업으로 도약하기 위한 첫발을 내디뎠다. 1926년의 일이다. 향후 이 회사에서 제조되는 모든 자동차를 '메르세데스 벤츠'라고 통합 브랜드로 론칭, 판매한다는 것도 이때 결정되었다. 지금도 벤츠 자동차에 자랑스럽게 붙어 있는 별 모양에는 '육·해·공을 엔진으로 제패한다'는 의지와 의미가 담겨 있다.

### ⊙ 소형 휘발유 엔진을 가능하게 한 장치 '점화 플러그'

석유는 탄화수소 분자의 집합체다. 석유에서 분리되는 휘발유는 탄소 원자가 5~11개 정도 연결된 분자 집합체다. 휘발유는 쉽게 증발한다. 휘발유가 증발할 때 발생하는 증기를 공기와 혼합해서 불을 붙이면 급속하게 연소가 일어난다. 그 연소가스의 압력으로 피스톤을 움직여 동력으로 삼는 원리다.

이 시대에 이르러 소형 휘발유 엔진이 비로소 가능해졌다. 이는 거의 전적으로 '점화 플러그'라는 전기로 불꽃을 튀기는 장치(전지를 발명한 볼타의 전기 피스톨이 그 기원이다)를 이용해 액체 연료를 연소시킬 수 있게 된 덕분이다. 좀 더 구체적으로, 점화 플러그로 불을 붙여서 휘발유를 연소시킨다. 그러면 연소가스 압력에 의해 피스톨이 위아래로 움직이면서 크랭크를 돌림으로써 회전 동력이 만들어진다. 바퀴가 회전하는 것은 이러한 메커니즘에 의한 것이다.

1885년

# 아프리카 수탈

## 기호품 재배를 위해 파괴된 아프리카 사회

**⊙ 개인 재산으로 콩고를 사들여 콩고 인구를 1,000만 명이나 감소시킬 정도로 끔찍한 만행을 저지른 벨기에 국왕 레오폴드 2세**

베를린 회담('콩고 회담', '서아프리카 회담'이라고도 한다)이 개최되었다. 이 회담을 주최한 이는 독일제국 수상 오토 폰 비스마르크였다. 유럽 열강은 이 회담에서 무엇을 주요 의제로 다루었을까? 그때까지 아직 손대지 않은 아프리카를 분할하는 규칙을 정하는 문제였다. 그 무렵 영국과 프랑스는 아프리카 식민지를 획득해 제국주의 시스템을 가속화하고 있었다. 1884년에서 1885년 사이의 상황이다.

벨기에왕국 국왕 레오폴드 2세(Leopold II, 재위 1865~1909)는 개인 재산을 투자하여 아프리카 중앙부에 위치한 콩고를 사들였다. 이는 1885년의 일이다. 개인 재산으로 하나의 국가에 준하는 영토를 사들이다니, 참으로 놀라운 일이 아닐 수 없다. 레오폴드 2세는 그 땅에서 마치 자신이 절대자라도 된 듯 아무런 거리낌 없이 행동했다. 그도 그럴 것이 당시 콩고는 벨기에 왕국 소유가 아니라 국왕의 사적 영토였기 때문이다. 아무튼 그 땅에서 레오폴드 2세와 그의 대리인, 군대가 저지른 만행은 말로 다 표현하기 어려울 정도로 잔인했다. 일테면 그들은 천연고무와 상아·카카오를 강제 징수했고, 순순히 가져오지 않는 현지인은 레오폴드의 사병이 그 자리에서 손발을 절단하거나 총살했다고 한다. 그의 지배 아래에서 콩고 인구는 1,000만 명이나 감소하는 지경에 이르렀다고 하니 상황이 얼마나 참혹했는지 짐작하고도 남음이 있다.

당시 다양한 고무 제품이 본격적으로 보급되기 시작한 데다 고무가 자동차·자전거 타이어 재료로 사용됨에 따라 천연고무 수요가 가파르게 증가하고 있었다. 또한 카카오 수요도 크게 증가했는데, 이는 고체로 가공된 오늘날과 같은 형태의 초콜릿이 보급되기 시작해 엄청난 인기를 끌었기 때문이다. 오늘날에도 벨기에에는 유명 초콜릿 브랜드가 많은데, 여기에는 이런 역사적 배경이 자리하고 있다.

비누 수요가 증가하면서 비누제조회사가 다국적 기업이 되어 갔다. 20세기에 접어들면서 일어난 상황이다. 그 무렵 콩고에도 기름야자 플랜테이션이 건설되었다. 이는 기름야자 열매에서 나오는 팜유를 비누 재료인 유지로 사용했기 때문이다. 영국 기업 유니레버 등은 팜유를 원료로 비누를 대량 생산해 막대한 부를 손에 넣었다.

아프리카는 갈수록 유럽 열강에게 예속되어 갔다. 플랜테이션 건설로 기호품 등의 모노컬처(단작) 농업(수확량이 많고 환금성이 높은 단일 농작물을 생산하는 농업)이 강제되어 자급자족 시스템이 파괴된 결과였다.

1886년

## 알루미늄 대량 생산

**1킬로그램당 1만 달러였던 것이 40센트까지 하락**

### ⊙ 알루미늄이 순금보다 훨씬 비싼 가격에 거래되었다고?

알루미늄은 다른 금속에 비해 가벼우면서도 튼튼한 금속이다. 그러나 생산하는 데 막대한 비용이 들었기에 프랑스 황제 나폴레옹 3세 시대까지만 해도 알루미늄은 순금보다 귀한 대접을 받았다. 그로부터 얼마 후 패기와 열정, 승부근성으로 똘똘 뭉친 두 젊은이가 알루미늄을 대량 생산하는 기술을 개발해 역사의 물줄기를 바꿔놓았다.

그 두 젊은이 중 한 명은 미국인 찰스 마틴 홀(Charles Martin Hall, 1863~1914)이다. 대학생 시절 그는 "산화알루미늄(알루미나)을 이용해 알루미늄 만드는 방법을 발명하면 큰 부자가 될 수 있을 뿐 아니라 세상을 바꿀 수도 있을 거야!"라는 식의 이야기를 듣고 이 일에 도전했다. 19세이던 홀은 집에 실험실을 만들고 알루미늄 제조법 연구에 매진하기 시작했다. 그가 최종적으로 알루미늄 제조법을 완성했을 때 그의 나이는 23세였다.

전기 분해를 하려면 산화알루미늄을 고온에서 녹여 알루미늄 이온과 산화물 이온으로 만든(용해액) 다음 전기를 흘려보내야 한다. 그런데 산화알루미늄이 녹아서 액체가 되는 온도인 섭씨 2,054도를 만들려면 너무 많은 비용이 든다는 점이 문제였다. 홀은 당시 북아메리카에서 저렴하게 구할 수 있는 '빙정석(cryolite)'이라는 광물에서 해결의 실마리를 찾았다. 좀 더 구체적으로 그는 빙정석을 섭씨 1,000도 정도로 가열해서 액체로 만든 다음 산화알루미늄을 첨가해 녹여서 알루미늄 이온과 산화물 이온으로 분리시켰다. 여기에 그는 음극과 양극을 꽂고 전기 분해를 했는데, 그 과정에 음극에서 생성되는 전자를 알루미늄 이온 $Al^{3+}$에 받아서 금속 알루미늄이 만들어졌다. 찰스 마틴 홀은 자신이 발명한 이 신기술을 발표하고 특허를 취득했다. 1886년의 일이다. 그 후 그는 알루미늄 제조업체를 세웠고, 그 기업은 거대 알루미늄 제조기업으로 성장한다. 그 기업은 바로 알코어(Alcoa)사다.

그 '두 젊은이' 중 다른 한 명은 프랑스인 폴 에루(Paul Héroult, 1863~1914)다. 그는 홀과 마찬가지로 1863년에 태어났는데, 파리 국립고등광업학교에서 공부한 뒤 홀과 같은 방법으로 알루미늄 제조 기술을 발명해 홀과 같은 해에 특허를 따냈다. 그래서 이 알루미늄 제조 기술을 '홀-에루 공정(Hall-Héroult process)'이라고 한다.

### ⊙ 알루미늄 대량 생산을 가능케 한 일등공신, '홀-에루 공정'과 '바이어 공정'

홀-에루 공정은 알루미늄 분야에 혁신을 일으켰다. 이제 관건은 그 원료로 이용되는 산화알루미늄을 대량 생산할 수 있는 가였다. 산화알루미늄은 '보크사이트(bauxite)'라는 광석에 풍부하게 들어 있다. 보크사이트는 남프랑스 레보데프로방스(Les Baux-de-Provence)에서 지질학자 피에르 베르티에(Pierre Berthier, 1782~1861)가 발견하면서 지역명 '보(Baux)'에 '돌'을 의미하는 접미사 '~ite'가 결합해 '보크사이트'라는 이름을 얻었다. 이는 1821년의 일이다.

보크사이트 광석을 이용해 산화알루미늄을 대량 생산하는 방법을 발명하는 데 성공한 이는 오스트리아 화학자 카를 요제프 바이어(Carl Josef Bayer, 1847~1904)였다. 여담이지만, 카를 요제프 바이어의 아버지 프리드리히 바이어(Friedrich Bayer, 1825~1880)는 세계 최대 제약회사인 바이엘사의 창업자다. 아무튼, 바이어는 어떻게 산화알루미늄을 대량 생산할 수 있었을까? 간단히 설명하면 다음과 같다. 보크사이트를 잘게 부순 다음 진한 수산화나트륨 수용액에 녹인다. 알루미늄과 알루미늄 산화물은 다른 금속과 달리 산뿐 아니라 알칼리성 수용액에도 잘 녹는다(물질이 산 또는 염기 어느 쪽과도 반응하는 성질을 '양쪽성'이라고 한다). 이 과정에 알칼리성 수용액에 반응하지 않아 침전 상태가 되는 철 산화물 같은 불순물을 걸러낸다. 이렇게 회수한 여과액의 알칼리성을 약하게 만들면 수산화알루미늄($Al(OH_3)$)의 흰색 침전물이 생성된다. 이 침전물을 여과하고 분리해 가열하면 수산화알루미늄이 분해되어 산화알루미늄(알루미나)이 된다. 1888년 무렵 완성된 이 '바이어 공정(Bayer Process)'과 홀-에루 공정의 등장으로 알루미늄 제조 비용이 크게 하락해 1킬로그램당 1만 달러에 거래되던 것이 40센트까지 내려갔다.

# 1886년
# '코카콜라' 탄생
### 세계사를 바꾼 20세기 대표 음료수

## ⊙ 코카콜라 발명자 존 펨버턴 vs. 펩시콜라 발명자 케일럽 브래덤

발포성 천연 광수(메네랄 워터)가 건강에 좋다는 소문이 퍼져 나가면서 큰 유행이 시작되었다. 18세기 말엽의 상황이다. 그 즈음 소다(탄산수소나트륨)와 구연산을 녹여서 인공적인 발포성 음료를 만드는 업자가 등장했는데, 그렇게 탄생한 음료수를 '소다수'라고 불렀다.

19세기에 접어들면서 발포성 레모네이드 등이 탄산음료로 보급되기 시작했다. 그와 더불어 이 시대 미국에서는 알코올, 카페인, 모르핀 등이 함유된 수상쩍은 매약(賣藥)이 암암리에 확산되었다. 그리고 놀랍게도 이 두 가지 열풍, 즉 '탄산음료 열풍'과 '매약 열풍'이 하나로 융합한 결과 오늘날 세계적인 음료수의 대명사격인 '코카콜라'가 탄생했다. 코카콜라는 전 세계를 제패한 음료수이자 20세기를 대표하는 음료수라고 해도 지나치지 않다.

새로운 음료수 코카콜라를 맨 처음 개발해 대중에게 선보인 이는 조지아주 애틀란타에 사는 약제사 존 펨버턴(John Stith Pemberton, 1831~1888)이다. 1886년, 그는 서아프리카에서 자생하는 콜라나무 열매(kola nut)와 남아프리카에서 자생하는 코카나무 잎(coca), 텍사스에서 자생하는 다미아나(damiana) 추출물을 섞은 다음 쓴맛을 갖추기 위해 설탕을 첨가하고 탄산수에 타서 강장수를 만들었다. 이는 오늘날로 치면 에너지 드링크 같은 것이라고 할 수 있다.

스페인의 지배를 받던 시절 페루와 볼리비아 등지의 민중은 정복자들이 강요하는 중노동에 시달리며 코카나무 잎을 각성제로 사용하곤 했다. 페루의 해발 고도가 높은 지대에서 자라는 코카나무 잎에는 코카인이 들어 있다. 이로 인해 코카나무 잎 수출이 활발해짐에 따라 당시 페루 경제 자체가 크게 융성했다.

1860년, 코카나무 잎에서 코카인을 분리·정제하는 방법이 어느 독일인에 의해 고안되었다. 이후 코카인은 대중적 각성제의 일종이라는 지위를 확고히 한 채 인기를 얻어 나갔다. 참고로, 영국 작가 아서 코넌 도일(Arthur Conan Doyle, 1859~1930)이 쓴 『셜록 홈스』 시리즈에서는 홈스가 코카인을 각성제로 애용하는 상황이 묘사된다. 그러나 당연하게도 오늘날의 콜라에는 코카인이 들어 있지 않다.

노스캐롤라이나주의 약제사 케일럽 브래덤(Caleb Davis Bradham, 1867~1934)은 펩시콜라의 기원이 되는 음료수를 팔았다. 이는 1894년의 일이다. '펩시콜라'라는 이름은 어떻게 붙여졌을까? 발매 당시 브래덤은 이 음료가 위액에 들어 있는 소화 효소 펩신(pepsin)처럼 소화를 돕는다고 믿었다. 그래서 '펩신'과 '콜라'를 결합해 음료 이름을 '펩시콜라'라고 지었다. 펩신은 '소화'를 의미하는 그리스어 '펩시스(pepsis)'에서 유래했다.

### ⊙ '금주법'이 없었다면 '코카콜라 제국'도 없었다?!

코카콜라는 어떻게 평범한 음료수 하나로 그토록 거대한 제국을 구축할 수 있었을까? 흥미롭게도 그 배경에는 미국에서 1920년에 발효되어 1933년까지 시행된 '금주법(알코올 음료 생산과 판매를 전면 금지한 법률)'이 자리하고 있다. 주류가 금지되자 대체제인 코카콜라의 수요가 가파르게 상승했다. 그 여파로 미국 알코올 제조업자들은 치명적 타격을 입었으며, 꾸준히 성장하던 와인 산업이 쇠퇴했다. 그 유명한 알 카포네(Al Capone, 1899~1947)가 이끄는 마피아가 시카고를 중심으로 대대적인 밀주 사업을 벌여 막대한 부를 쌓은 게 바로 이 시기다.

급기야 미군에도 코카콜라가 납품되었다. 제2차 세계대전 중의 일이다. 그 후 한국전쟁·베트남전쟁 등 전 세계 전선 기지에 코카콜라사 직원이 종군하며 탄산수에 원액을 타서 콜라를 생산했다.

코카콜라는 미군과의 일체화를 통해 승승장구하며 눈부신 성장을 이루었다. 한편 펩시콜라는 미국 부통령 리처드 닉슨(Richard Nixon, 제36대 부통령 재임 1953~1961, 제37대 대통령 재임 1969~1974)의 도움으로 소비에트 연방(소련, 오늘날의 러시아)의 최고 권력자 니키타 흐루쇼프(Nikita Sergeevich Khrushchyov, 재임 1953~1964)에게 시음하게 하는 데 성공하고 독점 계약을 맺었다. 동서 냉전이 '코카콜라 대 펩시콜라'로 확대된 셈이었다.

이는 여담이지만, 코카콜라와 중국을 대표하는 유제품기업 멍뉴유업(蒙牛乳業)이 올림픽 공식 후원사로 선정되었다. 2021년부터 2032년까지 12년간 유효한 이 계약에서 두 기업이 후원하기로 한 금액은 30억 달러, 한화 기준 약 4조 원이다. 이는 올림픽 후원 계약 사상 최대 규모에 속하는 것으로 알려졌다.

---

1888년

## 공기 타이어 발명

**아들의 자전거 경주 준비를 돕다가 우연히 발명한 도구가 자동차 사회를 앞당기다**

---

**⊙ '부풀어 오른 동물의 배'에서 '공기를 채운 고무 타이어' 아이디어를 떠올린 수의사 출신 발명가, 존 보이드 던롭**

고무 타이어는 오늘날의 자동차 사회를 지탱하는 주춧돌이다. 실제로 F1 그랑프리나 GT 선수권 등의 자동차 경주 대회에서는 타이어의 성능이 자동차 이상으로 경기의 승패를 좌우하는 요인으로 꼽힐 정도다. 갑자기 일어나는 궁금증 하나. 오늘날 대중화된 고무 타이어의 원조가 되는 '공기를 채운 고무 타이어'를 발명해 상용화한 이는 누구일까? 놀랍게도 그 인물은 아일랜드 수의사 존 보이드 던롭(John Boyd Dunlop, 1840~1921)이다.

어느 날의 일이다. 당시 열 살이던 던롭의 아들이 자전거 경주 대회 우승을 목표로 맹연습을 하고 있었다. 한데, 나무 바퀴에 고무 막대를 붙여서 만든 자전거 바퀴의 고무가 닳아서 끊어지고 말았다. 던롭은 갑작스럽게 곤란한 상황에 놓이게 된 아들을 돕기 위해 고무 부분을 손보았다. 그 과정에 그의 머릿속에 별안간 엉뚱한 생각이 떠올랐다. 수의사이던 그는 예전에 진찰하고 치료한 적 있는, 배가 팽팽하게 부풀어 몸이 팽창했던 한 동물의 모습을 떠올린 것이었다. 그러고는 자연스럽게 그의 머릿속에 '공기를 넣어 팽팽해진 고무 튜브를 바퀴에 붙여보면 어떨까?'라는 기발한 아이디어가 떠올랐다. 그는 지체 없이 그 아이디어를 실행에 옮겼다. 바람이 잔뜩 들어가 팽팽해진 고무 튜브를 나무 바퀴 바깥쪽에 도넛 모양으로 붙여본 것이다. '공기를 채운 고무 타이어'는 이렇게 발명되었다.

던롭이 발명한 고무 타이어가 장착된 자전거로 경주 대회에 출전한 그의 아들은 어떻게 되었을까? 전혀 놀랍지 않게도, 그는 우승컵을 거머쥐었다. 그러자 던롭의 공기를 채운 고무 타이어가 순식간에 엄청난 관심을 불러일으켰다. 1888년 던롭은 공기를 넣은 고무 타이어의 특허를 취득했다. 그리고 던롭사(Dunlop Rubber)가 설립된 것은 1889년의 일이다.

던롭의 고무 타이어를 한 단계 업그레이드하여 자동차용 공기 타이어를 만들고 공업화한 인물이 있다. 프랑스의 앙드레 미슐랭(André Michelin, 1853~1931)과 에두아르 미슐랭(Édouard Michelin, 1859~1940) 형제로, 1895년의 일이다. 그들은 타이어 판매 촉진을 위해 『미슐랭 가이드(Guide Michelin)』라는 자동차 여행을 위한 소책자를 만들어 1900년부터 배포하기 시작했다. 이는 머지않아 본격적인 자동차 사회가 오리라는 것을 내다볼 줄 아는 혜안이 있었기 때문에 이루어질 수 있는 일이었다. 오늘날 그 유명한 '미슐랭 3스타 레스토랑'은 이렇게 시작되었다.

---

## 1889년
## 롤 필름 발명
### 각종 발명을 거쳐 사진 대중화를 실현하다

---

**⊙ 롤 형태 종이 필름을 개발해 사진 기술 분야에 혁신을 일으킨 은행원 출신 발명가, 조지 이스트먼**

앞서 얘기했듯이 사진을 발명한 이는 니에프스와 다게르다. 이후 사진 기술은 비약적인 발전과 개량이 이루어져 애초 사진을 찍기 위해 몇 시간씩 셔터를 열어 두어야 했던 수준에서 벗어나 일순간에 찍을 수 있게 되었다. 다만 그 경우, 프로 사진사나 마니아만이 무리없이 사용할 수 있었다. 왜냐하면 사용하기 직전 감광하는 액체를 유리판에 바르는 '습판' 작업을 해야 했기 때문이다. 그러던 중 영국 의사 리처드 리치 매덕스(Richard Leach Maddox, 1816~1902)가 감광제 브로민화은(AgBr)을 젤라틴에 섞은 다음 유리판에 발라서 말린 건판을 발명해 오늘날의 필름에 한 발 더 다가가게 되었다. 1871년의 일이다.

건식 사진이 실용화되어 보급되기 시작하자 자연스럽게 다양한 사진 기술이 발명되었다. 미국 사업가 조지 이스트먼(George Eastman, 1854~1932)은 번거로운 사진 기술 개량 작업에 몰두해 건판 필름 양산을 실용화하는 데 크게 기여했다. 이는 1880년 무렵의 일이다. 1870년대에 이스트먼은 고학으로 어렵게 은행원이 되어 일하는 한편 사진에 흥미를 가지게 되었다. 당시 건판 필름은 한 장씩밖에 찍지 못했는데, 이스트먼은 그보다 한결 편리한 롤 형태 종이 필름을 만들었다. 1881년 미국 위스콘신주에서 활동하던 피터 휴스턴(Peter Houston, 1834~1914)이 롤 형태 필름으로 사진을 찍는 사진기 특허를 취득했고, 이후 이스트먼이 휴스턴의 특허를 사들였다. 1888년의 일이다. 이렇게 해서 발매되기 시작한 롤 형태 필름을 내장한 세계 최초의 카메라는 폭발적으로 팔려 나갔다.

한편 미국 성공회 사제 해니벌 굿윈(Hannibal Goodwin, 1822~1900)은 셀룰로이드를 사용한 투명한 롤 형태 필름에 감광제를 도포한 사진 필름을 발명함으로써 동영상을 기록할 수 있는 가능성을 보여주었다. 1887년의 일이다.

### ⊙ 최초의 인공 합성 플라스틱 발명의 원천이 되고 20세기에 꽃피운 할리우드 영화 산업의 밑거름이 된 이스트먼의 카메라와 필름 사업

조지 이스트먼은 셀룰로이드로 만든 투명한 롤 필름을 개발하고 카메라를 개량하여 싼 가격에 공급했다. 1889년의 일이다. 바야흐로 번거로운 카메라 건판을 사용하던 시대가 지나가고 휴대용 카메라로 손쉽게 연속 사진을 찍을 수 있는 시대가 도래한 것이었다. 이스트먼은 새로운 카메라를 출시하며 '코닥(Kodak)'이라는 이름을 붙였다. 이는 1888년의 일이다. '코닥'은 짧고 발음하기 쉽고 강한 이미지를 위해 알파벳을 조합해 이스트먼이 직접 만든 이름으로, 그는 이 이름을 무척 마음에 들어 했다. 그리하여 1892년에는 회사 이름을 '이스트먼 코닥(Eastman Kodak Co.)'으로 바꿨다. 이때부터 전 세계적으로 이스트먼 필름이 사용되기 시작했다.

이스트먼은 카메라와 필름 사업으로 막대한 부를 일구었다. 그리고 그 부의 일부가 다른 화학자, 벨기에 출신 미국 화학자 리오 헨드릭 베이클랜드(Leo Hendrik Baekeland, 1863~1944)에게 넘어가 인류 최초의 인공 합성 플라스틱 '베이클라이트(Bakelite)'를 만들어내는 원천이 된다. 이스트먼은 대학교, 의료 기관 등에 거액의 돈을 기부하는 독지가가 되었다. 그러나 그의 말로는 너무도 비참했다. 큰병을 얻어 걷기조차 힘들어지자 권총 방아쇠를 당겨 자살하고 만 것이다. 1932년의 일이다.

사진을 둘러싼 기술 발전과 일련의 주목할 만한 변화는 동영상, 즉 영화의 탄생으로 이어졌다. 그도 그럴 것이 롤 필름을 사용해서 연속으로 한 장면 한 장면을 촬영하면 플립북(flip book, 각 페이지에 연속되는 그림이 그려져 있어서 책장을 넘기면 그림이 움직이는 것처럼 보이는 책-옮긴이)처럼 움직임을 재현할 수 있기 때문이다. 말하자면 셀룰로오스를 기반으로 만든 셀룰로이드가 영화라는 새로운 문화, 20세기에 할리우드에서 활짝 꽃피운 거대 산업을 만들어낸 것이다.

1889년 4월 6일, 조지 이스트먼은 최초로 롤 필름 카메라 특허를 취득했다.

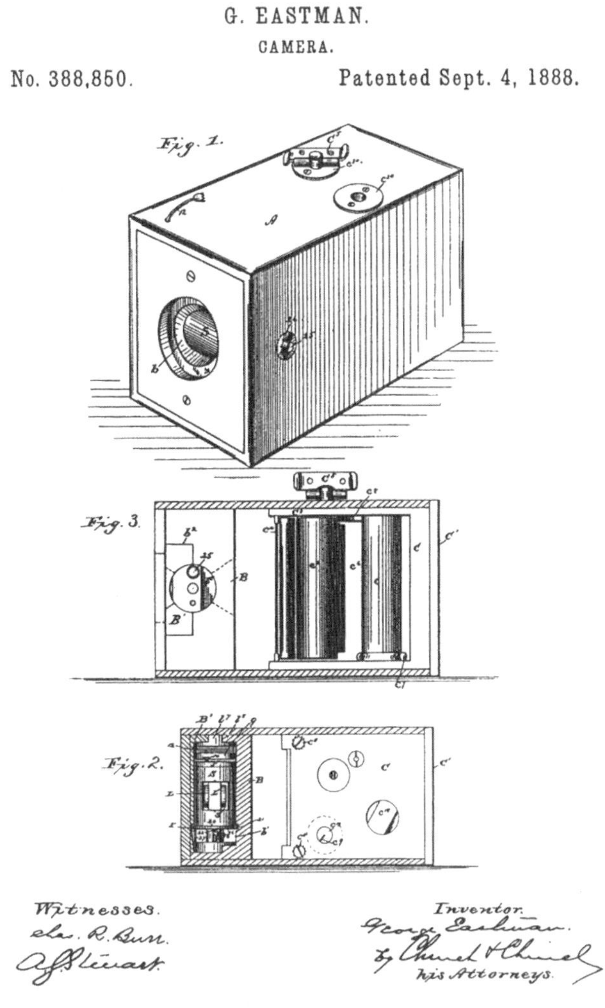

1889년

## 흑색화약의 퇴장

### 1,000년 동안 지속된 지배체제가 무너지다

**⊙ 보온병 발명가가 개발한 신형 폭약 코르다이트, 세계대전의 '불안한 씨앗'이 되다**

19세기 말에 이르러 흑색화약은 시대 주역의 자리에서 밀려나고 만다. 니트로글리세린과 니트로셀룰로오스를 조합한 더블베이스 폭약(흑색화약에 비해 발연량이 매우 적은 무연화약의 일종) 등이 등장해 전함의 주포부터 소총에 이르기까지 널리 이용되었기 때문이다.

니트로셀룰로오스는 천연섬유(셀룰로오스)를 원료로 화학 반응을 통해 구조를 조금 바꾼 화합물이다. 19세기에 유기화학(탄소와 수소를 중심으로 한 화합물을 다루는 과학)이 급속히 발전하자 인공으로 합성된 새로운 폭발성 유기화합물이 속속 등장하며 새 시대가 시작되었다. 폭약의 파괴력 향상과 대량 생산이 맞물리면서 전쟁으로 인한 파괴의 규모와 심각성은 이전의 국지전 수준에서 글자 그대로 '세계대전' 수준으로 변모했다. 중세부터 근대 초엽까지의 전쟁을 19세기 말의 전쟁과 비교하면 아이들 장난에 비유해도 지나치지 않을 정도였다.

영국 화학자 프레더릭 에이블(Frederick Abel, 1827~1902)과 제임

스 듀어(James Dewar, 1842~1923)가 '코르다이트(cordite)'라는 이름으로 불리는, 다루기 쉬운 폭약을 발명했다. 1889년의 일이다. 코르다이트는 끈 같은 모양으로 가공돼 있으며, 자유자재로 길이 조절이 가능한 획기적인 폭약이었다. 참고로, 물리학자이기도 한 듀어는 오늘날 여느 가정에서 일상적으로 사용되는 보온병(듀어병(Dewar flask))을 발명하기도 했는데, 이는 1892년의 일이다.

새로운 화약이 등장한 결과 1,000년 동안 계속된 흑색화약 시대는 막을 내리게 된다.

### ⊙ '목조선+포탄'에서 '철갑선+철갑탄'으로 해전의 패러다임을 바꾼 남북전쟁

19세기 말에 이르러 해전의 양상도 크게 달라졌다. 남북전쟁에서 장갑으로 철판을 두른 철갑선이 출현하면서 본격화한 변화였다. 이로써 목조선이 측면에 나란히 배치한 대포로 포탄을 서로에게 퍼부어대던 시대는 끝났다. 그 대신 도토리처럼 생긴 튼튼한 탄환 속에 폭약을 넣어 적의 장갑을 뚫고 내부에서 폭발하도록 만든 철갑탄이 주류가 되었다.

시모세 마사치카(下瀨雅允, 1860~1911)는 일본 해군 기술자이자 화학자였다. 그는 폭발 사고로 중상을 입으면서도 고성능 군용 폭약을 뚝심 있게 연구해 신형 폭약 실용화에 성공했다. 이는 1888년의 일이다. 당시 프랑스에서 실용화된 고성능 폭약으로 '피크르산(Picric acid)'이라는 물질이 있었다. 한데 이 물질은 산성이 강하고 부식성이 높아서 다루기가 어려웠다. 이에 시모네는 꾸준한 연구와 수많은 시행착오 끝에 포탄 내부에 옻칠을 해서 막을 만든 다음 피크르산을 흘려 넣으면 안정화할 수 있다는 사실을 밝혀내 '시모네 화약(下瀨火藥, Shimose powder)'으로 실용화하는 데 성공했다.

당시 일본 군함은 이 새로운 폭약을 다져 넣은 파괴력이 큰 탄두와 발사약으로 무연화약을 사용한 긴 사정거리 포를 장착하고 있었다. 이 군함은 고성능 납축전지(Lead-acid battery)에 접속한 무선 전신장치까지 갖춘 최신형 전투함이었다.

납축전지를 발명한 이는 프랑스 물리학자 가스통 플랑테(Gaston Planté, 1834~1889)다. 1859년의 일이다. 이후 교토에 있는 시마즈 제작소 제2대 경영자 시마즈 겐조(島津源蔵, 1869~1951)가 새로운 납축전지 제조법을 발명해 성능을 크게 높였다. 오늘날 자동차용 배터리 제조사로 유명한 GS 유아사(GS Yuasa) 배터리의 GS는 'Genzo Shimazu'의 머리글자를 딴 것이다.

### ⊙ 아시아의 소국 일본은 어떻게 대국 러시아와의 해전에서 승리할 수 있었나

일본 해군 연합 함대는 쓰시마 앞바다에서 러시아제국 해군의 발트 함대 38척을 맞이했고 이내 전투가 벌어졌다. 이는 러일전쟁이 시작된 지 1년 3개월이 지난 1905년 5월 말의 상황이다. 러시아 해군은 일본 해군의 정(丁) 자 전법(일직선으로 진격해 오는 러시아 함대에 대해 일단 접근한 뒤 갑자기 방향을 크게 바꿔서 전방을 가로지르는 형태의 진형을 펼침으로써 모든 일본 군함이 포격을 가할 수 있게 했던 전법)에 21척이 격침당하며 전투 개시 후 30여 분 만에 괴멸 상태에 빠졌다. 사실 이는 두 가지 이유 때문이었다. 하나는 러시아 해군이 발트해에서 쓰시마 앞바다까지 긴 시간 동안 항해한 탓에 지칠 대로 지쳐 있었기 때문이다. 또 하나는 '화약의 질'이라는 측면에서 러시아 해군이 일본 해군에 비해 뒤떨어져 있었기 때문이다.

오랜 시간 쇄국정책을 고수하며 다른 나라들과 교류하기를 꺼리던 아시아의 작은 나라가 에도만에 서구 세력의 하나인 페리 함대가 출현한 시점에서 불과 50여 년 만에 기술 혁신과 근대화를 이루어 강대국 러시아에 승리를 거둔 일은 전 세계에 충격을 던지기에 충분했다.

---

## 1892년
# 패션 혁명
### 여성을 해방시키고 시대의 물줄기를 바꾼 섬유 화학의 진보

---

**⊙ 목재 펄프를 화학 처리해 만든 비단 같은 실 '비스코스'가 섬유업에 혁명을 일으키다**

영국 화학자 찰스 크로스(Charles Frederick Cross, 1855~1935)와 에

드워드 베번(Edward John Bevan, 1856~1921)은 목재 펄프를 이용하여 저렴한 비용으로 셀룰로오스 섬유를 만드는 기술을 발명했다. 1892년의 일이다. 참고로, 목재 펄프는 제지업에서 종이 원료로 사용되는 물질이다. 좀 더 구체적으로, '펄프(pulp)'는 '흐물흐물한 과육, 부드럽게 으깬 걸쭉한 것'을 의미하므로, 나무를 고운 분말 상태로 만든 다음 화학적으로 처리한 것이 펄프다.

간단히 설명해보자. 셀룰로오스를 알칼리로 처리한 뒤 이황화탄소($CS_2$)와 반응시키면 셀룰로오스의 구조가 약간 바뀌어서 끈기 있는 물엿 같은 적갈색 용액이 생긴다. 이를 '비스코스(viscose)'라고 불렀는데, 라틴어로 '끈끈이'를 의미하는 '비스쿰(viscum)'에서 유래한 영어 단어 '비스코시티(viscosity, 점성)'를 변형시킨 단어다.

비스코스를 산성용액에 압력을 가해 밀어내면 비단 같은 실이 생긴다. 이는 그 과정에 화학 반응이 일어나 원래의 셀룰로오스 구조로 돌아가기 때문이다. 아름다운 광택을 내는 이 실은 '레이온(rayon)'이라 명명되었다. 이 물질을 가는 틈새로 압력을 가해 밀어내면 투명한 필름인 셀로판이 만들어진다.

이런 식으로 인화성이 없고 아름다운 광택이 나는 섬유와 필름을 저렴한 가격에 대량 생산할 수 있게 되면서 섬유업에 혁명이 일어났다. 곧이어 전 세계에 광택이 나는 섬유·필름 공장이 세워졌다. 일본에서는 도요 레이온(도레이(Toray Industries, Inc.))과 구라시키 견직(구라시키 레이온을 거쳐 현재는 구라레이(Kuraray Co. Ltd.)) 같은 레이온 제조 회사가 설립되어 전 세계로 레이온을 수출하게 되었다.

### ⊙ 일하는 평범한 여성의 위상을 왕후·귀족의 위상과 동등하게 만들어준 인조 견직물, 레이온

전 세계 패션산업에 일대 혁명이 일어났다. 이는 레이온이 발명되면서부터 나타난 거대한 변화였다. 레이온은 값비싼 실크를 대신할 저렴한 인공 실크(인조견사)로 독보적인 자리를 굳혀가고 있었으며 다른 산업 분야에도 영향을 미쳤다.

레이온으로 만든 인조 견직물은 초기에는 양말과 스타킹 등의 소재로 주로 이용되었다. 그 연장선에서 실크로 만든 양말과 스타킹은 왕후 귀족을 상징하는 아이템이 되기도 했다. 참고로, 이는 영국 여왕 엘리자베스 1세(Elizabeth I, 재위 1558~1603)가 실크 스타킹을 착용한 후 한때 일어난 유행이었다. 그러던 것이 레이온의 발명으로 인해 차츰 많은 사람이 인조 견직물로 만든 양말과 스타킹을 살 수 있게 되는 시대로 접어들었다.

양말뿐 아니라 특권을 가진 귀족이나 부유층이 독점해온 패션 분야에서도 일대 혁명이 일어났다. 그에 따라 코르셋을 받쳐 입고 착용하는 화려한 드레스는 시나브로 쇠퇴하고 좀 더 활동하기 편한 자유로운 디자인의 옷이 대량 생산되기 시작한 것이다. 레이온은 언뜻 봐서는 실크와 쉽사리 구별되지 않는다. 그런 까닭에 화려한 외관을 경쟁하던 값비싼 의복은 점차 쇠퇴하고 편안한 활동이 강조되는 옷이 자연스럽게 유행하게 되었다. 이는 일하는 평범한 여성도 왕후 귀족의 전유물인 실크와 외견상 거의 차이 없는 섬유로 만든 옷을 사서 입을 수 있게 되면서 생긴 의미 있는 변화였다.

이런 뚜렷한 시대 변화 속에서 프랑스의 코코 샤넬(Coco Chanel, 1883~1971) 같은 걸출한 디자이너들이 등장하여 20세기 패션산업을 눈부시게 발전시켜 나갔다. 이는 기존의 남성 위주 사회에서 남성에게 종속되어 '인형 같은' 모습을 강요받아온 수동적인 여성을 새로운 섬유가 해방시켜 주었다는 점에서 커다란 의미를 부여할 수 있다.

이렇듯 이 시대에 화학은 발전에 발전을 거듭하며 세상을 혁명적으로 변화시켰다. 좀 더 구체적으로 화학은 식물의 셀룰로오스에서 새로운 섬유를 만들어냈고, 영화라는 새로운 문화예술 장르를 탄생시켰으며, 여성을 차별과 속박에서 해방시키며 시대를 송두리째 바꿔놓았다.

---

1892년

## 보온병 발명

**인류를 우주로 진출하게 한 일상의 과학 원리**

---

**⊙ 보온병은 어떻게 의약품·시약 운송을 넘어 고온 연소 가스의 반동으로 사람을 우주로 실어나르는 대단한 도구가 되었나**

영국의 한 과학자가 오늘날의 보온병과 같은 원리의 보온병을 발명했다고 앞에서 잠시 소개했다. 1892년의 일로, 화학자이자 물리학자인 제임스 듀어가 바로 그 주인공이다. 듀어는 유리병 두 개 사이를 진공 상태로 만듦으로써 열이 전달되지 못하도록 해두었다(기체 분자가 존재하지 않으면 열은 전달되지 않는다). 또 그는 유리 표면을 은도금 처리해서 열이 밖으로 빠져나가지 못하도록 조치했다.

듀어의 보온병은 액화 가스를 저장하는 과학 용기로 일상에서 사용하기에는 무리가 있었다. 1903년 독일 유리제조공 라인홀트 부르거(Reinhold Burger)가 듀어병의 독일 특허를 취득하고 보온과 보냉이 가능한 가정용 보온병을 발매했다. '테르모스(Thermos, 오늘날의 써모스)'라는 보온병은 이렇게 출시되었다. 1904년의 일이다. '테르모(thermo)'는 그리스어로 '열'을 의미한다.

보온병은 인류의 라이프스타일을 그야말로 혁명적으로 바꿔놓았다. 그도 그럴 것이 인류는 이 획기적인 발명품으로 인해 겨울에는 따뜻한 음료수를, 여름에는 시원한 음료수를 마음껏 마실 수 있게 되었기 때문이다. 그런데 보온병의 뛰어난 장점은 그게 다가 아니다. 그중에서도 무엇보다 저온 보존이 가능하고 손쉽게 휴대할 수 있으므로 의약품이나 시약 운송 등에도 널리 활용될 수 있다는 점이다.

여기서 한발 더 나아가 그때까지 인류에게 없었던 대단한 도구를 발명할 수 있는 잠재력이 자신에게 있음을 깨닫는 사람들이 하나둘 나타나기 시작한다. 일테면 사람이나 물건을 우주로 실어나르는 대단한 물건이 바로 그런 대표적인 사례 중 하나다.

이는 거대한 보온병에 저온의 액체 산소를 담고, 그 산소를 사용해서 연료를 급속히 연소시킴으로써 생성시킨 고온 연소 가스의 반동을 이용해 작동하는 도구다.

1892년

## 바이러스 발견

### 세균보다 훨씬 작은 수수께끼 병원체

**⊙ 인간의 세포가 후지산 규모라면 바이러스는 3층 집 정도 규모다?**

앞에서 언급한 대로, 프랑스 생화학자 루이 파스퇴르는 인류 역사와 과학사에 한 획을 그은 위대한 인물이다. 그런 그의 열정과 도전은 사그라들거나 멈추기는커녕 가속도를 붙여 광견병 연구까지 나아갔다. 그는 광견병의 원인이 되는 병원체를 찾고자 쉼 없이 연구와 실험에 몰두했다. 그러나 아쉽게도 성공을 거두지는 못했다. 그런 절망적인 상황에서도 파스퇴르는 당시 과학자들이 일반적으로 사용하던 현미경으로는 도저히 볼 수 없는 훨씬 더 작은 병원체가 존재할지 모른다는 자신의 확신에 가까운 생각을 버리지 않았다.

드미트리 이바노프스키(Dmitri Ivanovsky, 1864~1920)는 그 이름

담배모자이크바이러스의 전자 현미경 사진

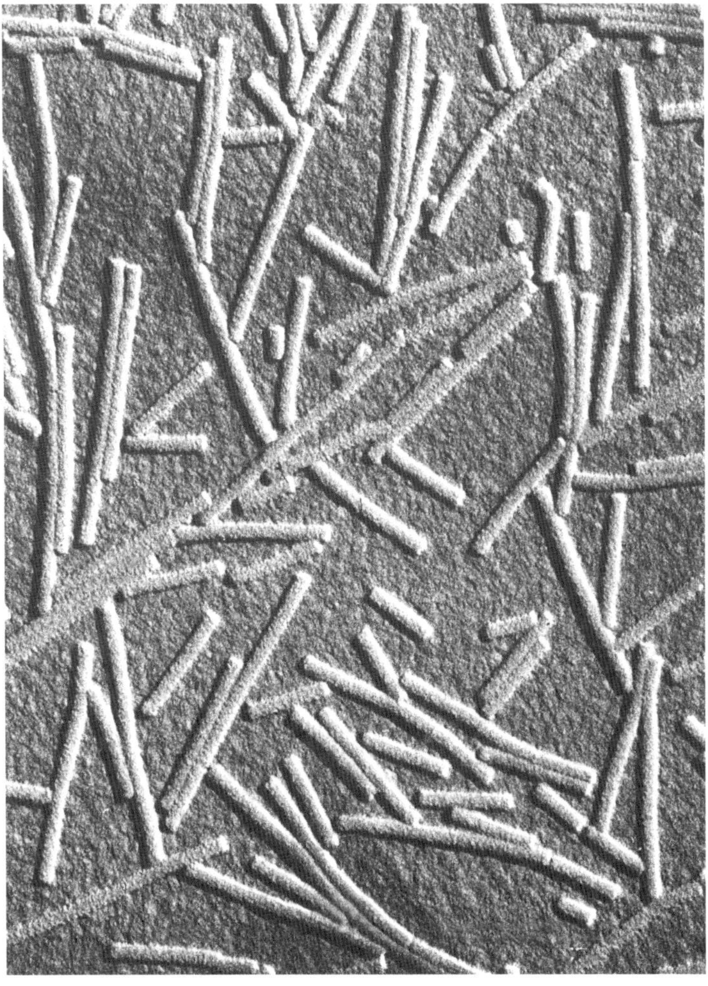

으로 유추할 수 있듯 러시아의 미생물학자다. 그는 오랫동안 담뱃잎에 생기는 담배모자이크병을 연구했다. 이바노프스키는 무엇보다 먼저 감염된 식물에서 수액을 채취한 뒤 세균을 통과시키지 않을 만큼 촘촘한 자기 필터를 통과시켰다. 놀랍게도 이 과정에 얻게 된 용액이 여전히 감염력을 지니고 있음을 그는 발견할 수 있었다. 1892년의 일이다.

네덜란드 미생물학자이며 식물학자인 마르티뉘스 베이에링크(Martinus Beijerinck, 1851~1931)는 일찍이 루이 파스퇴르가 예견한 적이 있는 이 병원체를 '세균보다 작은 여과성 병원체'로 일단 규정했다. 이후 베이에링크는 그 병원체에 라틴어 단어를 따서 '바이러스(virus)'라고 이름을 붙였는데, 이는 '독'을 의미한다. 다시 말해 그는 그 세균보다 작은 여과성 병원체를 '살아 있는 독성 물질(contagious living fluid)'이라는 용어로 설명한 것이다. 1898년의 일이다. 또한 같은 해에 다른 한 연구자는 소에게 발병하는 구제역이라는 질병의 병원체도 세균보다 작은 바이러스라는 사실을 발견했다.

바이러스는 일반적으로 매우 작다(예외적으로 거대한 바이러스도 있기는 하다). 그냥 작다고 하면 감이 잘 안 잡히는데, 과연 어느 정도로 작은 걸까? 이렇게 생각해보면 좀 더 이해가 쉬울 것이다. 우선, 인간의 세포를 3,700미터가 넘는 '후지산' 높이 정도라고 가정해보자. 이를 기준으로 생각하면 대장균 등 훨씬 작은 크기의 병원체는 '고층 아파트' 정도라고 보면 되고, 바이러스는 '3층 집' 정도 규모라고 보면 될 것이다.

일본 세균학자 노구치 히데요(野口英世, 1876~1928)는 광학 현미경으로 황열병 병원체를 찾아내려 무던히도 애를 썼다. 그러나 그는 끝내 그것을 발견하지 못했다. 그도 그럴 것이 황열병 병원체도 바이러스의 일종이므로 당시 일반적으로 사용되던 광학 현미경으로는 볼 수 없기 때문이다. 직접 눈으로 바이러스를 확인하려면 반드시 전자 현미경이 있어야 한다.

1894년

## 페스트균 발견

**세균학 발전에 크게 공헌한 기타자토 시바사부로**

### ⊙ 페스트균을 최초로 발견하고 '혈청 요법'을 확립한 일본 최고의 세균학자

오랜 세월 동안 인류를 무던히도 괴롭혀온 페스트 병원균이 마침내 뛰어난 과학자들에 의해 발견되었다. 이 위대한 업적을 남긴 인물은 일본인과 프랑스인이었다.

기타자토 시바사부로(里柴三郎, 1853~1931)는 페스트균을 맨 처음 발견한 일본인 미생물학자다. 구마모토현 출신으로 감염병과 세균을 연구한 기타자토는 디프테리아 혈청 요법 연구로 제1회 노벨 생리학·의학상 후보에 올랐다. 1901년의 일이다. 그러나 결국 그해에 노벨 생리학·의학상을 받은 이는 그와 공동 연구를 진행한 독일 생리학자 에밀 아돌프 폰 베링(Emil Adolf von Behring, 1854~1917)뿐이었다.

기타자토는 베를린대학에서 세균학의 일인자이던 로베르트 코흐의 제자가 되어 세균 연구에 몰두했다. 그는 배양이 불가능하다고 알려져 있던 파상풍균이 공기를 싫어하는 균(혐기성균)임을 간파했다. 그래서 공기 대신 이산화탄소를 넣어서 배양하려 했으나 실패했다(이산화탄소는 '탄산가스'라는 이름처럼 산성이기 때문에 균이 사멸했다). 그 후 그는 중성인 수소가스를 넣은 용기에서 파상풍균 배양에 성공했다. 기타자토는 여기서 한발 더 나아가 디프테리아 감염증에 대응하기 위한 새로운 치료법인 '혈청 요법'을 확립했다. '혈청 요법'이란 균이 지닌 독소를 차단하기 위해 만들어지는 항체가 동물의 몸 안에서 생성되도록 한 다음 그 항체가 들어 있는 혈청 성분을 환자에게 주사해 치료하는 방법이다.

### ⊙ 파스퇴르 연구소 연구원 알렉상드르 예르생과 동시에 발견했으나 '페스트균 최초 발견자'의 영예를 얻지 못한 불운한 과학자 기타자토

일본으로 돌아온 기타자토 시바사부로에게 뜻밖의 시련이 찾아왔다. '은혜도 모르는 배신자'라는 꼬리표가 붙어 일본 의학계에서 추방당하다시피 하는 신세가 되고 만 것이었다. 어쩌다 그런 처지가 되었을까? 기타자토가 독일에서 유학하고 있을 때 각기병의 원인은 세균이라는 도쿄대학 교수 오가타 마사노리(緒方

正規, 1853~1919)의 주장을 정면으로 반박한 일 때문이었다. 오가타 교수는 도쿄대학 의학부 시절 기타자토가 독일 유학을 떠날 수 있도록 힘써준 은인이었기에 파장이 걷잡을 수 없이 커졌던 것이다.

고립무원의 신세가 된 기타자토에게 구원의 손길을 내밀어준 이가 있다. 일본 계몽가이자 교육자, 언론인으로 게이오기주쿠대학을 설립한 후쿠자와 유키치(福澤諭吉, 1835~1901)가 바로 그다. 1892년, 후쿠자와는 사재를 털어 사립 감염병 연구소를 설립하고 기타자토를 소장 자리에 앉혔다.

한편 중국에서 대유행하던 페스트가 홍콩으로 번져 나가자 메이지 정부는 기타자토를 중심으로 조사단을 꾸려 파견했다. 그곳에서 기타자토는 페스트균을 발견했다. 1894년의 일이다. 그러나 페스트균 최초 발견자의 영예는 당시 페스트균을 동시에 발견한 파스퇴르 연구소의 알렉상드르 예르생(Alexandre Yersin, 1863~1943)에게 돌아갔다.

기타자토는 후쿠자와가 설립한 감염병 연구소를 이어 받은 국립 감염병 연구소 소장이 된다. 1899년의 일이다. 기타자토가 이끄는 연구소에서는 이질균을 발견한 시가 기요시(志賀潔, 1871~1957), 매독 치료제를 개발한 하타 사하치로(秦佐八郎, 1873~1938), 황열병을 연구한 노구치 히데요 등 세계적인 연구자를 여럿 배출했다.

이는 여담이지만, 그의 은사인 코흐가 1908년 일본을 찾아와 페스트 유행을 막기 위해 쥐를 퇴치하는 고양이를 키울 것을 장려했기 때문에 독일에서 많은 고양이가 일본에 수입되기도 했다.

1895년

# 영화 시대

### 뤼미에르 형제가 영화 시대의 막을 열다

## ⊙ 영화를 보는 것이 목숨을 거는 일이던 시대

한 장면 한 장면을 촬영해서 연속으로 재생하는 영화가 발명되었다. 이는 니트로셀룰로오스가 성분인 셀룰로이드로 긴 필름을 만들 수 있게 되면서 생겨난 역사적 사건이었다.

토머스 에디슨(Thomas Edison, 1847~1931)은 '키네토스코프(Kinetoscope)'라는 이름의 영사기 특허를 신청했다. 이는 1889년의 일이다. 키네토스코프는 그리스어에서 '움직임'을 의미하는 '키네토(kineto)'와 '보다'를 의미하는 '스코포스(scopos)'를 합쳐서 만든 말이다. 이는 관객 혼자서 작은 창을 통해 영상을 들여다보는 형태의 장치였다. 그리고 2년 뒤 에디슨은 약 15미터 길이 필름으로 20초 정도 분량의 동영상을 키네토스코프로 처음 시연했다. 그 후 프랑스의 오귀스트(Auguste Lumière, 1862~1954)와 루이 뤼미에르(Louis Lumière, 1864~1948) 형제가 오늘날로 이어지는 영사기와 영화 시스템을 발명하고 세계 최초의 실사 영화를 제작했다. 뤼미에르 형제의 영사기에서 렌즈 역할을 한 것은 놀랍게도 물을 담은 플라스크였다. 이는 1895년의 일이다.

그런데 여기에는 치명적인 문제점과 위험성이 있었다. 영화

토머스 에디슨이 1889년에 발명한 영사기 '키네토스코프'

관의 영사기가 멈춰서 영사기의 강한 빛이 한 점에 몇 초 동안만 집중해서 쏟아져도 불이 붙곤 한 것이다. 이는 니트로셀룰로오스의 경우 분자 구조가 화약과 비슷해서 인화성이 높기 때문에 발생하는 현상이었다. 실제로 전 세계 곳곳의 영화관에서 화재가 일어났고, 1897년 파리에서는 영화 상영 중 큰 화재가 발생해 180명이 사망하는 대참사가 발생했다. 영화를 보는 것이 그야말로 목숨을 걸어야 하는 일이었던 셈이다.

명작 영화 〈시네마 천국(Cinema Paradiso)〉(1988)은 이탈리아 시칠리아섬 시골 마을에 있는 영화관을 무대로 한 작품이다. 한데 이 영화관이 화재로 불탄 것도 니트로셀룰로오스로 만든 영화 필름의 인화성이 높았기 때문이다.

---

1896년

## 우라늄 방사선

### 방사능 발견으로 노벨상을 수상하다

---

### ⊙ 물질 속 원자가 파괴될 때 방출하는 에너지, 방사선

20세기를 상징하는 기술로 무엇을 꼽을 수 있을까? 컴퓨터, 자동차 등 여러 가지가 있겠으나 원자폭탄·원자력 발전도 빼놓을 수 없을 것이다. 요즘도 뉴스를 보다 보면 방사선·방사능 같은 용어가 심심찮게 등장한다. 이 책의 독자들 중에도 방사선 치료나 방사선을 이용한 영상 진단, 컴퓨터 단층 촬영(CT) 등의 용어를 들어본 사람이 많을 것이다.

원자 중에는 쉽게 파괴되는 것이 있다. 이런 원자가 파괴될 때 '방사선'이라는 에너지(고속 입자나 전자기파)를 방출한다(이 원자는 파괴된 후 다른 종류의 원자가 된다). 파괴되면서 에너지를 방출하는 성질을 '방사능'이라고 하며, 그 과정에 방출되는 에너지가 '방사선'이다.

이 현상을 맨 처음 발견한 이는 프랑스 물리학자 앙리 베크렐(Henri Becquerel, 1852~1908)이다.

### ⊙ 태양열 에너지에 '흥분한' 우라늄 화합물이 스스로 형광을 발산한다?

앙리 베크렐은 형광을 발하는 물질이 엑스선(X-rays) 같은 방사선을 방출할지 모른다고 생각했다. 1896년 어느 날의 일이다. 그로부터 몇 달 전 그는 독일 물리학자 빌헬름 뢴트겐(Wilhelm Röntgen, 1845~1923)이 엑스선을 발견했다고 발표한 논문을 읽었다. 그 논문의 영향인지 그 후 얼마 지나지 않아 그런 생각을 하게 된 것이다. 베크렐은 형광 물질로 우라늄 화합물을 선택했다. 그런 다음 사진 건판(감광제를 바른 유리판)을 햇빛이 닿지 않도록 검은 종이로 덮고 그곳에 우라늄 화합물 결정을 올려놓은 채 햇빛에 노출시켰다. 그 후 사진 건판을 현상하니 우라늄 화합물 결정이 선명하게 찍혀 있었다. 이것을 본 베크렐은 태양광 에너지에 '흥분한' 우라늄 화합물이 스스로 형광을 발산한 것이라고 결론을 내렸다.

앙리 베크렐은 좀 더 확실한 결과를 얻기 위해 다시 실험을 하려고 시도했다. 그러나 어찌된 일인지 그 무렵 흐린 날씨가 지루할 정도로 오래 지속되어 도저히 실험을 할 수가 없었다. 베크렐은 어쩔 수 없이 감광되지 않도록 밀봉한 사진 건판과 우라늄 화합물 결정을 서랍 속에 함께 넣어둔 채 한동안 방치해 둘 수밖에 없었다.

앙리 베크렐은 아직 형광을 조금은 발산하고 있을지 모른다는 생각이 불현듯 들었다. 그런 터라 그는 밀봉해두었던 사진 건판을 조심스럽게 꺼내 현상해보았다. 그로부터 며칠 후의 일이다. 이때 전혀 예기치 못한 놀라운 일이 그의 눈앞에서 일어났다. 우라늄 화합물 결정의 상이 사진으로 선명하게 찍혀 있었던 것이다. 이 기적 같은 우연이 곁들여진 실험을 통해 베크렐은 햇빛과 상관없이 어두운 곳에서도 우라늄 화합물 결정이 자발적으로 방사선을 방출한다는 결론을 내릴 수 있었다. 더불어 그는 여러 가지 우라늄 화합물로 실험에 실험을 거듭하여 우라늄 양과 방사선 양이 비례한다는 사실도 발견했다.

그런데 피치블렌드(pitchblende)만은 예외였다. 이는 '우라니나이트', '섬우라늄석'이라는 이름으로도 불리는 물질이다. 왜 피치블렌드만 예외였을까? 이 물질은 일반적인 비례 관계를 넘어서서 더 강렬한 방사선을 방출했기 때문이다. 그리고 이 강렬한 방사선을 방출하는 수수께끼 물질을 탐구하는 한 위대한 여성 화학자가 과학사에 등장한다.

## 1897년

# 효소 발견

### 생명이란 효소가 일으키는 화학 반응

⊙ **발효는 생명력과 관계없는 물질의 화학 반응이라는데?**

효모는 발효를 일으키는 미생물의 일종이다. 독일 생화학자 에두아르트 부흐너(Eduard Buchner, 1860~1917)는 이 효모를 갈아서 만든 즙을 사용해도 알코올 발효가 일어난다는 사실을 실험을 진행하던 중 우연히 발견했다. 이후 그는 여기서 멈추지 않고 뚝심 있는 연구와 꾸준한 실험을 통해 '발효는 살아 있는 효모가 아니라 효모가 가진 단백질이 일으키는 것'임을 증명해냈다. 이는 1897년의 일이다.

에두아르트 부흐너는 발효를 일으키는 단백질에 '치마아제(Zymase)'라는 이름을 붙였다. 이는 '발효', '효모'라는 의미를 지닌 그리스 단어 '주메이(zumē)'에서 유래한 명칭이다. 부흐너의 끈기 있는 연구 덕분에 발효가 생명력과 전혀 관계없는 물질의 화학 반응임이 분명해졌다. 당시로서 이는 그야말로 획기적인 발견이 아닐 수 없었다. 그도 그럴 것이 그때까지만 해도 물질이 지닌 알 수 없는 어떤 '생명력'이 발효를 일으킨다는 생각이 과학계에 널리 퍼져 있었기 때문이다.

에두아르트 부흐너는 노벨화학상을 수상했다. 1907년의 일이다. 그 후 그의 연구 성과 덕분에 생체 내부에서 여러 가지 화학 반응의 촉매로 작용하는 단백질인 효소가 차례차례 발견되었을 뿐 아니라 생명 현상, 세포 내 대사의 화학 반응을 효소가 경이적인 속도로 촉진하고 있음도 밝혀졌다. 이로써 '생명이란 효소가 일으키는 화학 반응'이라는 부흐너의 주장이 점점 더 힘을 얻어갔으며 정설로 받아들여졌다. 참고로, 독일 철학자이자 정치가이며 경제학자인 프리드리히 엥겔스(Friedrich Engels, 1820~1895)는 자신의 저작에 "생명이란 단백질의 존재 양식이다"라고 썼는데, 놀라운 혜안이 아닐 수 없다. 엥겔스의 이 책 『반듀링론(Anti-Dühring)』은 1878년에 출간되었다.

## 1898년
# 방사성 원소 발견
### 과학 분야에서 유일하게 노벨상을 두 번 수상한 여성

**⊙ 가난한 폴란드 유학생 마리아 스크워도프스카, 불굴의 의지로 공부해 파리대학 물리학과를 우수한 성적으로 졸업하다**

폴란드는 오랫동안 러시아의 지배를 받고 있던 중 독립을 쟁취하기 위해 들고일어나 독립을 선언했다. 1830년의 일이다. 당연하게도 러시아 정부는 가만히 보고 있지 않았다. 이내 진압군을 폴란드에 투입했고, 수도 바르샤바가 함락되었다. 폴란드 출신 위대한 음악가 프레데리크 쇼팽(Frédéric Chopin, 1810~1849)은 그 소식을 듣고 충격을 받았다. 그 직후 조국 폴란드가 러시아로부터 독립하기를 바라는 마음을 담아 그가 작곡한 피아노곡이 바로 〈혁명(Étude Op. 10, No. 12, Revolutionary Étude)〉이다. 압제자 러시아에 대한 폴란드인의 항거와 독립운동의 불길은 사그라지지 않고 이후에도 계속되었다.

한 폴란드인이 이런 격동의 시대에 파리에서 유학 생활을 하고 있었다. '마리 퀴리'로 널리 알려진 마리아 스크워도프스카(Maria Salomea Skłodowska)가 바로 그다. 지금이야 이과 여대생이나 여자 공대생이 드물지 않지만, 당시에는 이과대학·공과대학은 말할 것도 없고 여성이 대학에 가는 것 자체를 금지하는 나라도 적지 않았다.

마리아는 찢어지게 가난한 유학생이었다. 마리아는 8년 동안 가정교사 일을 하면서 돈을 벌어 그중 상당 부분을 파리에서 의학을 공부하던 언니에게 보냈다. 그러고는 남은 돈을 알뜰하게 모아서 마리아도 파리로 유학을 떠났다. 1891년, 그의 나이 24세였다. 난방도 제대로 안 되는 다락방에서 살면서 끼니도 거르는 날이 잦은 고단한 생활이었으나 그는 시련에 굴하지 않고 열정적으로 공부한 끝에 파리대학(소르본) 물리학과를 우수한 성적으로 졸업했다. 이후 그는 프랑스 천재 물리학자 피에르 퀴리(Pierre Curie, 1859~1906)를 만나 결혼했다. 마리아 스크워도프스카는 이제 마리 퀴리로 불렸다.

### ⊙ 우라늄의 900배나 되는 강렬한 방사선이 방출되는 물질, 라듐을 발견하다

마리는 앙리 베크렐이 발견한 피치블렌드에서 나오는 방사선의 비밀을 밝히기 위한 연구를 시작했다. 박사 학위를 취득하기 위해서였다. 그는 먼저 우라늄 화합물을 분석해 우라늄 원자 자체에서 방사선이 방출된다는 사실을 밝혀냈다. 또한 당시 이미 학계에 널리 알려져 있던 '토륨(Thorium)'이라는 원소도 방사선을 방출하는 성질을 지니고 있음을 발견했다. 마리는 오랜 실험과 연구 끝에 원소가 방사선을 방출하는 수수께끼 같은 성질을 '방사능'이라고 명명했다. 1898년의 일이다.

마리는 우라늄 자체가 방출하는 방사선보다 훨씬 강한 방사선을 방출하는 피치블렌드를 분석했다. 그 결과 그는 우라늄의 300~400배나 되는 강한 방사선을 방출하는 새로운 원소를 발견했다. 마리는 그 원소에 '폴로늄(Polonium)'이라는 이름을 붙였는데, 이는 조국 폴란드를 사랑하는 마음, 조국의 독립을 염원하는 마음을 담아 지은 이름이었다.

그 후 마리는 더욱 강력한 방사선을 방출하는 새로운 원소를 발견했다. 마리는 바륨(Barium)을 추출할 때 다른 물질을 함께 추출했는데, 그 안에 미지의 원소가 있음을 예상했다. 왜냐하면 그 물질에서 우라늄의 900배나 되는 강렬한 방사선이 방출되고 있었기 때문이다. 마리는 바륨을 분리해낸 용액을 분광기라는 장치로 측정했다. 그 결과 그는 그때까지 알려져 있던 데이터와는 다른 전혀 새로운 원소를 확인할 수 있었다. 퀴리 부부는 이 원소를 '라듐(Radium)'으로 명명했다.

라듐은 라틴어 '라디우스(radius)'에서 유래했다. 본래 라디우스는 수레바퀴의 '바퀴살'을 의미하는 말이었다. 라디우스는 (수레바퀴의) 반지름이라는 의미에서 '원의 반지름'을 뜻하기도 한다. 그 밖에 수레바퀴의 바퀴살처럼 사방팔방으로 방사되는 이미지를 나타내기도 한다. 참고로, 라디오도 여기서 유래한 어휘다.

퀴리 부부는 미지의 원소 라듐을 추출하는 일에 몰두했다. 그 일에는 방대한 양의 피치블렌드가 필요했다. 운 좋게도 그들은 과거에 게오르크 바우어(Georg Bauer, 1494~1555)가 체류하며 게오르기우스 아그리콜라(Georgius Agricola)라는 필명으로 『금속에 관하여(De re metallica)』(1556)를 집필했던 체코의 장크트요하임스탈 광산(오늘날의 야히모프)에서 피치블렌드를 거의 공짜로 받을 수 있었다. 이는 빈의 과학아카데미가 오스트리아-헝가리 제국 정부와 교섭한 덕분이었다. 이 광산에서는 피치블렌드에서 우라늄 화합물을 추출해 보헤미아 글라스 채색에 사용하고 있었다. 그리고 그 찌꺼기를 화차와 짐차에 실어 파리까지 가져다준 것이었다.

라듐을 이미 널리 알려져 있던 원소인 바륨과 분리하기는 매우 어려웠다. 왜냐하면 두 원소는 성질이 비슷하기 때문이었다. 마리는 많은 양의 피치블렌드를 커다란 솥에 넣고 끓여 황산, 질산 등으로 녹이면서 용액 성분인 금속 이온을 분리했다. 라듐을 포함한 물질이 농축되어 분리되자 시험관과 플라스크는 암흑 속에서 푸르스름한 빛을 냈다. 퀴리 부부는 연구실에서 푸르스름한 빛을 내는 염화라듐 용액을 시간 가는 줄도 모르고 지켜보았다.

4년여 동안 11톤(여러 가지 설이 있다)의 피츠블렌드에서 얻은 염화라듐 양은 귀이개로 한 스푼 정도였다. 그러나 그 결과는 놀라웠다. 순수한 라듐에서 우라늄의 100만 배가 넘는 강한 방사선이 방출된다는 사실이 밝혀졌기 때문이다. 퀴리 부부는 방사능을 발견한 공로를 인정받아 앙리 베크렐과 함께 제3회 노벨물리학상을 수상하며 엄청난 관심을 불러일으켰다. 1903년의 일이다. 이로써 마리 퀴리는 노벨상을 수상한 최초의 여성이 되었다.

### ⊙ 마리에게 노벨상 수상의 영예를 가져다 주었으나 결국 그녀의 목숨을 빼앗은 복잡미묘한 원소, 라듐

퀴리 부부는 라듐이 방출하는 방사선으로 인해 항상 손에 화상을 입었다. 그뿐만이 아니었다. 심각한 방사선 장애가 그들의 몸을 시나브로 갉아먹고 있었다. 피에르는 파리의 거리에서 짐을 가득 실은 마차에 치여 아내와 두 아이를 남긴 채 세상을 떠났다. 1906년의 일이다. 사랑하는 남편을 잃은 마리는 강력한 방사선을 방출하는 새로운 원소 라듐에 무섭게 집착했다. 그는 라듐을 단리(單離)하고 방사성 원소와 방사능을 연구하는 일에 더욱 몰두했다. 1911년, 마리 퀴리는 라듐을 발견한 공적으로 노벨 화학상을 수상했다. 남편 피에르와 함께 수상했던 노벨 물리학상에 이어 단독으로 노벨 화학상까지 손에 거머쥐게 되면서 마리는 과학 분야에서 두 번이나 노벨상을 수상하는 전무후무한 기록의 소유자가 되었다.

마리 퀴리가 인류를 위해 공헌한 일은 그것만이 아니었다. 그

1904년에 창간된 《LE LADUME》은 방사능, 그리고 그와 관련된 주제를 다루는 최초의 과학 잡지였다. 피에르 퀴리와 마리 퀴리 부부의 사진이 창간호 표지를 장식했다.

1re ANNÉE — N° 1 Le Numéro : 50 Centimes JANVIER 1904

# LE RADIUM

PUBLICATION MENSUELLE.

DIRECTEUR
Henri FARJAS

ADMINISTRATION : 36, Rue de l'Arcade, PARIS
TÉLÉPHONE : 124-03
Abonnements : UN AN, 5 fr. — Union Postale, 7 fr.

*Le Laboratoire de la Rue Lhomond*

M. & Mme CURIE

NOTA. — Les abonnements partent du mois de Janvier ; on ne donne pas d'abonnement de 6 mois. Le *Radium* est en vente chez les Libraires, Marchands de journaux et dans les Gares, on n'envoie pas de numéro spécimen.

는 제1차 세계대전 당시 엑스선 촬영을 할 수 있는 차량을 여러 대 만들어 제공했고, 자동차 운전을 배워 딸과 함께 전장을 누비며 위기에 빠진 사람들의 목숨을 구하기도 했다. 마리는 글자 그대로 열정의 화신 같은 인물이었다.

방사선은 마리뿐 아니라 마리 주위 다른 연구자들의 생명도 위협했다. 그의 조수가 갑자기 세상을 떠났고, 마리도 방사능 피폭으로 목숨을 잃었다. 1934년의 일이다. 그러나 그들의 헌신적인 방사능 연구는 마리의 큰딸 이렌(Irène Joliot-Curie, 1897~1956)에게 계승되었다. 이렌과 남편 프레데리크 졸리오 퀴리(Frédéric Joliot-Curie, 1900~1958)도 인공방사능 연구로 1935년 노벨 화학상을 공동 수상했다. 프랑스가 제2차 세계대전 이후 원자력 최강국이 되는 데 있어 퀴리 가족의 헌신적인 기여가 결정적인 역할을 했다.

## 1899년
## 아스피린 발매

### 무엇이든 원하는 의약품을 만들어낼 수 있는 시대의 도래

**⊙ 완전히 인공으로 합성한 의약품을 최초로 판매하기 시작한 제약사는?**

의약품 합성은 1800년대에 이르러 급속도로 발전했다. 오랫동안 자연의 식물, 약초 등에서 유효 성분을 추출해 사용하던 시대에서 의약품을 인공 합성으로 만들어내는 시대로 진화한 것이다.

독일의 대표적인 제약회사 바이엘사는 완전히 인공으로 합성한 의약품을 시판하기 시작했다. 1899년의 일이다. 지금도 대중적으로 사용되는 해열진통제 아스피린이 그것이다. 고대 그리스의 히포크라테스는 버드나무껍질을 달여서 마시면 열이 내리고 관절염 등을 가라앉히는 효과가 있다고 생각했다. 중국 당나라 시대에도 치통을 누그러뜨리기 위해 버드나무 작은 가지를 사용했다는 기록이 남아 있다. 버드나무껍질에서 분리되는 살리실산(Salicylic acid, '버드나무'를 의미하는 라틴어 '살릭스(salix)'에서 유래했다)에 진통 효과가 있음을 알았던 것이다.

콜타르 성분인 페놀에서 살리실산을 인공 합성할 수 있게 된 것은 1853년의 일이다. 이것을 바이엘사가 '아스피린'이라는 이름의 해열 진통제로 판매하기 시작한 것은 1899년의 일이다. 살리실산은 점막을 자극해 위염이나 위궤양 등의 부작용을 일으켰다. 그도 그럴 것이 살리실산은 강한 산성을 띠는 물질이기 때문이다. 바이엘사는 아스피린을 상품화하기 전에 이 문제를 먼저 해결해야 했다.

### ⊙ 합성염료로 성장하여 의약품 제조, 특히 아스피린 제조로 대성공을 거둔 바이엘사

바이엘사의 연구원 펠릭스 호프만(Felix Hoffmann, 1868~1946)은 살리실산을 집중 연구하여 부작용을 없애야겠다고 생각했다. 류

머티즘 관절염을 앓고 있는 그의 아버지가 부작용에 괴로워하면서도 살리실산을 복용하는 모습을 본 것이 직접적인 계기였다. 그래서 그는 이미 알려져 있던 살리실산 구조를 약간 바꾼 분자인 아세틸살리실산(acetylsalicylic acid, ASA)에 주목하고 합성 방법을 연구했다. 간단히 말해, 아세틸살리실산은 살리실산의 —OH 부분(이것이 부작용의 원인이다)에서 H를 $COCH_3$(아세틸기)로 치환해 부작용을 없앤 것이다. 이 물질이 몸속에서 흡수되면 이 개조된 구조가 절단되어 살리실산으로 돌아가서는 살리실산과 같은 효과를 발휘한다. 이렇게 만들어진 약이 오늘날에도 인기리에 판매되는 '아스피린'이다.

바이엘사는 지금도 여전히 세계 최대 제조·화학 종합회사로 손꼽힌다. 축구를 좋아하는 사람이라면 독일 분데스리가의 '바이어 04 레버쿠젠(Bayer 04 Leverkusen)'이라는 명문 클럽 이름을 들어보았을 것이다. '레버쿠젠'은 카를 레버쿠스(Carl Leverkus, 1804~1889)라는 독일 화학자 이름에서 유래했다. 레버쿠스는 울트라 마린 안료 공장을 창업할 지역을 물색하다 비스도르프 지역을 선택했다. 1861년 루르 공업지대의 라인강과 인접한 이 도시에 안료 공장을 완성한 이후 이 지역을 자기 성 레버쿠스에서 따온 '레버쿠젠'이라고 불렀다.

바이엘사가 레버쿠젠 공장을 인수한 것은 1891년의 일이다. 바이엘사는 본사를 아예 레버쿠젠으로 옮겼는데, 이는 1912년의 일이다. 레버쿠젠은 바이엘사의 거점이 되었고, 합성염료로 성장의 기틀을 마련한 바이엘사는 그 이익을 밑천으로 의약품 제조 분야에 진출해 아스피린으로 대성공을 거두었다.

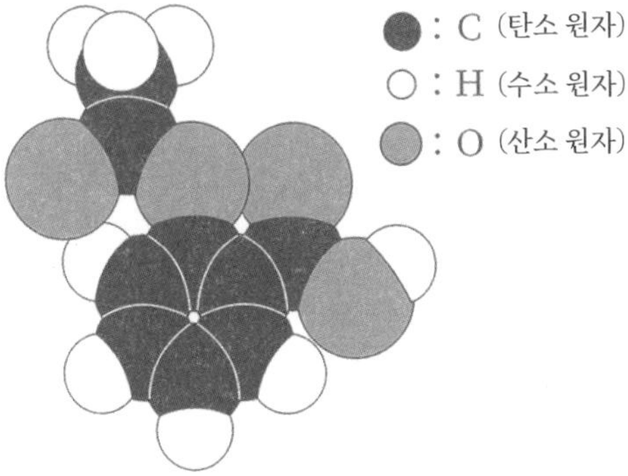


아세틸살리실산($C_9H_8O_4$)

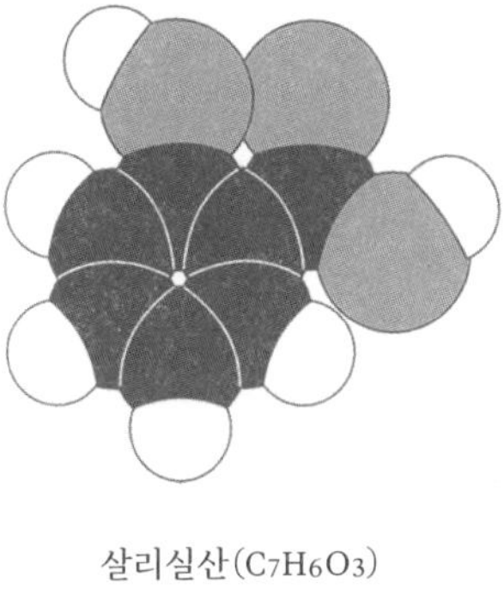

살리실산($C_7H_6O_3$)

아스피린이라는 이름은 그리스어에서 '~하지 않다'라는 의미의 'a'와 '메도스위트(meadowsweet)' 혹은 '느릅터리풀'을 의미하는 'spiraea ulmaria'를 합친 단어다. 이는 곧 천연 메도스위트 성분이 아니라는 의미다. 참고로, 메도스위트는 살리실산을 추출하기 위해 이용하던 약초다.

아스피린은 석탄에서 추출되는 페놀을 이용해 완전히 인공 합성되며, 역사상 최초로 대규모 동물 실험을 하고 출시한 의약품이다. 아스피린은 상품성을 높이기 위해 세련된 포장을 하고 대대적인 광고를 하는 등 오늘날 약국에 진열되어 있는 의약품의 원류가 되었다. 약이라고 하면 약초처럼 자연에서 나온 것밖에 없던 시대가 가고 바야흐로 새로운 약의 시대가 펼쳐지기 시작했음을 알린 강렬한 데뷔였다.

20세기에 들어서면서 인류는 마침내 분자 구조를 변환해 원하는 작용을 하는 의약품을 만들어낼 수 있게 되었다. 마치 영화 〈2001 스페이스 오디세이(2001: A Space Odyssey)〉(1968)의 이야기처럼 인류는 유인원에서부터 시작해 꾸준히 진화를 거듭해 마침내 새로운 단계에 도달한 것이다.

### ⊙ 인류와 함께 달에 최초로 착륙한 의약품은?

달을 향해 가던 아폴로 11호 우주비행사들은 아스피린을 휴대하고 있었다. '우주 멀미'에 대비하기 위해서였다. 20세기에 들어서서의 일이다. 아스피린은 인류와 함께 달에 착륙한 최초의 의약품인 셈이다.

살리실산에는 왜 해열과 진통 효과가 있을까? 이 비밀은 오랫동안 밝혀지지 않고 있었는데, 영국 약리학자 존 로버트 베인(John Robert Vane, 1927~2004)이 그것을 밝혀냈다. 그것은 바로 통증이나 발열의 방아쇠가 되는 전달 물질 프로스타글란딘(Prostaglandin) 생성을 억제하는 것이다. 베인은 이 메커니즘을 규명한 공로를 인정받아 노벨 생리학·의학상을 수상했다. 1982년의 일이다.

아스피린은 오늘날에도 연간 1,000억 정이 팔리는 베스트셀러 의약품이다. 게다가 기존에 알려져 있던 약효 외에도 혈전이나 대장암을 예방하는 효과가 있다는 사실도 밝혀져 향후 판매는 더 늘어날 것으로 보인다.

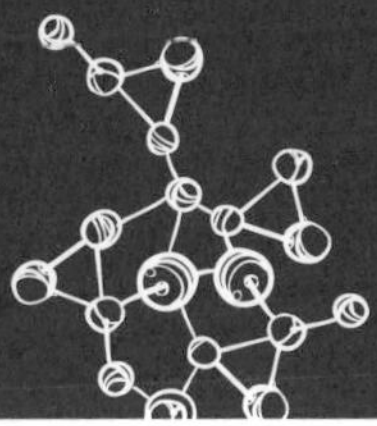

HISTORY
OF
CHEMISTRY

# 2

+

# 20세기의 시작

−

서로마제국이 게르만족에 의해 멸망한 후 유럽은 종파의 차이는 있을지언정 대부분 그리스도교의 지배를 받아왔다. 그러나 그리스도교 일색인 유럽에 새로운 색깔과 흐름이 생겨나기 시작했다. 자본주의의 탄생으로 자본과 부라는 새로운 가치가 구심력을 키웠고, 철학자 프리드리히 니체(Friedrich Nietzsche, 1844~1900)는 "신은 죽었다(Gott ist tot)"라고 갈파했다. 종교의 속박을 벗어난 새로운 가치를 추구하는 시대가 도래한 것이다.

이 시대에는 자본주의의 발전과 함께 새로운 가치를 창출하는 과학과 기술이 비약적으로 발달한다. 오랜 세월 동안 인류의 꿈이던 비행기를 이용한 비행에 라이트 형제(Wright brothers)가 도전하여 성공을 거두었다. 1903년의 일이다. 그와 더불어 바다 위를 항해하는 배에도 근본적인 변화가 일어나기 시작했다. 기존의 석탄을 태우는 증기 기관에서 석유를 태우는 거대 출력 디젤 엔진으로 바뀌기 시작하면서 배의 대형화가 급속히 이루어졌다. 또한 전기 기술도 눈부시게 발전해 도시 지역은 바야흐로 전기 시대를 맞이했다.

과학은 공업 발전을 추동해 나갔다. 과학 기술 발달은 인류의 생활을 혁명적으로 변화시켰으며, 대량 소비 사회라는 새로운 패러다임을 창조했다. 그중에서도 헨리 포드(Henry Ford, 1863~1947)가 1913년부터 도입한 대중차 T형 포드의 컨베이어 시스템을 이용한 대량 생산은 그 상징이라 할 만하다. 대량 소비 사회는 화학 발전의 가장 중요한 원동력으로 작용했다. 그도 그럴 것이 끊임없이 물질의 원리를 탐구하고 실험을 거듭하여 새로운 물건을 만들어내지 못하면 대량 소비 사회라는 거대한 기관차는 멈출 수밖에 없기 때문이다.

과학과 공업은 전쟁과 직결돼 있으므로 이 분야의 기술 발전은 기관총, 폭격기, 전차 등 엄청난 파괴력과 살상력을 지닌 병기 제조로 이어졌다.

그 이전 시대의 화학 산업은 마을 공장에서 적은 양의 제품을 수공업으로 만들어내는 방식으로 이루어졌다. 그러던 것이 변화의 물결이 여기에도 몰려와 소규모 화학 산업은 거대한 장치 산업으로 발전하면서 '콤비나트(kombinat)'로 상징되는 중화학 공업으로 변모해갔다. 거대한 규모의 화학 공업은 비료와 농약 대량 생산으로 식량 증산을 가능하게 함으로써 세계 인구가 꾸준히 증가하는 밑바탕이 되어주었다.

이 시대에는 대영제국, 미합중국, 그리고 뒤늦게 뛰어든 독일제국 등 거대 제국주의 국가 사이에 대립과 충돌이 끊이지 않았고 자원과 시장을 차지하기 위한 경쟁이 심해졌다. 제1차 세계대전은 그 갈등이 임계점에 도달해 대폭발을 일으킨 첫 번째 사건이다.

1900년

# 양자역학 탄생

### 전자의 움직임 연구에서 물질을 설계하는 시대로

## ⊙ 양자역학이 전혀 예기치 못한 분야인 '제철업'에서 시작되었다는데?

근대 물리학은 1687년에 출판된 아이작 뉴턴(Isaac Newton, 1642~1727)의 『프린키피아(Philosophiæ Naturalis Principia Mathematica)』와 함께 탄생했다고 할 수 있다. 인류는 수학과 근대 물리학을 이용해 일상적 규모의 물체 운동, 즉 야구공이나 기차, 행성의 운동 정도는 계산할 수 있게 되었다. 그러나 우주 규모로 빠른 물체나 거대한 질량의 항성계 등을 계산하는 데에는 수학과 근대 물리학만으로는 한계가 있었다. 왜냐하면 여기에서는 시간과 공간이 변화하기 때문이다. 따라서 이를 계산하기 위해서는 아인슈타인의 '상대성 이론'이 필요해진다. 그뿐만이 아니다. 전자나 광자 등 질량이 매우 작은 세계에서도 새로운 잣대, 새로운 물리학이 필요해졌다. 이를 위해 탄생한 것이 바로 '양자역학(quantum mechanics)'이다.

독자가 쉽게 이해할 수 있도록 돕기 위해 극단적인 비유를 하나 들어볼까 한다. 먼저, 당신이 양자가 되었다고 가정해보자. 당신은 파동처럼 움직여서 도쿄역과 간다역(도쿄역에서 한 정거장 떨어져 있다)에 동시에 존재하는 상태를 만들 수 있다(물론 질량이 극도로 작은 마이크로 세계의 이야기라는 것을 잊지 말자). 이 원리를 컴퓨터에 응용하면 디지털인 0과 1 이외에 0이면서 1인 상태 같은 것을 만들 수 있다. 그러므로 엄청난 계산 능력을 가진 양자 컴퓨터를 만들 수도 있다.

양자(quantum)는 '입자이면서 동시에 파동의 성질을 가진 에너지 덩어리'다. 이 양자의 움직임을 다루는 과학 분야가 바로 양자역학이다. 오늘날 인류는 과학 기술의 혁명적인 발전에 힘입어 원자나 분자의 움직임이나 성질을 수식화해서 예상되는 성질을 가진 분자나 결정의 구조를 설계할 수 있게 되었다. 이는 20세기에 들어서서 양자역학이 비약적으로 발전한 결과다. 참고로, IT 기술의 출발점이자 컴퓨터를 지탱하는 반도체 등의 전자공학도 인류는 양자역학에 의지해 구축할 수 있었다. 그뿐만이 아니다. 새로운 의약품의 분자, 새로운 소재의 분자 같은 것을 설계할 수 있게 한 것도 양자역학 덕분이다. 그리고 매우 흥미롭게도, 양자역학의 영역인 소립자의 비밀을 밝히는 일은 우주의 비밀을 밝히는 일로 이어질 것이다.

그런데 뜻밖에도 양자역학의 탄생은 사실 전혀 예기치 못한 분야인 제철업에서 시작되었다.

### ⊙ "빛은 띄엄띄엄 떨어진 불연속적 에너지를 갖는 입자, 즉 '양자'다!"

독일은 제철업에서 크루프사 등을 중심으로 세계를 선도하고 있었다. 19세기 후반의 상황이다. 제철업에서는 용광로나 평로 등의 내부온도 관리가 매우 중요하다. 그러므로 이 분야에서는 숙련된 기술자가 가열된 선철이 무슨 색으로 빛나는지를 보고 온도를 판단하는 등의 방법이 사용되었다. 독자 여러분은 뉴스 프로그램이나 〈터미네이터 2〉 같은 영화에서 가열된 철이 붉은색이나 노란색으로 빛나는 모습을 한 번쯤 본 적이 있을 것이다. 이 붉은색·노란색은 빛의 파장, 에너지와 관련 있으므로 물론 수식화가 가능하기는 하다. 그러나 당대 물리학자들은 이 문제를 두고 심각한 고민에 빠져 있었다. 그도 그럴 것이 모든 파장 영역을 망라해서 설명할 수 있는 수식을 아무리 애를 써도 도무지 알 수 없었기 때문이다.

독일 물리학자 막스 플랑크가 꾸준한 고민과 연구 끝에 이 난제를 해결할 수 있는 확실한 실마리를 찾아냈다. 플랑크는 적절한 수식을 만들어내고 그것을 해석하는 데 온 힘을 기울였다. 그는 "빛은 파동이며 연속된 에너지를 갖는다"라는 뉴턴 물리학의 핵심 논리를 "빛은 띄엄띄엄 떨어진 불연속적 에너지를 갖는 입자, 즉 '양자'다"라는 주장을 내세워 정면으로 반박하고 무력화시켰다. 바로 양자역학이 인류 과학사에 탄생하는 순간으로, 1900년의 일이다.

그 후 양자역학은 그야말로 날개를 달게 된다. 이는 닐스 보어(Niels Bohr), 베르너 하이젠베르크(Werner Heisenberg) 등의 걸출한 과학자들이 가세해 양자역학을 급속도로 발전시켜 나간 덕분이다. 그러나 이 책의 주제는 물리학이 아닌 화학이므로 그 이야기는 다른 책에 양보할까 한다.

1905년

## 염소가스로 상수도 소독

### 강력한 살균 효과를 지닌 차아염소산 이온

**⊙ 차아염소산 이온은 산소 원자를 미사일처럼 발사해 병원체의 단백질 등에 붙여 파괴한다는데?**

이 시대에 이르러 상하수도 문제가 심각한 사회 문제로 떠올랐다. 많은 사람이 도시로 몰려들어 밀집해 살게 되면서 나타난 현상이었다. 사실 상하수도는 고대 로마시대부터 나름대로 정교한 체계가 갖추어지고 사용되어 왔을 정도로 오래된 시스템이었다. 그러던 것이 19세기에 들어서서 자본주의화가 본격화하면서 급속히 증가하는 도시 인구를 상하수도 정비 속도가 따라잡지 못해 발생한 문제였던 것이다.

영국의 수도 런던은 강에서 끌어온 물을 모래로 여과하는 방식을 개발하고 활용해 톡톡히 효과를 보았다. 1829년의 일이다. 그러나 티푸스·콜레라 등 인류의 건강과 생명을 위협하는 감염병이 유행하는 곳은 여전히 남아 있었다. 이후 과학과 의학이 비약적으로 발전함에 따라 병원균의 실체가 하나둘 밝혀져 널리 알려지게 되면서 '살균' 개념이 급속도로 확산되었다. 이는 19세기 후반에 들어서서의 일이다. 당시 사람들은 여러 가지 살균제를 시험했고, 표백분이라는 물질과 염소가스의 살균 효과가 탁월하다는 사실을 알게 되었다. 표백분과 염소가스는 물속에서 차아염소산(HClO)이나 차아염소산 이온($ClO^-$)이라는 물질을 발생시킨다. 한데, 이 차아염소산 이온이 강력한 살균 작용을 한다. 차아염소산 이온은 어떻게 살균 작용을 할까? 이는 산화력이 강해서 산소 원자를 미사일처럼 발사해 병원체의 단백질 등에 붙여(산화시켜) 파괴한다.

### ⊙ 오늘날까지 정수장 소독의 기본으로 활용되는 '염소가스로 물 소독하기'

티푸스 대유행을 계기로 영국의 링컨이라는 마을에서 상수도를 표백분으로 소독하는 방식이 채택되었다. 1905년의 일이다. 표백분은 차아염소산 이온을 포함하고 있어서 병원체를 살균한다.

1910년, 미국에서는 새로운 방법이 시도되었다. 알칼리 공업에서 부산물로 생성되는 염소가스를 액화해 봄베(bombe, 고압 상태나 액화 기체를 저장·운반하는 강철 용기)로 운반한 다음, 그 염소가스로 물을 소독하는 방법이다. 이 방법은 오늘날까지 이어져 정수장에서는 염소로 소독하는 것이 기본으로 인식된다. 참고로, 수영장 등을 소독할 때는 차아염소산 이온을 발생시키는 정제를 사용한다.

한 가지 덧붙이자면, 흔히 수영장의 독특한 냄새를 '염소 냄새'라고 하는데, 정확히 말하자면 차아염소산이 수영장의 암모니아(땀이나 소변에 들어 있다)와 반응해서 생기는 모노클로라민(Monochloramine)이라는 물질의 냄새다.

1906년

# 두랄루민 발명

### 알루미늄 합금이 세계사를 바꾸다

## ⊙ '시효경화' 현상으로 한층 단단한 알루미늄 합금을 만들어내는 데 성공하다

화학은 '소재의 학문'이다. 새로운 소재가 새로운 물건과 장치를 만들어내고, 그것이 새로운 시대를 만든다.

독일 야금학자 알프레트 빌름(Alfred Wilm, 1869~1937)은 알루미늄 합금을 연구하고 있었다. 탄피(화포의 탄환을 밀어내기 위한 화약을 넣는 용기로 대부분 탄두 뒤쪽에 붙어 있다)에 사용되는 황동(구리와 아연 합금으로 '놋쇠', '브라스'라고도 한다)을 가벼운 알루미늄으로 대체할 방법을 찾아달라는 육군본부의 의뢰를 받고서였다. 1원 주화나 알루미늄 포일 등으로 친숙한 알루미늄은 가볍다는 것이 가장 큰 장점이다. 그러나 강도가 그다지 높지 않아 구조 재료로는 적합하지 않았다. 그러므로 강도를 높일 수만 있다면 가벼운 금속 소재라는 장점을 최대한 활용하여 가치를 극대화할 수 있게 된다.

빌름은 조수와 함께 구리와 마그네슘을 첨가한 알루미늄 합금을 만들어 급랭 가공했다. 1906년 어느 토요일의 일이다. 철을 급랭시키면 단단해지지만 알루미늄은 급랭시켜도 단단해지기는커녕 오히려 물러진다는 사실은 이미 널리 알려져 있었다. 빌름은 번거로운 작업인 경도 측정을 며칠 뒤인 월요일로 미루고 호수에서 요트를 타며 편히 쉬었다. 월요일이 되어 계획대로 급랭시킨 알루미늄 합금의 경도를 측정했다. 그 결과 놀랍게도 토요일의 합금보다 한층 단단해졌음을 알게 되었다. 그는 '시효경화(age hardening)', 즉 어떤 금속이나 합금이 적당한 온도에서 일정한 시간이 지나야 단단해지는 현상을 발견한 것이다. 이 일을 계기로 인류는 알루미늄을 한층 단단하게 만들 수 있게 되었다.

### ⊙ 두랄루민이 항공기 소재로 최적의 재료인 이유는?

'두랄루민(duralumin)'이라는 용어는 어떻게 생겨났을까? 이는 '단단한 알루미늄'이라는 의미가 되도록 '단단하다'라는 뜻의 라틴어 '두루스(durus)'와 '알루미늄'을 합쳐 만든 단어다. 또 여기에 이 금속을 맨 처음 생산한 공장이 위치한 마을 이름 '뒤렌(Düren)'도 영향을 미쳤을 것이라는 의견이 있다. 말하자면, '단단한 알루미늄', '뒤렌에서 제작한 알루미늄'이라는 의미를 모두 내포하는 명칭이 '두랄루민'이다. 가벼우면서도 강도가 높은 금속 두랄루민은 한창 개발 열풍이 불고 있던 항공기 소재로 이상적이었다.

비행선은 오늘날의 비행기가 본격적으로 등장하기 전 상업적인 탈것으로써 실용화되었다. 두랄루민은 비행선 제작에 최적의 소재였다. 그 유명한 체펠린(Zeppelin) 비행선도 두랄루민으로 만들어졌다.

체펠린 비행선

1907년

# 인공 합성 플라스틱 탄생

### 대량 소비 사회로 물줄기를 바꾸다

## ⊙ 컵라면부터 전투기까지 현대생활의 모든 곳에 사용되는 소재, 플라스틱

현대 사회를 어떻게 규정할 수 있을까? 다양한 규정이 가능하겠지만, 과학적 관점에서 볼 때 '플라스틱 시대'로 규정해도 지나치지 않을 정도로 현대인은 플라스틱을 많이 사용하고 있다. 다이소 같은 균일가 생활용품 숍에서 판매하는 대다수 상품은 물론이고 컵라면 용기부터 전투기에 이르기까지 플라스틱이 사용되지 않는 곳이 없을 정도다. 최근에는 미세플라스틱(지름 5밀리미터 이하 작은 플라스틱)이 일으키는 심각한 환경 문제가 미디어에서 심심찮게 다뤄지기도 한다.

플라스틱이라는 이름은 '변형시킬 수 있는', '형성 가능한'이라는 의미의 그리스어 '플라스티코스(plastikos)'에서 유래했다. 참고로, '성형외과'는 영어로 plastic surgery다.

본래 플라스틱은 '가열하면 부드러워지는 성질', 즉 '열가소성' 물질을 의미한다. 그러다가 오늘날에는 '가열하면 딱딱해지는 열경화성 물질'을 모두 플라스틱으로 부르게 되었다. 시간이 지나면서 플라스틱의 개념이 변화되고 확장된 것이다.

## ⊙ 화학으로 일확천금의 꿈을 이룬 벨기에 화학자, 베이클랜드

인류는 꾸준한 노력과 연구 끝에 마침내 역사상 처음으로 실용적인 플라스틱을 개발하는 데 성공했다. 그 시기는 20세기가 시작되기 직전 무렵이었다. 말하자면 인류는 이때 '열경화성 수지'라고 부르는, 가열하면 딱딱한 수지상(나뭇가지처럼 여러 가닥으로 뻗어 나간 모양)이 되는 물질을 완전히 인공으로 합성하는 데 성공한 것이다.

인류 최초의 완전 합성 플라스틱을 발명한 이는 누구일까? 19세기 말에 등장한 화학자 리오 헨드릭 베이클랜드다. 그는 벨기에 출신으로 이십 대 중반인 1889년부터 미국에 영주하며 미국인으로 활약했다. 그는 페놀 수지 발명자로도 유명한데, 페놀 수지는 오늘날 인류의 생활을 뒷받침하는 가전제품·컴퓨터 등의 전자회로를 구성하는 인쇄 회로 기판 소재 등으로 주로 사용된다. 베이클랜드는 벨기에에서 화학을 공부한 뒤 미국으로 이민을 갔다. 화학으로 큰돈을 벌겠다는 야심을 품고서였다. 그러나 처음에는 모든 일이 그가 마음먹은 대로 되지 않았다. 실패를 거듭하는 바람에 급기야 그는 파산 직전 상황에 몰려 있었다. 1893년 무렵의 상황이다. 궁지에 몰린 베이클랜드는 자신의 발명을 사줄 만한 거물을 만나서 자금을 조달함으로써 위기를 타개해야겠다고 생각했다. 그가 만난 거물은 사진 보급으로 막대한 부를 축적한 조지 이스트먼이었다.

인생이 걸린 일생 일대의 비즈니스에서 베이클랜드가 팔고자 한 것은 무엇이었을까? 그것은 바로 염화은(AgCl)을 도포한 사진용 인화지 '벨록스(Velox)'였다. 카메라로 기록해서 현상한 필름을 통해 인화지에 빛을 쪼여서 종이를 감광시키면 화상이 떠올라 사진이 만들어진다. 약한 인공조명에도 반응하는 벨록스를 본 조지 이스트먼은 찬사를 아끼지 않았다. 그런 다음 그는 베이클랜드가 부른 값인 5만 달러의 무려 20배나 되는 100만 달러라는 거금을 들여 특허권을 사들였다.

막대한 자금을 손에 거머쥔 베이클랜드는 지체없이 화학연구소를 설립했다. 그러고는 절연체가 될 새로운 물질을 합성하는 연구에 몰두했다. 그는 왜 이 연구에 집착하고 매진했을까? 당시 에디슨의 발명으로 전기를 사용하는 가전제품이 급속히 보급되면서 전기 절연체가 턱없이 부족한 상황을 영리하게 간파했기 때문이다.

### ⊙ 인류가 천연 물질에 의존하지 않고 완전히 합성된 수지를 손에 넣는 역사상 최초의 순간

당시만 해도 절연체 제조를 동남아시아 원산의 랙깍지진디(나무에 집단으로 서식하는 둥근깍지진딧과 곤충, '랙 벌레'라고도 한다)가 분비하는 '셸락(shellac)'이라는 수지에 의존했다. 그런데 문제는 셸락 450그램을 만드는 데 랙깍지진디 1만 5,000마리와 반년이라는 긴 시간이 필요한 것이었다. 참고로, 셸락은 '조개껍데기'를 의미하는 단어 shell과 힌디어에서 '10만, 즉 막대한 수'를 의미하는 lakh에서 유래한 단어 lac의 합성어다. 말하자면 셸락은

랙깍지진디 수만 마리가 나무에 밀집한 상태를 나타낸다. 셸락은 SP 레코드 등에도 사용되었기에 19세기 말에서 20세기 초 미국은 연간 수천 톤의 셸락을 수입하고 있었다. 이는 인공으로 절연체 합성·제조에 성공하기만 한다면 돈방석에 앉을 수 있는 절호의 기회라는 의미였다.

수많은 시행착오 끝에 베이클랜드는 이들 원료를 용기에 넣고 가열하면 반응 용기를 거푸집 삼아 투명하고 딱딱한 수지상 물질이 생겨난다는 사실을 발견했다. 말하자면 페놀 분자를 포름알데히드가 반응해 연결함으로써 정글짐 같은 3차원의 거대한 분자가 생겨난 것이다. 그는 이 새로운 물질에 '베이클라이트'라는 이름을 붙였다. 그러고는 효율적으로 반응시킬 수 있는 '베이클라이저(Bakelizer)'라는 반응 용기를 개발해 대량 생산에도 성공했다. 인류가 천연 물질에 의존하지 않고 완전히 합성된 수지를 손에 넣는 역사상 최초의 순간이었다. 베이클랜드가 베이클라이트 발명에 성공한 것은 1907년, 이 기술의 특허를 획득한 것은 1909년의 일이다.

베이클라이트는 출시되자마자 대히트를 기록했다. 이것을 소재로 전화기와 만년필, 라디오 케이스, 전구소켓 등 다양한 물건이 만들어졌다. 그리고 무엇보다도 화학의 힘으로 완전히 새로운 것을 만들어낼 수 있다는 철학이 정립되어 세상을 바꿔 나갔다.

베이클랜드는 엄청난 부를 손에 넣은 뒤에도 무의미한 소비를 경시하고 소박한 생활을 즐겼다. 그러나 그가 만든 플라스틱으로 인해 20세기의 세상은 대량 생산, 대량 소비 사회로 완전히 방향을 전환했다.

페놀 분자와 포름알데히드를 반응시켜 베이클라이트를 형성하는
반응 용기 베이클라이저

1910년

# 화학 요법 발명

**분자를 사용해 병원체만 공격하는 시대가 도래하다**

## ⊙ '화학 요법'을 개척한 독일 세균학자 파울 에를리히와 그의 제자 하타 사하치로

오늘날 인류는 병원체를 직접 공격하는 다양한 의약품을 보유하고 있다. 한데 이런 시대는 20세기 초에 들어서서야 맞이할 수 있는 일이었다.

독일 세균학자 파울 에를리히(Paul Ehrlich, 1854~1915)는 스승 로베르트 코흐의 강의에 영향을 받아 감염증 연구를 시작했다. 그는 병원체를 관찰하기 위해 당시의 유행을 따라 색소를 사용해 세균만 염색했다. 병원체인 세균은 투명하고(화려한 색으로 자기과시를 하지는 않는다) 윤곽도 알아보기 어려운 탓에 현미경으로 관찰해도 육안으로 찾아낼 수 없었기 때문이다. 참고로, 텔레비전이나 인터넷에서 보는 바이러스 등은 인공적으로 색을 입힌 것이다.

이 특정 병원체를 염색하는 색소에 병원체를 파괴하는 기능이 있다면 분자 층위에서 병원체를 죽일 수 있다. 선택적으로 그 병원체만 파괴할 수 있기 때문이다. 이런 방식을 '화학 요법(Chemotherapy)'이라고 하는데, 이를 개발한 사람이 에를리히와 그의 제자 하타 사하치로다. 에를리히는 항체 등의 면역 분야를 크게 발전시킨 공적을 인정받아 노벨 생리학상·의학상을 수상했다. 1908년의 일이다.

### ⊙ 병원균만 찾아내어 죽이는 분자 '마법의 탄환'을 발견하다

에를리히는 유일하게 병원균하고 결합해 파괴하는 분자를 원하는 것만 명중시킬 수 있는 '마법의 탄환(Zauberkugel, Magic bullet)'에 비유했다. 이는 독일 음악가 카를 마리아 폰 베버(Carl Maria von Weber, 1786~1826)가 작곡한 오페라 〈마탄의 사수(Der Freischütz)〉(1821)에서 따온 것이다.

젊은 시절에 에를리히는 당시 막 발명된 콜타르를 원료로 합성한 '메틸렌 블루(Methylene blue)'라는 청색 합성 염료를 토끼의 정맥에 주사하자 말초 신경만 푸르게 물들이는 것을 발견했다. 이 일을 계기로 그는 병에 걸린 부분만 직접 공격하는 분자를 찾기 시작했다.

에를리히는 '수면병(sleeping sickness)'으로 불리던 아프리카 풍토병을 연구하기 시작했다. 1901년의 일이다. 이때 에를리히의 조수로 일본 국립 감염병 연구소에서 파견된 시가 기요시가 있었다. 센다이 출신의 시가는 일본 감염병 연구의 일인자 기타자토 시바사부로의 제자로, 1897년에 이질균을 발견한 위대한 세균학자다.

1904년, 에를리히와 시가는 트리판레드(Trypanred)라는 붉은색 색소가 트리파노소마(Trypanosoma)의 일종인 말의 감염병의 원인이 되는 원충을 공격할 수 있다는 사실을 발견했다. 이는 그들이 수면병의 원인인 트리파노소마 원충에게 효과가 있는 의약품을 찾던 과정에 일어난 일종의 '세렌디피티'였다. 이렇게 화학요법의 가능성을 눈으로 확인한 에를리히가 선택한 다음 목표는 오랜 세월 동안 인류를 괴롭혀온 매독 병원체였다.

### ⊙ 유럽 사교계에서 여성이 등이 크게 파인 이브닝드레스를 입는 이유가 매독과 관련이 있다고?

매독은 본래 아메리카 신대륙의 풍토병이었다. 그것을 콜럼버스(Christopher Columbus, 1451~1506) 일행이 유럽에 퍼뜨린 것으로 알려져 있다. 말하자면 사람의 왕래가 빈번해지고 무역이 활발해지는 곳에는 반드시 새로운 감염병이 창궐하기 마련이다. 매독의 병원체는 '스피로헤타(Spirochaete)'라고 불리는, 와인병 코르크를 뽑는 도구의 나선처럼 생긴 단세포 생물의 일종(트레포네마(Treponema))이다.

16세기 의사들 대다수는 매독 치료에 수은이나 비소 등을 포함한 화합물을 사용했다. 이 시대를 대표하는 의학자·약학자인 파라셀수스(Paracelsus, c. 1493~1541)나 점성술사로도 유명한 노스트라다무스(Nostradamus, 1503~1566)도 예외는 아니었다. 위대한 작곡가 모차르트(Wolfgang Amadeus Mozart, 1756~1791)는 35세 젊은 나이에 병마와 싸우면서 '레퀴엠(진혼곡)'을 작곡하다 타계했다. 한데 그의 사망 원인이 매독 치료에 사용한 염화수은 중독이 아닌가 추정된다. 당시에는 매독으로 죽는 사람보다 매독을 치료하기 위해 사용한 수은 화합물의 독성 때문에 죽는 사람이 더 많았던 것으로 보인다. 참고로, 작가 기 드 모파상(Guy de Maupassant, 1850~1893), 화가 폴 고갱(Paul Gauguin, 1848~1903), 앙리 드 툴루즈 로트레크(Henri de Toulouse-Lautrec, 1864~1901) 등도 매독 치료 과정에 사망했다고 알려져 있다.

매독에 걸리면 온몸에 붉은 발진이 생긴다. 이는 여담이지만, 유럽 사교계에서 여성이 등이 크게 파인 이브닝드레스를 입는 이유도 매독과 관련이 있다. 즉, '나는 피부에 발진이 없다. 즉 매독에 걸리지 않았다'라는 사실을 드러내고 과시하기 위함이었다는 것이다.

매독에 걸리면 피부나 몸 여기저기에 딱딱한 응어리가 생기고, 결국 뇌에까지 균이 침범해 정신적 문제가 생긴다. 그 탓에 독일 철학자 프리드리히 니체가 토리노 광장 연못에 알몸으로 뛰어들고 채찍질 당하는 말을 끌어안는 등의 기행을 일삼은 것도 매독 때문이라는 설이 있다.

### ⊙ 스피로헤타를 퇴치하여 불치병 매독을 치유하는 진정한 '마법의 탄환' 606호

에를리히는 새로운 화합물이야말로 '마법의 탄환'이 될 것으로 확신했다. 그랬기에 그는 새로운 분자 구조식이 머릿속에 떠오를 때마다 닥치는 대로 메모했다. 심지어 메모할 곳이 없으면 셔츠에까지 메모를 할 정도였다.

에를리히는 매독 특효약을 개발하기 위해 하타 사하치로, 알프레트 베르타임(Alfred Bertheim, 1879~1914) 등의 우수한 조수들과 함께 연구를 계속했다. 베르타임이 새로운 분자를 합성하고 하타가 동물 실험으로 효과를 확인하는 식이었다. 그러던 어느 날, 하타가 매독에 걸린 토끼에게 제6제조 시리즈의 6번째 화합물, 통칭 606호(compound 606)를 주사했다. 한데 놀랍게도 그다음 날 바로 효과가 나타나 매독으로 인한 궤양이 마른 상태가 되고 고름도 사라졌다. 심지어 현미경으로 관찰해도 병원체인 스피로헤타를 찾아볼 수 없었다.

1910년의 어느 날, 마침내 대발견의 날이 찾아온 것이다. 이 606호야말로 인류가 그토록 절실히 기다려온, 스피로헤타를 퇴치하는 '마법의 탄환'이었던 셈이다. 이어서 실시된 인체 실험 단계에서도 병원체 소굴이 되어 앙상하게 마른 중증 매독 환자를 치료하는 데 성공했다. 이렇게 해서 606호는 매독을 치료하는 인류 최초의 의약품이 되었다.

606호는 '살바르산(Salvarsan)'으로 명명되었다. 이는 '구원하다'라는 의미의 라틴어 '살바레(savlare)'와 '비소'를 의미하는 독일어 '아르젠(Arsen)'이 결합해 만들어진 용어다. 살바르산은 독일 화학 제약회사인 회히스트사에서 발매되어 전 세계에서 사용되었다. 살바르산은 인류에게 매독을 치료하는 기적을 선물했으나 아쉽게도 부작용이 적지 않다는 사실이 밝혀졌다. 좀 더 확실한 '마법의 탄환'이 필요해졌다고나 할까. 매독의 특효약이면서 여러 감염병 치료에 효과가 있는, 마법의 탄환을 뛰어넘는 궁극의 병기는 살바르산이 발명된 지 30년 후 등장한다.

606호 '살바르산'

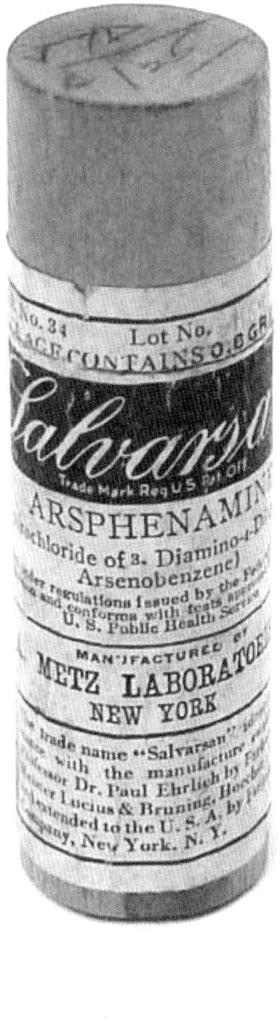
Lot No.
ARSPHENAMINE
Arsenobenzene)
U. S. Public Health Service
NEW YORK
with the manufacture
Dr. Paul Ehrlich
Lucius & Bruning,
New York. N. Y.

1913년

# 석유화학 공업 시작

석탄 시대가 가고 석유 시대가 오다

## ⊙ 석유 산업을 독점해 세계 최대 부호가 되고 자본주의 사회의 새로운 황제가 된 록펠러 가문

현대는 석유 화학 공업의 시대다. 일본에도 가시마, 게이요(도쿄-지바), 욧카이치, 사카이, 미즈시마, 오이타 등지에 거대한 콤비나트가 있어서 석유를 가지고 다양한 물건을 만들어낸다.

인류는 언제부터 석유를 발견했으며 생활에 이용했을까? 기록에 따르면 고대 바빌로니아 때라고 한다. 고대 바빌로니아에서는 석유를 'naptu'라고 했다. 이는 조제 휘발유인 나프타(naphtha)의 어원이다. 이후 유전에서 천연으로 얻은 아스팔트를 배에 발라서 방수 가공에 사용하기도 했다. 다만 석유를 불에 태우면 그 안에 들어 있는 황산분 등도 연소되어 불쾌한 냄새가 났기 때문에 연료로는 사용되지 않았다.

19세기에 들어서면서 석유가 주목받게 된 데에는 '고래기름'과 관련이 있다. 과도한 포경으로 고래 숫자가 크게 줄어 램프에 사용할 고래기름이 부족해졌다. 그러자 석유를 증류해서 얻을 수 있는 등유의 수요가 높아졌고, 그에 따라 자연스럽게 석유 가치가 크게 상승한 것이다. 1859년, 에드윈 드레이크(Edwin Drake,

1819~1880)는 미국 펜실베이니아에서 석유로 일확천금을 노리는 한 사업가에게 고용돼 일하고 있었다. 그는 타이터스빌이라는 곳에 자리 잡고 한창 석유를 굴착 중이었다. 그러나 도중에 자금이 바닥나 결국 굴착 작업을 중단할 수밖에 없었다. 한데 신의 장난인지 그날 밤 그때까지 파낸 지하 21미터 깊이 바위 틈새에서 석유가 분출되기 시작했다. 이후 일확천금을 노리는 사람들이 석유를 채굴하기 위해 몰려들면서 오일 러시가 일어났다. 그 과정에 니트로글리세린을 이용해 발파 작업을 하다가 실패해 폭발 사고로 목숨을 잃는 일도 끊이지 않았다.

어쨌든 그 일을 계기로 석유 굴착이 확산되기 시작했다. 그리고 펜실베이니아 등의 유전에서 대량의 석유가 채취되면서 석유 산업이 활황을 맞이했다. 1862년에 석유 정제업을 시작한 존 데이비슨 록펠러(John Davison Rockefeller, 1839~1937)는 1870년 스탠더드오일사(Standard Oil Company)를 창업했다. 이후 스탠더드오일은 게걸스럽게 흡수·합병하는 가운데 철도회사와 결탁하여 석유 정제부터 운송, 판매를 일괄 담당하는 거대 기업으로 성장해 갔다. 그 결과 1882년 무렵에는 스탠더드오일이 미국 석유 산업의 90퍼센트를 독점하기에 이르렀다.

자동차와 모터 사이클 발명은 석유 수요를 더욱 끌어올렸다. 그러나 원유에서 얻을 수 있는 휘발유는 20퍼센트 정도에 불과했기에 자동차용 휘발유 생산과 공급이 수요를 따라잡지 못하는 상황이 지속되었다. 바야흐로 산업혁명을 뒷받침해 기계 문명을 일구어낸 '석탄 시대'가 가고 '석유 시대'가 찾아온 것이다. 그런 석유 산업을 독점해 세계 최대 부호가 된 록펠러 가문은 자본주의 사회에서 새로운 황제 자리에 올랐다.

### ⊙ MIT는 왜 세계 최초로 화학공학과를 만들었을까?

스탠더드오일에서 일하던 화학 박사 윌리엄 메리엄 버튼(William Merriam Burton, 1865~1954)은 원유에서 얻을 수 있는 등유나 경유 등 휘발유 분자보다 큰 탄화수소 분자를 가열해 휘발유 분자로 분해하는 장치를 발명했다. 이는 1913년 무렵의 일로, 휘발유 부족 문제를 해결하기 위해서였다. 이 장치의 원리를 간략히 얘기하자면, 길쭉한 바게트를 찢어서 작은 빵 2~3개로 나누는 식이다.

버튼의 열분열(Thermal cracking)법 발명은 폭증하는 휘발유 수요를 충족시켜 미국의 자동차 사회를 지탱해주었다. 그의 휘발유 제법이야말로 진정한 석유 화학 공업의 시작이라고 해도 지나치지 않을 것이다.

매사추세츠주 케임브리지 매사추세츠공과대학(MIT)에 화학공학 장치를 설계하는 전문 기술과 학문을 전수하기 위한 화학공학과가 세계 최초로 탄생했다. 1916년의 일이다. 그 과정에 조지 이스트먼이 설립 자금 명목으로 30만 달러(여기에는 여러 설이 있다)를 기부했다. 이로써 대규모 화학 공장의 설비나 증류 장치, 반응 장치, 파이프라인 등을 화학을 제대로 공부한 전문가가 공학적으로 설계하는 시대를 맞이하게 된 것이다. 사실 그전까지만 해도 화학에 문외한인 기계공학 전문가가 주먹구구식으로 화학 공장 설비를 설계해왔다.

이론과 실전에는 늘 차이가 있게 마련이다. 그런 맥락에서 비록 시험관이나 비커 안에서는 성공했더라도 거대한 장치에서 효율적으로 대량 생산을 해내는 일은 차원이 다를 수밖에 없다. 말하자면 이는 장난감 집을 만드는 것과 대형 빌딩을 짓는 것의 차이와 비슷하다고 할까.

화학 공학의 비약적 발전으로 전 세계에서 중화학 공업(석유화학 콤비나트) 등이 탄생했다.

---

1913년

## 실제로 존재하는 원자

**노벨상 수상자까지 원자의 존재를 부정하던 시대**

---

### ⊙ 물질이 원자·분자로 이루어져 있음을 맨 처음 과학적으로 증명한 장 바티스트 페랭

오늘날 물질이 원자로 구성돼 있다는 사실은 초등학생도 알 정도로 보편적 지식이 되었다. 그러나 이것이 상식 수준으로 확립된 지는 100년도 채 되지 않았다. 20세기 초만 해도 일부 과학자들만 '물질이 원자로 구성돼 있다'라고 주장할 정도였다. 심지어 당시 노벨상을 수상할 정도로 유명한 과학자조차 원자의 존재를 부정하는 일까지 있었다.

물질이 원자와 분자로 이루어져 있음을 맨 처음 과학적으로 증명한 이는 누구일까? 프랑스 물리학자 장 바티스트 페랭(Jean Baptiste Perrin, 1870~1942)이다. 이야기는 1827년으로 거슬러 올라간다. 그해에 영국 식물학자 로버트 브라운(Robert Brown, 1773~1858)은 꽃가루를 물에 띄웠을 때 꽃가루에서 나온 분말 입자가 격렬하게 불규칙한 움직임을 보이는 현상을 발견했다. 또 꽃가루와 전혀 관계없는 다른 광물 분자도 같은 움직임을 보이는 것을 관찰했다. 그는 자기 이름을 따서 이러한 현상을 '브라운 운동(Brownian motion)'으로 명명했다. 이는 꽃가루와 전혀 관계없는 다른 광물의 분자도 같은 움직임을 보였기 때문이다.

탁월한 수학 재능을 지닌 천재 과학자 알베르트 아인슈타인은 원자가 결합해서 물 분자 $H_2O$가 자발적으로 움직이는 까닭에 꽃가루 입자가 물 분자와 반복해서 충돌하는 것이 브라운 운동의 원인이라고 해석하고, 입자의 움직임을 수식화했다. 1905년의 일이다.

페랭은 아인슈타인의 수식이 옳음을 과학적으로 증명했다. 1908년부터 등황이라는 식물 수지를 이용해 균일한 크기의 입자를 뚝심 있게 만들어내고, 그 입자를 물에 넣어서 움직임을 관찰하고 조사하는 등 정밀 측정 실험을 반복하는 일을 통해서였다. 이렇게 해서 물은 분자로 구성돼 있다는 사실(분자는 원자가 연결되어 만들어진다)이 증명되었다.

페랭은 『원자(Les Atomes)』라는 책을 출판해 이 일련의 실험과 원자가 실제로 존재함을 밝혔다. 1913년의 일이다. 그는 원자의 존재를 증명한 공로를 인정받아 노벨 물리학상을 수상했다. 이는 1926년의 일이다. 이 일을 계기로 물질이 원자와 분자로 구성돼 있음이 학계는 물론이고 대중에게도 점차 사실로 받아들여지게 되었다.

## 1913년
# 공기에서 '빵'을 만들다
### 중화학 공업의 시대로

**⊙ 공기의 78퍼센트를 차지하는 질소가스를 어떻게 비료로 전환하느냐가 모든 화학자의 중요한 과제로 떠오른 시대**

19세기에 들어서면서 세계 인구가 급격히 증가했다. 그러다 20세기가 다가오자 급기야 식량 생산이 인구 증가를 따라잡지 못해 기근으로 인류가 멸망할 것이라는 세기말적 사상이 전염병처럼 퍼져 나갔다.

1898년, 영국 화학자이며 물리학자인 윌리엄 크룩스(William Crookes, 1832~1919)는 역사에 길이 남는 유명한 연설을 했다. 이를 간략히 한두 문장으로 요약하자면 다음과 같다.

"인구 증가로 식량 부족 위기가 찾아올 것이다. 이 절체절명의 위기를 타개하기 위해 질소 비료를 공급하고 공기 속 질소를 고정하는 것은 화학자의 책무다."

이 연설로도 알 수 있듯, 이 시대에는 공기의 78퍼센트를 차지하는 무궁무진한 질소가스라는 자원을 어떻게 비료로 전환하느냐가 모든 화학자의 중요한 과제로 떠올랐다.

그리고 20세기에 들어서면서 결국 공기 속 질소로부터 질소비료(암모니아나 질산 이온 등)를 만드는 방법이 속속 개발되었다. 1905년에는 공기의 성분인 질소가스와 산소가스를 아크 방전(arc discharge) 방법으로 고온(섭씨 3,000도)에서 반응시켜 질소 산화물을 만들고 그것을 질산으로 만드는 방법(버클랜드-아이드 공정(Birkeland-Eyde process))이 고안되었다. 그리고 같은 해에 생석회와 흑연을 반응시켜서 탄화칼슘을 만든(섭씨 2,000도) 다음 고온(섭씨 1,000도)에서 질소를 반응시켜 석회질소라는 물질을 만들고, 여기에 물을 첨가해서 암모니아를 만드는 방법이 개발되었다. 그러나 이들 방법은 예외없이 높은 온도를 만들기 위해 아크 방전이나 전기로(electric furnace) 등 많은 전력을 사용해야 하는 까닭에 공업화하는 데 제약이 있었다.

독일 카를루스에공과대학 프리츠 하버(Fritz Haber, 1868~1934) 교수는 장소와 관계없이 어디에서나 가능한 새로운 암모니아 합성법을 발명했다. 그는 공기 속의 질소와 석탄을 분해하여 만드는 수소가스를 이용하여 암모니아를 합성하는 방법을 고안했다. 이는 $N_2 + 3H_2 \rightarrow 2NH_3$이라는 단순한 반응이지만, 상온·상압에서는 이 반응이 일어나지 않는다. 하버는 이 반응을 진행하기 위해 350기압이라는 높은 기압이 필요하고, 반응 속도를 높이기 위해 고온이 필수적이며, 촉매로 오스뮴(Osmium)을 사용하면 반응 속도를 끌어올릴 수 있음을 알게 되었다.

### ⊙ '하버-보슈 공정'으로 하루 평균 100킬로그램의 암모니아를 생산하는 데 성공하다

하버는 독일 최대 화학 회사인 BASF사와 공업화를 위한 연구를 시작했다. 좀 더 구체적으로, 그는 BASF사의 장치 설계 엔지니어 카를 보슈(Carl Bosch, 1874~1940)와 공동 연구에 돌입했다. 1908년부터의 상황이다. 그들의 앞에는 200기압 이상을 견뎌낼 수 있는 고압 장치를 만들어야 하는 과제가 놓여 있었다. 당시만 해도 이는 실로 만만치 않은 일이었다. 그도 그럴 것이 당시는 수 기압에서 30기압 정도의 압력을 견딜 수 있는 고압 장치밖에 없던 시대였다. 장애물은 그것만이 아니었다. 반응 용기의 철 속에 함유된 탄소 성분과 암모니아 성분인 고압의 수소가 반응해서 철이 물러지는 바람에 반응 용기가 금세 열화되는 '수소 취성(Hydrogen Embrittlement)' 현상도 발견되었기 때문이다.

보슈는 안쪽에 탄소가 없는 철(무르고 강도가 높지 않다), 바깥쪽에 탄소가 많아서 강도가 높은 철을 사용해 이중 구조로 된 반응 장치를 발명했다. 한편 BASF사의 알빈 미타슈(Alwin Mittasch, 1869~1953)는 새로운 촉매를 모색하고 있었다. 왜냐하면 하버가 찾아낸 촉매인 오스뮴이 고가의 금속인 까닭이었다. 미타슈는 연구실 선반에 있는 물질을 모조리 조사했다. 이때 그가 실험에 사용한 물질의 종류는 무려 2,500가지, 실험 횟수는 2만 회에 이르렀다고 한다. 그 결과 미타슈는 스웨덴산 자철광이 촉매로서 최적의 재료임을 발견했다. 1909년의 일이다. 그는 여기서 한발 더 나아가 그 성분을 분석해 궁극의 촉매 제조법이라고 할 수 있는 사산화삼철+산화칼륨+산화알루미늄의 조합을 발명했다. 이 촉매는 그때로부터 100년도 더 지난 오늘날에도 여전히 하버 공정의 장치에 사용된다.

마침내 파일럿 플랜트(시험 공장)가 건설되어 하루 평균 100킬로그램의 암모니아를 생산하는 데 성공했다. 1911년의 일이다.

### ⊙ 프리츠 하버가 '공기에서 빵을 만드는 사나이'라는 찬사를 받은 까닭

1913년부터 공장이 본격적으로 가동하기 시작해 매일 30톤이나 되는 암모니아를 생산할 수 있게 되었다. 오늘날에는 하나의 공장에서 1일 기준 1,000톤 이상의 암모니아를 생산할 수 있다.

이 실용화 과정에서 현대의 중화학공업, 콤비나트로 이어지는 대규모 화학 공업 기술이 역사상 최초로 탄생했다. 이는 가스의 정제, 분리 기술과 거대한 반응 장치, 파이프라인으로 장치를 연결해 연속 조업을 할 수 있는 거대한 설비 시스템, 방대한 계측 장치를 이용한 시스템의 관리 등을 망라하는 메커니즘이다.

하버 공정 덕분에 척박한 토지에서도 비료를 사용해 밀 등의 곡물이나 채소 수확량을 비약적으로 높일 수 있게 되었다. 이는 하버 공정을 채용한 암모니아 합성 공장이 세계 곳곳에 세워져 암모니아를 기반으로 한 비료가 저렴한 비용으로 대량 생산되기 시작했기 때문이다. 그 결과 인류의 식량 생산은 급속도로 발전했다. 그리고 그 추세에 맞춰 세계 인구도 꾸준히 증가했다.

하버는 '공기에서 빵을 만드는 사나이'라는 찬사를 받았다. 하버-보슈 공정은 이러한 찬사를 듣기에 합당할까? 절반은 그렇고, 절반은 그렇지 않다고 하는 게 적절해 보인다. 하버-보슈 공정은 암모니아를 합성함으로써 저렴한 비용으로 대량 생산할 수 있게 함으로써 식량 생산을 증대시키는 데 성공했다. 이 측면에서 '그렇다'라고 답할 만하다. 반면 이 공정은 고온·고압을 유지하는 반응 장치 등 에너지를 대량으로 사용해야 하는 단점도 있다. 이 측면에서는 '그렇지 않다'고 답해야 하지 않을까.

콩과 식물, 클로버, 자주개자리(알팔파) 등의 뿌리에 공생하는 뿌리혹박테리아 혹은 아조토박터(azotobacter)라고 불리는 박테리아는 상온·상압에서 질소로부터 암모니아를 합성한다. 인류의 기술은 아직 세균의, 그리고 자연의 위대함에 도달하지 못한 것이다. 어쩌면 영원히 도달하지 못하는 게 아닐까.

HISTORY OF CHEMISTRY

# 3

# 제1차 세계대전

신흥 공업국 독일과 러시아, 영국, 프랑스 등의 갈등 양상이 갈수록 확산되었다. 이는 자본주의 시스템 속에서 공업화가 착실히 진행되어 자원과 시장이 급속도로 확대된 결과였다.

1914년 7월 28일, 제1차 세계대전이 발발한다. 오스트리아·헝가리제국에 강제로 병합된 사라예보에서 과격한 한 청년이 오스트리아 황태자에게 발사한 총알이 도화선이 되어 일어난 전대미문의 전 세계적 차원의 비극이었다. 이는 이슬람의 거대 제국 오스만이 몰락하면서 동시에 튀르키예와 발칸 반도를 노리는 러시아가 준동하는 상황에서 벌어진 대참사였다. 격분한 오스트리아가 세르비아에 선전포고를 하자 마치 거대한 물질이 블랙홀에 빨려들어가듯 러시아도 위기에 빠진 세르비아를 돕기 위해 전쟁에 뛰어들었다.

1914년에 시작된 제1차 세계대전은 독일, 오스트리아, 튀르키예 동맹 대 영국, 프랑스, 러시아, 미국 등의 전쟁으로 비화되었다. 짧은 시간 동안 유럽부터 중근동, 러시아, 일본까지 미친 듯이 끌려 들어간 결과였다. 이 전쟁에서는 기관총, 비행기, 비행선, 전차, 잠수함, 고성능 화포 등 역사상 그 유례를 찾아볼 수 없을 만큼 고도로 기계화된 병기가 셀 수 없이 등장했다. 그에 따라 전쟁 양상은 과거 시대의 그 어느 때보다 참혹하게 전개되었다. 이는 19세기에 들어서면서부터 꾸준히 축적된 기술과 공업화에 힘입어 전차와 전투기, 폭격기 등의 비행기, 독가스 등의 신병기가 투입된 결과였다. 그중에서도 특히 1903년 라이트 형제가 발명한 비행기가 병기로서 눈부시게 진화하고 발전했다.

제1차 세계대전은 국민 모두를 동원하는 총력전의 시초라는 점에서도 역사적 의미가 큰 전쟁이었다. 말하자면 남자는 전선에서 싸우고, 여자는 남자 대신 운전사나 차장이 되어 일하거나 병기 생산에 종사하는 식이었다. 아이러니하게도 이 시대에 벌어진 여성 전쟁 동원은 전쟁이 끝난 뒤 여성 권리 확대 운동과 사회 진출 기반으로 작용하게 된다.

이 시대에는 전쟁터에서 멀리 떨어진 도시까지 비행기나 비행선에 공습을 당하는 일이 빈번히 일어났다. 이제 전쟁은 생계를 위해 논밭에서 일하던 농민이 어느 날 갑자기 징집되어 무기를 지급받고 병사로 급조되어 싸우던 고대 그리스나 메소포타미아 시대의 그것과는 백팔십도 달라졌다. 군악대가 음악을 연주하는 가운데 철포와 칼(세이버)을 들고 나란히 진격하는 식의 고전적인 전쟁과도 전혀 달랐다. 말하자면 이 시대의 전쟁은 고도의 기술이 만들어낸 값비싼 제품인 병기를 세금 명목으로 국민에게서 걷은 막대한 돈을 들여 대량으로 구매해 국민에게 사용하도록 하는 궁극의 비즈니스, 말하자면 '자본주의'를 구현한 현장인 셈이었다.

1914년

# 새로운 폭약의 등장

독일인이 발명한 TNT 폭약이 전장을 압도하다

## ⊙ 제1차 세계대전 중 '메가톤급' TNT 고성능 폭약을 전투에 사용한 독일군

독일 화학자 율리우스 빌브란트(Julius Wilbrand, 1899~1906)가 폭약 트리니트로톨루엔(Trinitrotoluene, TNT)을 발명했다. 트리니트로톨루엔은 피크르산보다 훨씬 고성능에 상대적으로 비용도 저렴하면서 피크르산과 구조가 유사한 물질이다. 이는 1863년의 일이다. 그 후 트리니트로톨루엔은 이내 상용화되어 독일에서 본격적으로 생산되기 시작했다. 1890년 무렵부터의 일이다.

톨루엔($C_6H_5CH_3$)은 시너 등의 용제에 주로 사용되는 성분 물질이다. 화학적으로 이 물질을 설명하자면, 벤젠 고리에 메틸기 $-CH_3$가 1개 붙은 화합물이라고 규정할 수 있다. 여기에 니트로기 $-NO_2$가 3개 붙은 구조의 분자가 2, 4, 6-트리니트로톨루엔이다. 독자 여러분도 쉽게 짐작할 수 있듯이, 트리니트로의 '트리(tri-)'는 그리스어로 '3'을 의미한다. 이는 '트라이앵글(triangle, 3개+모서리=삼각형)', '트리케라톱스(triceratops, 3개+뿔+얼굴=두 눈과 코 위에 뿔이 있는 공룡)' 등에 붙어 있는 '트리(tri-)'와도 같은 의미다.

니트로기 $-NO_2$가 하나의 분자에 동시다발적으로 결합한 분자는 자칫 불안정한 구조가 되기에 십상이다. 왜 그럴까? 이는 분자 자신의 내부에서 원자의 재조합을 일으킬 가능성이 매우 높아지기 때문이다. 이 과정에 일어나는 원자 재조합을 과학 용어로 '화학 반응'이라고 부른다.

'화학 반응' 과정에 부피가 큰 가스 덩어리가 발생한다. 이는 폭약 분자가 이산화탄소나 질소 등의 가스 분자를 생성하면서 급속히 분해되어 나타나는 현상이다. 그 결과 연이어 격렬한 발열로 팽창하는 가스가 높은 압력을 만들어내면서 엄청난 충격파를 일으킨다. 이것이 바로 우리가 '폭발'이라고 부르는 현상이다. 이는 분자의 분해 반응인 까닭에 산소가 전혀 필요하지 않다. 왜냐하면 이 화학 반응의 경우 산소가 필요한 일반적인 연소와는 메커니즘이 전혀 다르기 때문이다.

TNT는 다양한 형태로 성형하기 쉽다. 왜냐하면 이 물질의 경우 섭씨 81도에서 녹기 때문이다. 게다가 분자가 안정적인 까닭에 TNT는 이내 군용 폭약의 대명사가 되었다. 제1차 세계대전은 1914년 7월 28일 발발했다. 그 후 전쟁 기간 동안 영국군과 프랑스군이 취급이 까다로운 피크르산을 주로 사용한 데 반해 독일군은 더욱 성능이 우수하고 사용하기도 편리한 TNT로 이행해가고 있었다. 엄청나게 거대한 수준이나 등급을 지칭할 때 "메가톤급!"이라는 표현을 우리는 종종 사용하곤 한다. 이는 TNT 폭약으로 환산한 폭발 크기의 단위로, 핵폭탄의 폭발력을 나타낼 때 주로 사용한다. 참고로, 1메가톤(Mt)은 TNT 100만 톤의 폭발력이다.

1915년

## 독가스 탄생

**독가스를 대량 제조하여 작전을 입안한 의외의 인물은?**

**⊙ '공기에서 빵을 만드는 사나이' 프리츠 하버의 아내 클라라 임머바르는 왜 스스로 권총 방아쇠를 당겨 자살했을까?**

1860년대에 미국의 북부와 남부 사이에 벌어진 내전인 남북전쟁은 역사상 최초의 '근대화 전쟁'으로 평가받는다. 그 연장선에서 제1차 세계대전은 남북전쟁보다 훨씬 더 발전한 과학 기술에 바탕을 둔, 그야말로 19세기에 본격적으로 이루어진 공업화가 오롯이 반영된 초대규모 전쟁이었다.

프랑스는 독일군을 상대로 본래 경찰용으로 만든 최루가스탄(브로모아세트산에틸(Ethyl bromoacetate))을 전용 총으로 발사하는 독가스 공격을 시작했다. 1914년 무렵부터의 상황이다. 한편 독일군은 재채기제 3,000발을 사용하고 동부 전선의 러시아군과 벨기에 지역의 프랑스군을 최루가스 폭탄으로 공격했으나 이렇다 할 전과를 올리지는 못했다.

인류 역사상 최초의 대규모 독가스전은 벨기에 이프르 근처에서 벌어졌다. 1915년에 펼쳐진 이 작전을 진두지휘한 인물은 하버-보슈 공정으로 '공기에서 빵을 만드는 사나이'라고 불린 프리츠 하버였다. 하버는 독가스 같은 궁극의 병기가 등장한다면 인류는 더 이상 전쟁을 하지 않게 되리라고 생각한 것으로 보인다.

액화한 염소를 가득 채운 5,730개 봄베에서 염소가스 150톤이 폭 6킬로미터에 걸쳐 바람을 타고 구름처럼 흘러갔다. 공기보다 무거운 염소가스는 지면을 타고 맹수처럼 이동하다가 참호로 흘러들어 참호 안에 있던 병사들을 저승사자처럼 덮쳤다. 최초의 대규모 독가스 공격으로 프랑스군과 캐나다군 5,000여 명이 사망했고 1만여 명이 중독되었다. 고농도 염소가스를 흡입했을 경우, 운 좋게 사망하지는 않더라도 호흡기가 파괴되기 때문에 심각한 후유증에 시달리게 된다.

역시 화학자이던 하버의 아내 클라라 임머바르(Clara Immerwahr, 1870~1915)는 하버의 독가스 작전에 강력히 반대했다. 독가스 전투가 끝난 뒤 그녀는 남편 하버의 권총 방아쇠를 당겨 자살했다. 하버는 아내의 장례식에 참석하지 않고 또 다른 독가스 작전을 수행하기 위해 떠났다.

마침내 영국군도 보복 작전의 일환으로 염소가스를 이용한 독가스 공격을 감행했다. 이후 양 진영은 서로 물고 물리는 보복의 연쇄 작용 속에서 새롭게 개발된 여러 종류의 독가스를 전투에 사용했다. 그중에는 황록색으로 눈에 잘 띄는 염소가스와 달리 무색이면서 호흡기를 망가뜨리는 질식성 맹독 가스 포스젠(Phosgene, $COCl_2$)도 있었다.

### ⊙ '독가스 중의 독가스', '궁극의 독가스' 이페리트가 등장하다

마치 창과 방패의 대결처럼, 전쟁에 본격적으로 독가스가 투입됨에 따라 방독면이 이내 보급되었다. 마치 한자의 고사성어 모순(矛盾), 즉 창과 방패의 대결과 같은 상황이라고나 할까. 그러자 이번에는 그에 맞서는 대항책으로 방독면의 활성탄 필터에 흡착되지 않는 액체 미립자(안개 같은 상태의 에어로졸)로 만든 독가스인 구토제 아담사이트(Adamsite)와 디페닐시아노아르신(Diphenylcyanoarsine)이 서둘러 개발되었다. 기체 분자는 방독면 필터인 활성탄에 흡착되지만 에어로졸 입자는 흡착되지 않고 통과한다. 그러므로 먼저 구토제를 뿌려서 적군 병사가 괴로움을 견디지 못하고 방독면을 벗을 수밖에 없게 만든 다음 포스겐 등의 질식성 가스를 뿌리는 식으로 사용했다.

'겨자가스'라는 별칭으로도 불리는 물질 이페리트(yperite)가 제1차 세계대전 무대에 등장했다. 이는 '독가스 중의 독가스', '궁극의 독가스'라고 부를 만한 독가스다. 1917년의 일이다. 이페리트는 상온에서 액체 상태인데, 그 증기가 피부나 호흡기에 닿으면 수분과 반응하여 염산이 된다. 이 물질이 살갗에 닿으면 극심한 염증과 화상을 입은 것과 비슷한 상태가 된다. 만일 이것을 들이마시면 호흡 곤란을 일으켜 즉사할 확률이 높으며, 운 좋게 살아남더라도 피부가 심하게 화상을 입은 것처럼 손상된다. 이페리트 공격을 받았다면 즉시 모든 곳을 소독하고 오염 물질을 제거해야 한다. 에어로졸 형태로 공중에 떠다니던 액체의 미립자가 의복이나 차량에 부착되었다가 시간이 지나면서 증발해 큰 피해를 주기 때문이다.

제1차 세계대전이 끝날 무렵에는 30여 종류의 독가스와 대량의 독가스탄이 제조되었다.

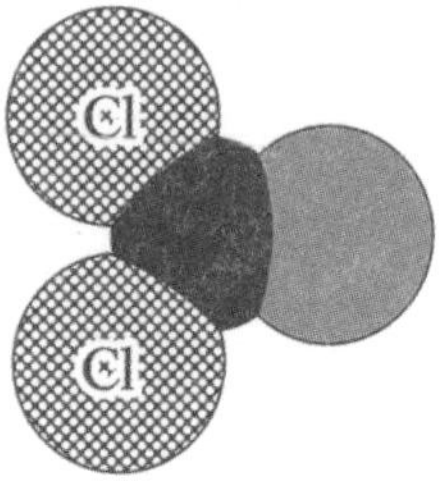


포스겐($COCl_2$)

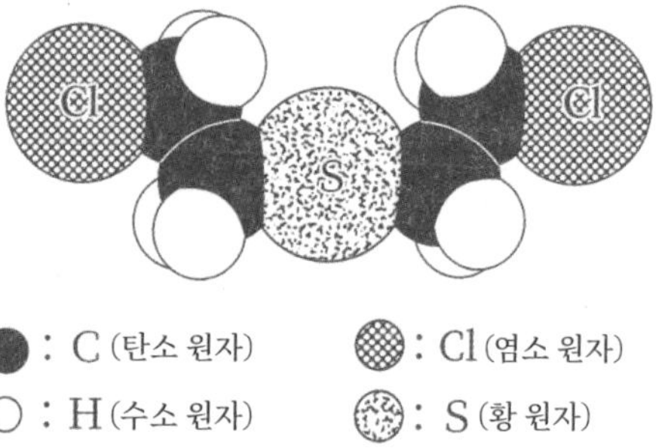


겨자가스($C_4H_8SCl_2$)

1916년

# 밸푸어 선언

### 영국의 무책임한 외교가 고질적인 국제분쟁을 야기하다

## ⊙ 영국의 아세톤 대량 제조 프로젝트를 완수해 '영국군 폭약 제조의 구세주'가 된 유대인 화학자 하임 바이츠만

고대 동지중해 팔레스타인(현재의 이스라엘)에 유대인 왕국이 있었다. 과거에 그들은 '신과 싸워 이긴 사람들'이라는 의미의 '이스라엘(Israel)'이라 불렸다. 솔로몬 왕의 사원이 있는 성지 예루살렘은 셀 수 없이 많은 침략을 당했다. 그리고 예루살렘이 로마제국의 침략으로 정복되고 파괴되자 유대인은 고국을 등진 채 전 세계로 흩어져야 했다. 서기 70년의 일이다.

생화학자 하임 바이츠만(Chaim Weizmann, 초대 이스라엘 대통령 재임 1949~1952)은 러시아에서 태어난 유대인으로, 유대인 국가를 건설하고자 하는 시오니즘 운동에 열렬히 참여하고 있었다. 1904년 이후 바이츠만은 영국 맨체스터대학 화학과에서 학생들을 가르치며 연구에 몰두했다. 그는 합성고무의 원료로 변환할 수 있는 알코올을 세균 발효로 만들기 위해 실험하던 중 실험에 사용한 균이 발효하며 무색의 물 같은 아세톤을 만들어낸다는 사실을 발견했다. 1910년 무렵의 일이다. 비록 고무의 원료를 만드는 실험에서는 실패했지만, 어느 정도 우연히 이루어진 이 발견은 바이츠만 자신의 운명은 물론 세계사의 물줄기마저 돌려놓는 결과를 낳았다.

제1차 세계대전 현장으로 다시 들어가보자. 당시 영국은 양질의 폭약 코르다이트가 대량으로 필요했는데, 코르다이트 제조 공정에서 엄청나게 사용되는 아세톤이 부족해 고민에 빠져 있었다. 공기를 차단한 채 목재를 가열하는 방법으로 아세톤을 생산해야 하지만 목재가 턱없이 부족한 탓이었다. 영국 군부는 지푸라기라도 잡는 심정으로 아세톤을 대량 생산하는 방법을 찾아 헤맸다. 그러던 중 마침내 바이츠만의 아세톤 합성법을 알게 되었다. 바이츠만은 해군부에서 당시 해군 장관이던 윈스턴 처칠(Winston Churchill, 영국 총리 재임 1940~1945, 1951~1955)과 만났다. 곧 그는 발효법을 이용한 아세톤 대량 생산 프로젝트를 담당하게 되었고 1916년 초부터 바이오 아세톤 제조가 본격적으로 시작되었다. 미국에서 수입한 옥수수 등의 전분을 진 증류소에서 발효시켜 아세톤을 만드는 방법이 동원되었는데, 이후 생산량을 늘리기 위해 캐나다와 미국에도 공장을 새로 지었다.

제1차 세계대전 당시 튀르키예와 전쟁을 벌이고 있던 영국은 아랍인의 협력이 절실히 필요했다. 이집트 주재 고등 판무관인 헨리 맥마흔(Henry McMahon, 1862~1949)이 아랍 지도자 중 하나인 메카의 유력자 후세인 빈 알리(Hussein bin Ali, 1854~1931)와 협정을 맺고 튀르키예가 지배하고 있는 지역의 독립을 약속한 것은 그런 맥락에서였다. 이는 1915년의 상황이다. 영화 〈아라비아의 로렌스(Lawrence of Arabia)〉(1962)는 영국의 로렌스(T. E. Lawrence) 중위가 아랍인과 함께 튀르키예에 맞서 싸운다는 내용의 영화인

영화 〈아라비아의 로렌스〉(1962) 포스터

데, 이 영화의 시대 배경이 바로 제1차 세계대전이다.

한편 영국은 프랑스, 러시아와 중동의 영토 분할을 비밀리에 결정했다(사이크스-피코 협정(Sykes-Picot Agreement)). 이는 1916년의 일이다.

### ⊙ 로스차일드에게 보낸 서한인 '밸푸어 선언'으로 팔레스타인에 유대인 국가가 성립되다

바이츠만은 영국군 폭약 제조의 구세주가 되었다. 그는 영국 외무부 장관 아서 밸푸어(Arthur Balfour, 영국 총리 재임 1902~1905), 군수 장관 데이비드 로이드 조지(David Lloyd George, 영국 총리 재임 1916~1922)와도 절친한 사이가 되었다.

로이드 조지가 바이츠만에게 "영국의 폭약 제조에 협력해주어 고맙소! 뭔가 보답을 하고 싶은데, 무엇을 원하시오?"라고 물었다. 바이츠만은 이렇게 대답했다.

"개인적으로 바라는 것은 아무것도 없습니다. 다만 팔레스타인에 다시 유대인 국가가 들어설 수 있도록 힘을 써주십시오."

1916년 12월 영국 총리가 된 로이드 조지는 이후 밸푸어와 협의를 거듭했다. 그리고 밸푸어는 유대인 금융 자본가 로스차일드에게 보낸 서한을 통해 '밸푸어 선언(Balfour Declaration)'을 했다. 1917년의 이 선언을 통해 그는 "제1차 세계대전 이후 팔레스타인에 유대인 국가를 건설하는 계획을 인정한다"라고 표명했다. 그 결과 제2차 세계대전 이후 팔레스타인에 이스라엘이 건국했고, 바이츠만은 초대 이스라엘 대통령이 되었다. 그러나 영국이 아랍인에게 독립 국가를 보장해줄 것을 약속하고는 다른 한편으로 유대인 국가 건설에 협조한 것은 오늘날까지 계속되는 이스라엘과 팔레스타인 분쟁의 원인이 되었다.

## 1917년
# 라듐 열풍
### 끔찍한 '라듐 걸스'의 비극을 초래하다

### ⊙ 새로 발견된 방사선 원소 라듐의 엄청난 열풍이 재앙을 가져오다

1917년, 미국은 마침내 제1차 세계대전에 참전한다. 같은 해에 러시아에서는 블라디미르 레닌(Vladimir Lenin, 소련공산당 서기장 재임 1917~1924)이 이끄는 볼셰비키가 러시아 혁명(10월 혁명)을 일으킨다. 그리고 바로 그해에 미국에서는 라듐 화합물을 사용한 야광 도료가 생산되기 시작했다. 새로 발견된 방사선 원소 라듐이 대중적으로 크게 유행하며 트렌드로 자리 잡은 것이다. 당시의 라듐을 둘러싼 열풍은 과연 트렌드라 할 만했다. 실제로 '건강에 좋다'라는 광고 문구와 함께 라듐을 넣은 음료수·연고·강장제 같은 사기성이 농후한 상품이 시장에 넘쳐났다.

라듐 화합물과 황화아연(ZnS)을 조합하면 라듐에서 나온 방사선에 황화아연이 녹색 야광을 발한다. 이것이 야광 도료로 불리며, 야간에도 문자를 볼 수 있다는 이유로 시계나 비행기 계기판 등에 사용되었다.

이탈리아 피렌체의 시계 공방 파네라이(Panerai)는 이탈리아 해군의 계기와 조준기를 만들고 있었다. 1916년 이 공방은 '라디오미르(Radiomir)'라는 이름의 황화아연과 브롬화라듐 화합물로 다이얼 눈금과 문자판의 문자를 칠했다.

한편 미국에서는 시계 문자판을 야광 도료로 칠하는 회사가 속속 창업했다. 1917년 즈음의 상황이다. 그곳에서는 많은 젊은 여성 직공이 라듐 화합물 도료를 묻힌 붓을 입술에 물어 뾰족하게 만들면서 문자판에 문자와 숫자를 그려 넣었다. 그 결과 1925년 무렵부터 그 여성들이 턱에 생긴 암 등으로 고통받거나 사망하는 일이 자주 일어났다. 이 일은 이내 심각한 사회 문제로 떠올랐고, 그 여성들은 '라듐 걸스(Radium Girls)'로 불렸다.

1922년 무렵, 미국 라듐 회사 공장에서 일하는 라듐 걸스

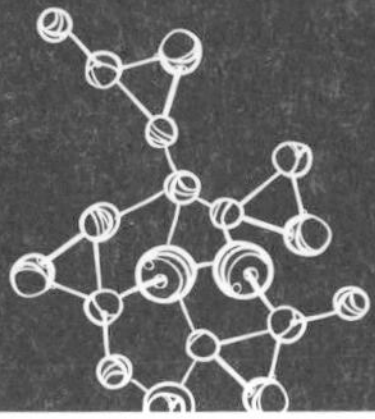

HISTORY
OF
CHEMISTRY

# 4

+

# 두 세계대전 사이

–

제1차 세계대전은 1918년에 끝났다. 이는 인류가 그때까지 경험하지 못한 전혀 새로운 유형의 전쟁이었다. 고도로 기계화된 병기가 대량으로 투입되어 인류 역사상 유례를 찾아볼 수 없는 끔찍한 살육전이 벌어졌다. 전쟁이 끝난 후 도시의 거리마다 상이군인이 넘쳐났다. 그 모습을 바라보는 사람들의 마음속에 '전쟁은 이제 그만'이라는 생각이 깊이 각인되었다. 그리고 이런 교훈을 바탕으로 1920년에 국제연맹(League of Nations)이 발족했다.

기계 제조업과 철강업, 자동차 산업, 조선업, 총기 제조업은 병기 생산을 통해 막대한 이윤을 창출했다. 아이러니하게도 전쟁에서 맞붙은 양 진영이 같은 기업에서 만든 병기로 싸우는 일도 일어났다. 또한 여성도 전쟁에 동원되어 사회 참가가 확대된 결과 전쟁이 끝난 뒤에는 화장품·패션 등 여성의 소비가 크게 확대되었다.

제1차 세계대전을 겪은 유럽은 대부분의 영토가 황폐해졌다. 그러나 미국은 사정이 달랐다. 국토가 전쟁에 휘말리지 않은 덕분이었다. 미국은 제1차 세계대전 이전의 최강자 영국과 프랑스를 대신해 세계 유일의 슈퍼 파워로 떠올랐고, 강력한 자본력에 힘입어 미증유의 호황과 버블 시대를 맞이했다.

이탈리아는 제1차 세계대전 당시 전쟁을 수행하기 위해 국력을 탕진하는 바람에 피폐할 대로 피폐해졌다. 게다가 엎친 데 덮친 격으로 경제 불황까지 찾아왔다. 이렇듯 혼란한 상황 속에서 과거에 사회주의자로 활약했던 베니토 무솔리니(Benito Mussolini, 이탈리아 총리 재임 1922~1943)가 본격적으로 정치 활동을 시작했다. 무솔리니 일당의 정치 행태는 국수주의·반공주의로 정의할 수 있는데, 한마디로 '파시즘(Fascism)'이었다. 파시즘은 라틴어 '파스케스(fasces)'에서 유래한 단어로 '단결'을 의미한다. 고대 로마에서는 집정관, 법무관, 독재관의 권위를 내보이기 위해 나무 막대 여러 개를 가죽띠로 묶은 후 도끼를 끼워 넣은 '파스케스'를 요인의 수행원이 들고 다녔다.

미국 월스트리트에서 발생한 주가 대폭락을 계기로 전 세계에 경제 공황의 쓰나미가 퍼져 나갔다. 1926년의 일이다. 그 여파로 독일 바이마르 공화국에서는 인플레이션이 가속화되어 빵 한 개를 사기 위해 수레 한 대 분량의 지폐가 필요할 정도로 경제적 혼란이 일어났다. 당연히 실업자도 급증해 거리마다 일자리를 잃고 실의에 빠진 사람들로 넘쳐났다.

이런 극심한 혼란 상황에서 탄생하고 활약한 정당이 바로 독일 공산당과 아돌프 히틀러(Adolf Hitler, 독일 총통 재임 1934~1945)가 이끄는 국가사회주의 독일 노동자당(Nationalsozialistische Deutsche Arbeiterpartei), 즉 나치스(Nazis)다. 두 세력은 유혈 충돌을 반복했다. 나치스는 독일이 재무장할 경우 특수를 노릴 수 있는 군수 기

“우리의 마지막 희망: 히틀러”

1932년 11월 선거를 앞두고 나치스가 배포한 포스터

업과 미국 기업 등으로부터 자금을 수혈받아 힘을 키웠고 대중의 열광적인 지지를 이끌어냈다. 이후 당원들이 국회에 진출해 당수 히틀러가 총리에 취임하면서 나치스의 독재 정치가 시작되었다.

나치스는 심리학을 교묘히 이용해 사람들의 마음을 사로잡는 솜씨가 탁월했다. 그들은 영화는 물론이고 당시 새로운 미디어이던 라디오 프로그램을 이용해 대대적인 선전 활동(propaganda)을 했다. 또한 장엄한 음악과 수많은 서치라이트 불빛을 이용해 당 대회를 환상적으로 연출해(훗날 유명 가수들의 록 콘서트에 이 기법을 사용했다) 대중의 넋을 빼놓기도 했다.

---

1920년

## 플라스틱 시대

**거대한 분자의 존재를 증명해 나가다**

---

**⊙ 전분·셀룰로오스가 거대한 분자로 구성돼 있다는 주장은 '아프리카에서 45미터 크기 코끼리를 발견했다는 주장만큼 황당하다'라며 코웃음친 20세기 초반 화학자들**

독일 유기화학자 헤르만 슈타우딩거(Hermann Staudinger, 1881~1965)는 전분과 셀룰로오스, 고무 등은 일반적인 물질과 달리 작은 분자가 수천 개나 연결된 거대한 분자로 구성되어 있음을 밝혀냈다. 1920년의 일로, 그는 이것을 '거대분자(고분자, Macromolecule)'라고 명명했다.

슈타우딩거의 발표를 들은 대다수 화학자는 그의 주장에 동의하기는커녕 그를 조롱하고 비판했다. "전분이나 셀룰로오스는 작은 분자가 인력을 통해서 모여 있을 뿐이다. 이는 의심할 여지가 없는 사실이며 화학자에게는 상식이라고 할 만큼 명백한 이론이다. 그런데 거대분자라니? 말도 안 되는 소리다!", "아프리카에서 45미터 크기 코끼리를 발견했다는 주장만큼 황당하다"라는 식이었다. 그러나 슈타우딩거는 자신의 주장을 굽히거나 철회하지 않았다. 대신 그는 자신의 주장과 이론을 과학적으로 증명하기 위해 끈기 있게 실험을 반복했다. 그는 용액의 끈적끈적한 상태가 분자의 크기와 관계가 있음을 수식화하는 등 거대분자의 존재를 하나하나 증명해 나갔다.

슈타우딩거의 고분자설을 계기로 독일에서는 고분자, 플라스틱 연구 개발이 본격화되었다. 그의 연구로 인해 거대한 분자를 합성하는 연구와 시도가 트렌드로 떠올랐고, 그것이 플라스틱이라는 거대한 분자를 합성하는 시대를 불러왔다.

그 일을 계기로 슈타우딩거는 당대 과학계의 최고 스타 중 한 명으로 떠올랐다. 그러나 호사다마(好事多魔)라는 말도 있듯이 그의 앞에는 혹독한 시련이 기다리고 있었다. 그가 소속된 프라이부르크대학 학장 마르틴 하이데거(Martin Heidegger, 1889~1976)가 "슈타우딩거는 평화주의자로, 독일을 지지하지 않는다"라고 주장하며 당국에 그를 밀고했기 때문이다. 20세기를 대표하는 철

독일 유기화학자 헤르만 슈타우딩거(Hermann Staudinger, 1881~1965)

학자 하이데거는 나치스 당원이었다. 슈타우딩거는 곧바로 나치스 비밀 국가 경찰 게슈타포에게 붙잡혀 오랜 시간 조사를 받아야 했으며 거센 압력에 시달렸다. 그러나 제2차 세계대전이 끝난 뒤 슈타우딩거는 고분자 화학 발전의 공로를 인정받아 노벨 화학상을 수상했다. 1953년의 일이다.

화학의 역사는 통념, 상식과의 싸움이었다. 과학의 역사를 기록한 책에는 선구적인 과학자들이 어떻게 통념을 깨부수고 상식에 맞서 싸우며 학문을 발전시키고 역사의 물줄기를 바꾸었는지 자세히 기록되어 있다. 상식에 안주하며 생각하기를 멈춘다면 우리는 한 발짝도 앞으로 나아갈 수 없다.

## 1921년
## 휘발유 첨가제 발명
### 심각한 대기 오염을 유발하다

### ⊙ 옥탄가가 높은 휘발유를 만들기 위해 넣는 첨가제, '앤티노크제'

자동차와 비행기의 피스톤 엔진이 고성능화되고 정교해지자 휘발유 품질이 문제가 되었다. 휘발유는 탄소 원자가 5~11개 연결된 프레임에 수소 원자가 결합된 분자다.

휘발유 엔진에서는 휘발유 분자가 순조롭게 연소되어 연소가스 분자가 피스톤을 충분히 밀어주어야 한다. 휘발유는 마치 바게트처럼 생긴 분자로 구성돼 있다. 이것은 표면적이 커서 여기저기에서 산소와 반응하기 때문에 충분히 압축되기 전 제멋대로 불이 붙어 급속히 연소되어 버린다. 이것을 '노킹(knocking)'이라고 한다. 한데 노킹이 일어나면 엔진의 힘을 충분히 이끌어낼 수 없을 뿐만 아니라 기통(실린더)별로 제각각 연소되어 손상을 입기 쉽다.

자기 착화해 폭발하는 현상을 역으로 이용해 점화 플러그가 필요 없는 간단한 구조의 엔진을 만든 사람이 있다. 디젤 엔진을 발명한 독일 엔지니어이며 발명가인 루돌프 디젤(Rudolf Diesel, 1858~1913)이 그 주인공으로, 이는 1897년의 일이다. 디젤 엔진은 간단한 구조로 커다란 출력을 얻을 수 있는 장점을 지니는데 트럭, 건설 기계, 배, 기차 등에 적합하다.

디젤 엔진은 연료로 바게트 모양 분자가 모여 있는 경유를 사용한다. 이는 휘발유보다 격렬하고 급속히 연소해 강력한 힘으로 피스톤을 움직인다. 주유소의 경유는 디젤 자동차용 연료이므로 경자동차(휘발유 엔진)에는 절대 넣지 말아야 한다.

휘발유 엔진에서 노킹을 방지하려면 옥탄가(휘발유의 성능을 나타내는 수치)가 높은 연료가 필요하다. 바게트 처럼 생긴 분자는 옥탄가가 낮은 휘발유가 된다. 반면 탄소 원자가 연결된 프레임에서 가지가 많이 갈라져 나온 분자는 옥탄가가 높아진다. 옥탄가가 높은 휘발유를 손쉽게 만들려면 어떻게 해야 할까? '앤티노크제(Antiknock agent)'를 휘발유에 첨가하면 된다.

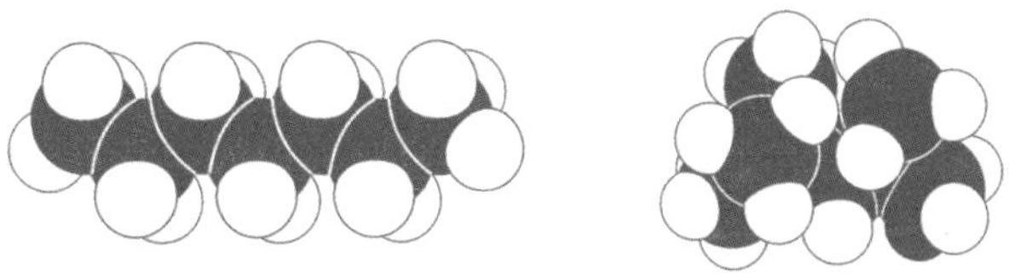


## ⊙ 첨가제에 의존하지 않고 휘발유 자체의 옥탄가를 향상시키는 방법을 개발한 프랑스 화학자 유진 후드리

토머스 미즐리(Thomas Midgley Jr., 1889~1944)는 미국의 거대 자동차 기업 제너럴 모터스(GM)의 자회사에서 연구원으로 일하고 있었다. 그는 휘발유의 성능을 높이기 위한 앤티노크제를 찾기 위해 3만 종이 넘는 화합물을 시험했다. 그리고 결국 납 화합물인 테트라에틸납(Tetraethyllead, TEL)이라는 액체가 최적의 물질임을 밝혀냈다. 1921년의 일이다.

이로써 테트라에틸납은 듀폰사(DuPont), 스탠더드오일 등에서 대량 생산되어 휘발유에 첨가되었다. 여담이지만, 테트라에틸납 특허는 미국이 독점하고 있었다. 따라서 제2차 세계대전 중 미군과 영국군 항공기는 물론이고 일본군과 독일군 항공기도 미국의 특허 아래에서 생산된 테트라에틸납을 사용했다.

제2차 세계대전이 끝난 뒤 본격적인 자동차 사회가 도래하자 테트라에틸납을 첨가한 휘발유(유연휘발유(leaded gasoline))가 심각한 대기 오염 문제를 일으켰다. 자동차 배기가스에 섞여 있는 고농도 납이 대기를 오염시킨 탓이었다.

그렇다면 첨가제에 의존하지 않고 휘발유 자체의 옥탄가를 향상시키는 방법이 있을까? 물론이다. 휘발유 분자의 탄소 사슬을 가지가 많은 구조로 만드는 방법과 휘발유에 톨루엔(Toluene)이나 쿠멘(Cumene) 같은 화합물(방향족 탄화수소)을 섞는 방법 두 가지다. 그 둘 중 하나를 프랑스 화학자 유진 후드리(Eugene Houdry, 1892~1962)가 발명한다.

---

1928년

## 페니실린이 인류를 구하다

우연히 발견된 궁극의 항생 물질

---

### ⊙ 세계인의 평균 수명을 획기적으로 늘린, 알렉산더 플레밍이 우연히 발견한 푸른곰팡이

11세기 무렵, 세계인의 평균 수명은 24세 정도(이는 대략적인 추정치다)였다. 그러던 것이 1900년에 31세로, 900여 년 만에 7세

정도 늘어났다. 21세기인 현재 세계인의 평균 수명은 73세 정도로 획기적으로 늘었다. 20세기에 들어오기 전까지 세계인의 평균 수명은 왜 그토록 낮았을까? 가장 중요한 이유 중 하나로 '영유아 사망률이 높았다'는 점을 꼽을 수 있다.

그렇다면 20세기에 들어서서 인류의 평균 수명이 그토록 가파르게 상승한 이유는 뭘까? 페니실린(Penicillin) 등의 항생 물질이라고 불리는 기적의 의약품이 다수 발명되어 다양한 감염증을 치료할 수 있게 된 것이 가장 중요한 이유로 꼽힌다. 그런데 흥미롭게도 이 항생 물질은 우연히 발견되었다.

1928년, 알렉산더 플레밍(Alexander Fleming, 1881~1955)은 영국 런던 세인트메리병원에서 세균학자로 일하고 있었다. 어느 날 그는 수많은 샬레에 한천 배지(培地)를 만들고 황색포도상구균(감기에 걸렸을 때 콧물이 노래지는 원인이 되는 균과 같은 부류)을 배양하고 있었다. 그러던 중 여름휴가를 가면서 다른 연구자에게 연구실을 빌려주고자 정리하며 플레밍은 샬레들을 그늘진 구석으로 치워 두었다. 한데 그중에는 깜빡하고 뚜껑을 덮지 않은 것도 있었다.

긴 휴가를 마치고 병원으로 돌아온 플레밍은 배지에 푸른곰팡이가 생긴 샬레를 발견했다. 그는 다시 배양을 시작하기 위해 소독을 하려고 했다. 그도 그럴 것이 푸른곰팡이가 발생한 이상 순수 배양은 실패한 것으로 볼 수밖에 없었기 때문이다. 그때였다. 플레밍의 머릿속에 어떤 생각이 번뜩였고, 그는 자세히 샬레를 살펴보았다. 놀랍게도 푸른곰팡이가 번식한 곳 주변의 포도상구균이 죽어서 배지가 투명해져 있었다.

1929년 《영국 실험병리학 저널(British Journal of Experimental Pathology)》에 발표한 알렉산더 플레밍의 연구 결과
푸른곰팡이 주위 포도상구균이 페니실린에 의해 사멸했다(흰 부분).

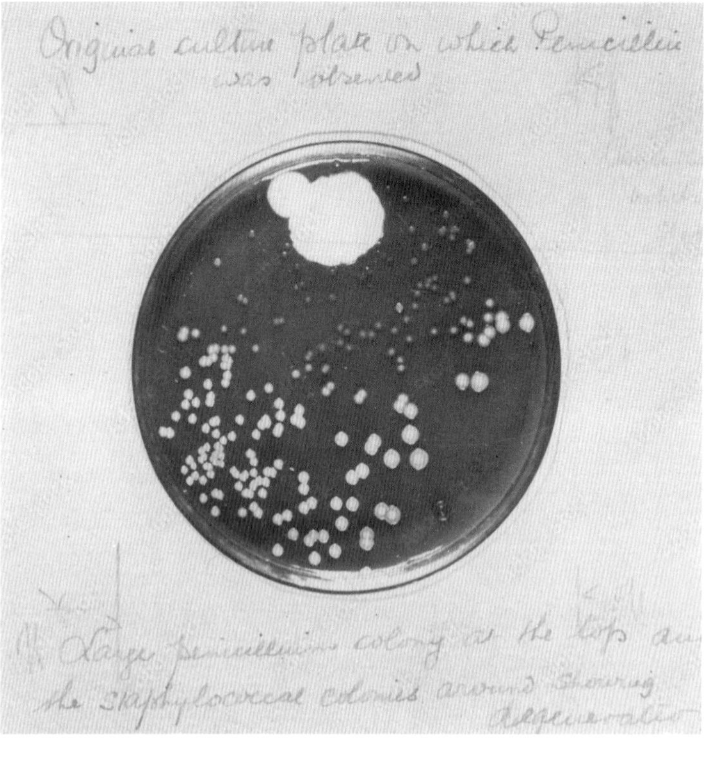

### ⊙ 플레밍의 연구실 아래층에 있는 곰팡이 연구실에서 공기를 타고 올라와 우연히 샬레에 들어간 푸른곰팡이 포자가 세계 의학사를 바꾸다

알렉산더 플레밍은 그 푸른곰팡이가 세균의 성장을 방해하는 물질을 배출한다는 사실을 이내 깨달았다. 그는 지체하지 않고 푸른곰팡이 연구와 배양에 돌입했다.

그런데 푸른곰팡이는 어디서 날아왔을까? 그의 연구실 아래층에 있는 곰팡이 연구자의 연구실에서 공기를 타고 올라와 우연히 샬레에 들어간 것으로 보인다. 이는 페니실륨(Penicillium)이라는 종이었다. 페니실륨은 '화가의 솔, 브러시'를 의미하는 라틴어 '페니킬루스(penicillus)'에서 유래했다. 이 곰팡이가 현미경을 통해 발견되었을 때 브러시처럼 끝이 갈라져 있었기에 '페니실륨'이라는 이름이 붙었다. 참고로, 연필(pencil)의 어원도 페니킬루스다. 페니킬루스는 '작은 꼬리'를 의미하는 라틴어 '페니스(penis)'가 변형된 단어다.

플레밍은 그 푸른곰팡이가 생산하는 미지의 물질을 '페니실린'으로 명명했다. 그는 푸른곰팡이의 배양액을 여과한 것이 세균을 죽인다는 사실도 밝혀냈다. 그러나 그 사실을 논문으로 발표했을 뿐 푸른곰팡이가 만들어내는 물질이 무엇인지는 특정하지 못했다.

페니실린이 의약품으로 탄생하는 데 산파 역할을 한 다른 두 연구자가 있다. 그들은 플레밍과 더불어 1945년 노벨 생리학·의학상을 수상하게 된다. 이는 뒤에서 다시 소개하겠다.

영국 세균학자 알렉산더 플레밍(Alexander Fleming, 1881~1955)

1928년

# 프레온가스의 공과 죄

## 무엇인가를 얻으면 반드시 무엇인가를 잃는다

### ⊙ 프레온이라는 물질을 발견한 토머스 미즐리가 인류 역사상 '최악의 인물' 중 한 명으로 기록된 까닭

미국 화학자이며 엔지니어였던 토머스 미즐리는 인류 역사상 '최악의 인물' 중 한 명으로 기록되었다. 그가 지구 규모의 재앙을 불러왔다는 의미에서 그랬다. 그는 앤티노크제인 테트라에틸납을 발명했다. 1921년의 일이다. 20세기 중반, 본격적으로 자동차 시대가 시작되면서 테트라에틸납을 첨가한 휘발유로 인해 자동차 배기가스에서 고농도 납이 배출되어 지구 환경오염 문제를 일으켰다. 그런데 미즐리는 여기에서 그치지 않고 더 강렬하면서 심각한 환경 파괴 물질을 만들어냈다.

1911년 미국 제너럴일렉트릭사(General Electric, GE)가 가정용 냉장고를 출시한 것을 신호탄으로 일반 가정에 냉장고가 서서히 보급되기 시작했다. 초기 냉장고에는 냉각용 가스로 디에틸에테르, 이산화황, 암모니아 등이 사용되고 있었다. 그런데 이들 가스는 화재를 유발하거나 중독 사고를 일으킬 수 있다는 치명적인 결함을 가지고 있었다. 인화성이 높고 인체에 유독한 물질이기 때문이었다.

이런 상황에서 미즐리는 냉장고 제작에 사용할 안전한 냉각용 가스(압축해서 액화하기 쉬우면서 안전성이 높은 물질)를 찾기 위해 연구에 몰두했다. 그러던 중 그는 탄소와 염소와 불소로 구성된 '프레온(Freon)'이라는 최적의 물질을 발견했다. 1928년의 일이다.

### ⊙ 20세기 문명을 대표하는 화학 물질 프레온류, '오존층 파괴'라는 악행을 저지르고 있다는 사실이 폭로되다

조지아주 애틀랜타에서 열린 미국 화학자 총회에서 미즐리는 이 새로운 물질을 소개하는 최고의 퍼포먼스를 연출했다. 1930년의 일이다. 먼저 그는 액체 상태의 프레온을 용기에 붓고, 이때 발생하는 증기에 얼굴을 파묻어 증기를 잔뜩 들이마셨다. 그런 다음 불이 붙은 양초를 향해 숨을 내쉬어서 촛불을 껐다. 프레온의 무해성, 불연성을 뇌리에 각인시키는 최고의 시연이었다.

그 후 '프레온류'라고 불리는 많은 종류의 화합물이 합성되기 시작했다. 이에 냉장고는 말할 것도 없고 에어컨, 면도용 거품이나 휘핑크림, 살충제 같은 스프레이 등 가정 곳곳에서 프레온가스가 방출되었다. 그중에서도 프레온가스가 가장 요긴하게 사용된 곳은 공업용 세정제였다. 전자 회로·전자 부품의 오염 물질이나 먼지를 액체 프레온으로 씻어내면 순식간에 기화하기에 건조시키는 번거로운 작업이 필요 없어지는 것이다.

이렇게 해서 프레온류는 20세기 문명을 대표하는 화학 물질이 되었다. 그러다가 이 물질류가 오존층 파괴라는 엄청난 악행을 저지르고 있다는 사실이 폭로되었다.

1931년

## 전자현미경 발명

### 생물학부터 재료 공학까지 큰 혜택을 누리다

**⊙ 전자현미경을 발명해 세포·세균보다 훨씬 작은 바이러스를 볼 수 있게 함으로써 과학사와 의학사에 혁신을 가져온 막스 크놀과 에른스트 루스카**

과학 실험 시간 등에 사용되는 일반적인 현미경(광학현미경)은 배율이 1,500배를 넘어서면 대상이 선명하게 보이지 않게 된다. 그러므로 광학현미경으로 볼 수 있는 것은 세포나 세균까지다. 그보다 훨씬 작은 바이러스는 광학현미경으로 볼 수 없다. 그럼 바이러스를 보려면 어떻게 해야 할까? 전자현미경을 사용해야 한다.

아주 작은 크기 물질을 보려면 그것에 파장이 짧은 파동을 부딪쳐야 한다. 좀 더 이해하기 쉽게, 수면 위로 나무 말뚝의 머리 부분이 보이는 상황을 생각해보자. 수면에 잔물결이 일고 있다면 말뚝에 부딪혀서 파형이 일그러질 것이며, 물결이 휘어진 부분도 나타나서 그곳에 물체(말뚝)가 있음을 알 수 있게 될 것이다.

그런데 간격이 넓은 물결이라면 어떻게 될까? 물결이 나무 말뚝을 가려서 그곳에 말뚝이 있는지 알 수 없을 것이다. 물결의 간격이 짧을수록 작은 물체에 물결이 좀 더 확실히 반사되어 그 반사를 파악하기가 쉬워진다. 빛(의 파동)보다도 파장이 짧은 것을 사용하면 좀 더 작은 것도 볼 수 있게 되는 것은 그런 원리에서다.

이 원리를 이용해서 발명된 현미경이 전자 빔이라는, 가시광선보다 파장이 짧은 파동을 사용하는 현미경이다. 기본적으로 전자는 입자이지만, 이런 극도로 작은 입자는 파동의 성질을 띠게 된다. 전자의 파동을 이용하기 때문에 '전자현미경(Electron microscope)'이라고 부른다.

1931년, 독일 엔지니어 막스 크놀(Max Knoll, 1897~1969)과 물리학자 에른스트 루스카(Ernst Ruska, 1906~1988)가 최초의 전자현미경을 발명했다. 루스카는 이 공적으로 1986년 노벨 물리학상을 수상했다.

전자현미경의 원리

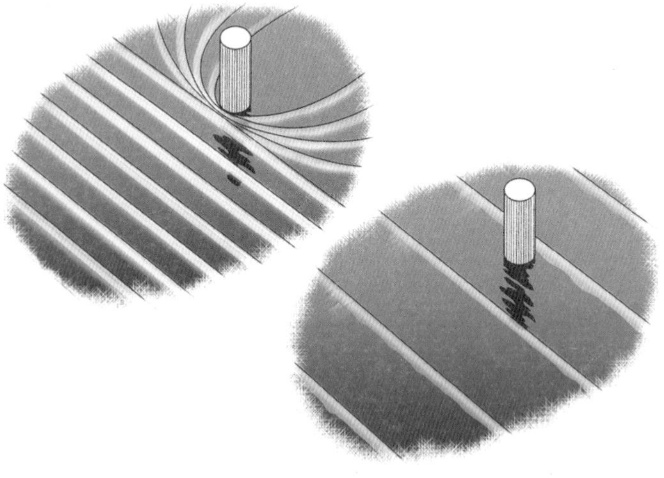

독일 지멘스사(Siemens)에서 최초의 전자현미경을 발매한 것은 1939년의 일이다. 지멘스사는 독일을 대표하는 기업으로, 1881년 세계 최초로 시가 전차(electric tram)를 발명했으며 발전기와 의료용 기기 등을 만드는 종합 제조사다.

전자현미경의 등장으로 바이러스나 세포 속의 미세 조직, 나아가 금속이나 세라믹, 반도체의 미세한 결정 구조, 플라스틱의 미세 구조 등을 직접 관찰할 수 있게 되었다. 전자현미경 덕분에 생물학에서 재료 공학에 이르기까지 이루 헤아릴 수 없는 혜택을 누리게 된 것이다.

---

## 1933년
## 유기 유리 탄생
### 유리보다 안전한 투명 플라스틱

---

**⊙ '유기 유리'라는 이름의 투명 아크릴 플라스틱이 제1차 세계대전의 전투 양상을 바꾸다**

유리처럼 투명한 플라스틱 아크릴판은 신형 코로나바이러스가 유행하면서 존재감이 커진 물질 중 하나다. 아크릴판은 아크릴 수지라는 투명한 물질로 구성되어 있다. 이는 그 투명한 성질을 활용해 안경 렌즈, 수족관 거대 수조, 광섬유 등에 이용된다.

독일에서 '유기 유리(organic glass)'라고 불리는, 투명한 유리 같은 플라스틱이 발매되고 제품으로 만들어져 판매되기 시작했다. 1933년의 일이다. 당시에는 비행기 제조 기술이 크게 발전하고 있었다. 실제로, 스튜디오지브리의 애니메이션 〈붉은 돼지(紅の豚)〉(1992)에 나오는 시속 200킬로미터 정도로 비행하는 목가적인 비행기 시대는 과거의 일이 되어버렸다. 순식간에 비행기 속도가 시속 400킬로미터를 넘어서게 되자 개방적인 콕피트(cockpit, 조종석)에서는 조종이 어려워졌다. 콕피트를 덮는 '캐노피(canopy)'라는 투명한 덮개가 필요해진 것은 그래서였다. 한데 유리는 깨졌을 때 위험하지만 플라스틱은 유리에 비해 상대적으로 안전하다는 장점이 있었다. 20세기 후반에 강도가 높고 투명한 새로운 플라스틱인 폴리카보네이트(Polycarbonate)가 등장하기 전까지 투명한 유리 같은 플라스틱 시장은 폴리메틸 메타크릴레이트(Polymethyl methacrylate, PMMA), 즉 아크릴 수지의 독무대였다.

투명 아크릴 수지의 장점은 오늘날 수족관에서 사용되는 근사한 아치형 거대 수조처럼 자유자재로 성형할 수 있다는 데 있다. 제2차 세계대전 중에는 아크릴 수지로 만든 유기 유리가 전투기나 폭격기의 투명한 캐노피로 이용되었다. 말하자면 충칭, 런던, 함부르크, 드레스덴, 도쿄 등의 도시를 공습할 때 조종사가 유기 유리 너머로 목표를 조준하면서 폭탄 투하 스위치를 조작했던 것이다.

그로부터 80여 년이 지난 지금, 인류는 수족관에서 유기 유리로 제작된 거대한 수조 너머로 각양각색 예쁜 물고기와 산호를 바라보면서 데이트를 즐길 수 있는 시대를 맞이하게 되었다.

1933년

# 나치스 독일

## 강제 수용소를 작동시킨 IBM 기록 시스템

### ⊙ '독일 제국 부활'과 '유대인 배척'을 기치로 내세운 히틀러와 나치스의 등장

아돌프 히틀러는 제1차 세계대전 당시 하사로 종군했다. 훗날 전후의 극심한 혼란기가 닥쳤을 때 그는 바이에른 혁명 정권의 일원이 되어 일했다. 그러나 혁명 정권이 붕괴된 후 히틀러는 정치적으로 혁명 정부와 정반대 입장을 취했다. 그 무렵 그는 독일군의 첩보부장으로 승진했다.

히틀러는 독일 노동자당 연설회를 감시하러 갔다가 우연한 기회로 논쟁에 뛰어들게 되어 대중을 상대로 일장 연설을 했다. 그 일을 계기로 그는 스스로 연설도 잘하고 카리스마도 있다는 확신을 얻었다. 그 후 그는 독일 노동자당에 입당해 당을 장악하고 국가사회주의 독일 노동자당(나치스)으로 당명을 변경했다. 1920년의 일이다.

나치스는 처음에 이탈리아의 독재자 무솔리니가 만든 국가 파시스트당을 흉내 내야 할 정도로 체계도 잡혀 있지 않았으며 모든 게 엉성하고 주먹구구식이었다. 그러던 나치스는 '독일제국 부활'과 '유대인 배척'을 기치로 내세우며 그 무렵 도시 지역에

1939년 4월 20일, 베를린 샤를로텐부르크성 위로
독일 공군기가 히틀러의 생일 기념 비행을 하고 있다.

서 약진하던 독일 공산당과 유혈 충돌을 반복하면서 급속도로 세력을 키워 나갔다. 그들은 퇴역 군인과 실업자 등 사회의 사각지대에 놓인 채 불만을 키워가던 세력을 모아서 돌격대를 만들었고, 불황을 이용하여 조직을 점점 확대해 나갔다. 그런 팽팽한 사회 분위기 속에서 마침내 히틀러가 총리로 지명되었다. 1933년의 일이다.

희대의 독재자이자 과대망상에 빠진 인물 히틀러와 나치스는 서유럽 그리스도교 국가들의 구역질 나는 우월의식과 야만적인 공산주의를 철저히 섬멸하자고 목청껏 외치며 지식인들과 대중을 선동했다. 이런 나치스의 극단적인 주장과 사상에 공감하는 사람들이 전 세계적으로 우후죽순 나타나기 시작했다. 미국과 영국, 프랑스, 북유럽 등 세계 곳곳에서 나치스를 모방해 조직한 다수의 정당과 단체가 탄생했다. 당대에 나치즘은 단순한 정치 조직이나 시스템의 차원을 훨씬 뛰어넘어 거대한 정치적·사회적 운동으로 자리매김한 셈이었다.

### ⊙ 미국 자동차왕 헨리 포드가 유대인 배척을 외치는 나치스의 열렬한 지지자였다는데?

나치스 세력 확대를 위한 막대한 자금이 필요했다. 독일의 대기업과 다국적 기업들은 나치스가 정권을 잡으면 곧바로 군비 증강에 나설 것이 분명했기 때문에 자신에게 엄청난 이익을 가져다줄 것으로 판단했다. 그런 터라 그들은 나치스에 천문학적인 액수의 정치 자금을 댔다. 제철 기업 크루프사, BASF사와 바이엘사 등 6개 주요 화공기업이 1925년 합병하여 만든 IG 파르벤사(IG Farben) 등의 독일 기업은 물론이고 적대국 프랑스 군수 기업 슈나이더 그룹(Schneider et Cie)의 자회사, 체코의 군수 기업 슈코다(Škoda Works)까지 나치스에 정치 후원금 명목으로 거액의 돈을 냈다.

미국의 자동차왕 헨리 포드는 유대인 배척을 외치는 나치스의 지지자였다. 그런 까닭에 포드사의 자본 중 상당 액수가 나치스로 유입되었다. 게다가 독일 자동차 제조사인 오펠사(Opel Automobile GmbH)는 미국 최대 자동차 기업 GM의 계열사였다. 이로써도 알 수 있듯, 독일군이 유럽에서 전격적인 기동전을 펼칠 때 병사와 탄약, 연료를 운송했던 트럭 대부분이 사실은 미국 자본과 관계가 있었던 것이다.

그뿐만이 아니다. 1911년 설립되어 20세기 중반 이후 세계적인 컴퓨터 독점 기업으로 명성을 떨치는 거대 기업 IBM도 나치스에 지대한 공헌을 했다. IBM사가 자랑하는 천공카드를 이용하는 데이터 기록 시스템 '홀러리스(Hollerith)'가 아우슈비츠 등의 강제수용소에서 많은 유대인과 집시, 정치범 등의 죄수를 관리하는 데 사용되었기 때문이다.

이런 국제적인 관계 속에서 미국의 스탠더드오일과 독일의 IG 파르벤사는 전쟁 중에도 서로의 권익을 해치지 않도록 협정을 맺었다. 그리고 이 흐름은 여기서 그치지 않았다. 그 연장선에서 급기야 다국적 기업의 세계 지배는 스탠더드오일의 연료가 돌고 돌아서 아프리카 앞바다의 독일군 잠수함에 급유되는 매우 아이러니한 상황까지 만들어냈다.

1933년

# 인공 석유 제조

### 독일의 국력을 뒷받침한 인공 석유

**⊙ 석탄을 이용해 인공으로 석유를 만드는**
**'베르기우스 공정'이 없었다면 제2차 세계대전도 없었다?**

다른 강대국들과 달리 독일에서는 석유가 생산되지 않았다. 대신 석탄이 풍부하게 매장되어 있었는데, 그중에서도 '갈탄'이라고 부르는, 품질이 낮은 석탄이 대부분이었다. 그런 터라 독일에서는 일찍부터 석탄으로 석유를 만들어내기 위한 연구 개발이 활발히 이루어졌다.

프리드리히 베르기우스(Friedrich Bergius, 1884~1949)는 프리츠 하버의 가르침을 받은 화학자였다. 그는 석탄 분말을 중유와 섞은 다음 촉매를 이용해 고온의 수소와 반응시켜서 석유를 만드는 '베르기우스 공정(Bergius process)'을 발명했다. 그 덕분에 독일은 풍부한 갈탄을 사용해 휘발유를 생산할 수 있게 되었다. 1930년대의 상황이다. 그 공로를 인정받아 베르기우스는 카를 보슈와 함께 1931년 노벨 화학상을 수상했다.

한편 1920년대 중반 독일 화학자 프란츠 피셔(Franz Joseph Emil Fischer, 1877~1947)와 한스 트롭슈(Hans Tropsch, 1889~1935)는 석탄과 수증기에서 일산화탄소(CO)와 수소($H_2$)를 만든 다음 촉매를 이용해 석유를 만드는 기술을 발명했다. 그런 다음 그들은 공장을 짓고 본격적으로 생산을 시작했다. 이는 1933년 무렵의 일이다.

석유 부족 문제를 해결할 수 있는 획기적인 방법을 찾은 독일은 제2차 세계대전에서 독일군에 대량의 인공 석유를 공급했다. 석유 자원의 자급이 거의 불가능했던 독일이 1939년부터 6년이라는 긴 시간 동안 제2차 세계대전을 치를 수 있었던 데는 이 인공 석유 합성의 힘이 컸다.

---

1935년

## 화학 요법제 개발

감염증을 막을 수 있는 강력한 무기가 속속 등장하다

---

### ⊙ 염료 분자 합성 물질로 만든 항균제로 패혈증 치료에 도전한 독일 생화학자 도마크

매독 특효약 살바르산에 이어 말라리아에 대한 최초의 합성 의약품 '아테브린(Atebrin)'도 등장했다. 매독이나 말라리아 병원체는 원충이라는, 세균보다 복잡한 동물성 미생물이기에 비교적 공격하기 쉬운 대상이었다.

한편 그보다 작은 식물성 박테리아나 곰팡이 같은 병원체에 대한 항균제는 아직 없었다. 그러다가 마침내 폐렴, 수막염, 임질 등의 병원균에 극적인 효과를 가진 항균제가 발명되어 세상을 바꿔 놓았다.

독일 생화학자 게르하르트 도마크(Gerhard Domagk, 1895~1964)는 의학부 학생 시절 야전병원에서 종군했다. 이는 그 무렵 제1차 세계대전이 발발한 상황에서 그가 내린 여러 중요한 선택의 하나였다. 당시 야전병원으로 실려온 부상병은 감염증과 패혈증에 걸려서 목숨을 잃는 경우가 적지 않았다. 아닌 게 아니라 참호 등 진흙 투성이의 불결한 환경에서 상처를 입고 실려왔으니 상처 자체보다는 상처를 통해 몸속으로 침투하는 세균 때문에 그럴 만도 했다. 패혈증은 연쇄상구균이나 포도상구균, 대장균 같은 흔한 세균에 감염되어서 일어나는 전신 증상이다. 전쟁터에서도 부상 자체보다 패혈증으로 사망하는 사람이 압도적으로 많을 정도다. 이런 상황에 빠진 환자를 위해 의사는 무슨 일을 할 수 있을까? 당시만 해도 그가 할 수 있는 일이라고는 세균이 잠식한 팔이나 다리 조직을 포기하고 세균이 더 퍼지지 않도록 팔이나 다리를 절단하는 일뿐이었다.

도마크가 IG 파르벤사의 실험 병리부장이 된 것은 1927년의 일이다. 이후 그는 야전병원 경험을 바탕으로 패혈증을 예방하는 감염증 치료제 개발 연구에 몰두했다. 그와 함께 팀을 이룬 젊은 유기 화학자 두 명도 패혈증의 특효약을 만들고자 하는 열정이 넘쳐났다.

그들은 수천 종류의 염료 분자를 합성하고 패혈증에 걸린 동물에 주사해 효과를 시험했다. 양털(단백질)을 물들이는 염료 분자라면 병원균의 단백질과도 결합해 효과를 보일 것이라는 생각에서였다.

### ⊙ 새로 개발한 항균제 '프론토실'로 패혈증에 걸려 팔다리를 절단할 위기에 놓인 딸을 구하다

연쇄상구균에 감염되어 패혈증에 걸린 생쥐에게 새로운 붉은색 염료 분자를 주사하는 실험이 시행되었다. 한데 놀랍게도 이 실험에서 100퍼센트 치료라는 경이적인 결과가 나왔다. 1932년의 일이다. 그리고 그 무렵, 여섯 살이던 도마크의 딸 힐데가르트가 패혈증에 걸렸다. 실수로 바느질용 바늘에 손가락을 찔렸는데, 그 상처로 연쇄상구균이 침투하는 바람에 감염증이 중증화된 탓이었다. 이 작은 습격자는 급속히 증식하며 조직을 파괴해 나갔다. 의사는 여러 번 팔을 째고 고름을 짜냈지만 소용이 없었다. 결국 그는 도마크와 부인에게 딸을 살리려면 팔을 절단하는 수밖에 없다고 설명했다.

도마크는 야전병원에서 패혈증 환자의 팔다리를 절단할 수밖에 없었던 참담한 나날을 떠올렸다. 그는 아직 어린 딸의 팔을 절단하는 일만은 어떻게든 막아야 한다고 생각했다. 그는 연구실로 달려가 붉은색 염료를 가져와 딸에게 투여했다. 그러자 어린 딸의 증세가 놀랄 정도로 빠르게 회복되기 시작했다. 염료 분자가 병원균의 증식을 완전히 차단한 덕분이었다. 작은 분자가 기적을 일으킨 순간이었다.

이 염료 분자는 획기적인 항균제로서 '프론토실(prontosil)'이라는 제품명으로 시판되었다. 1935년의 일이다. 프론토실은 라틴어에서 '신속히', '재빨리'를 의미하는 '프롬프투스(promptus)'와 '휴식', '정적'을 의미하는 '실렌티움(silentium)'이 합쳐진 단어다.

도마크는 1939년 노벨 생리학·의학상 수상자로 선정되었으나 나치스 정권의 압력 때문에 수상을 포기해야 했다. 결국 제2차 세계대전이 끝난 뒤인 1947년에 상장과 메달을 받았다.

## ⊙ '프론토실'의 비밀을 밝혀낸 파스퇴르 연구소 소속 연구자 부부

도마크의 프론토실은 '설파제(sulfa drugs)'라고 불렸다. 이는 프론토실이 황(sulfur) 원자를 포함하는 구조를 띠고 있기 때문에 붙여진 이름이다.

이후 파스퇴르 연구소에 소속된 연구자 부부가 오랫동안 수수께끼에 싸여 있던 프론토실의 비밀을 마침내 밝혀냈다. 그들은 프론토실이 샬레 같은 병원균 배양지에서는 효과가 없으나 생쥐 등에 투여하면 효과를 나타낸다는 사실을 운 좋게 발견했다. 그들은 실제로 효력을 발휘하는 것은 생체 내에서 변환된 분자라는 사실을 밝혀낸 것이다. 여기에서 유효 성분은 '프론토실'이 생체 내에서 대사를 통해 분해된 성분인 '설파닐아미드(Sulfanilamide)'라는 분자였다. 병원체인 미생물이 엽산이라는 중요한 분자를 합성할 때 설파닐아미드가 있으면 원료에 섞여 들어가서 엽산 합성이 차단된다. 엽산을 합성하지 못하면 세균은 증식하지 못하게 된다. 설파제는 이런 원리로 병원균 증식을 막는 역할을 한다.

한편 인간은 몸속에서 엽산을 합성하지 못하고 비타민 형태로 음식물을 통해 섭취하는 까닭에 설파닐아미드의 영향을 받지 않는다.

### ⊙ 획기적인 화학 요법제 개발로 원충·진균 등 다양한 병원 미생물에 대항할 무기를 손에 넣게 된 인류

도마크가 병원균에 직접 작용하는 의약품(화학 요법제)을 발견한 일을 계기로 전 세계에서 화학 요법제 개발 열풍이 불기 시작했다. 1941년까지 설파제와 관련된 물질만 6,000종이 합성되었다. 이로써 인류는 세균뿐 아니라 원충이나 진균(곰팡이의 친척) 등 다양한 병원 미생물에 대항할 무기를 손에 넣게 되었다.

결국 고대부터 인류를 괴롭혀 온 한센병을 일으키는 균에 대한 항균제도 발견되었다. 설파제의 일종인 '프로민(Promin)'이 그것이다. 한데 사실 이것은 결핵균을 퇴치하기 위해 개발한 약제였다. 그것을 미국 루이지애나주 카빌의 한센병 요양원에서 일하는 의사가 한센병 환자에게 투여한 결과 효과가 있음을 알게 되었다. '한센병의 원인균인 나균은 결핵균과 같은 속(屬)이므로 프로민이 효과가 있을 것'이라는 판단에서 이루어진 기적과도 같은 일이었다. 한데 그 효과가 너무도 극적이었기에 '카빌에서 일어난 기적(Miracle at Carville)'으로 불렸다. 이는 1941년의 일이다.

이렇듯 20세기 중반 무렵부터 인류에게 큰 위협이었던 감염증에 효과적으로 대항하고 무력화할 수 있는 강력한 무기들이 속속 탄생했다.

1935년

# 컬러 필름 등장

## 컬러 영화와 애니메이션 시대로

**⊙ 카메라 대중화 시대와 컬러 사진·컬러 필름 시대를 연 주역, 독일 라이츠사의 기술자 오스카어 바르나크**

누구나 작은 카메라를 들고 다니며 원하는 대로 사진을 찍을 수 있는 혁명적인 시대가 펼쳐졌다. 이는 20세기에 들어서서 사진 기술이 비약적으로 발전하면서 나타난 새로운 트렌드였다. 독일 라이츠사(Leitz)의 기술자였던 오스카어 바르나크(Oskar Barnack, 1879~1936)는 이 시대의 카메라 대중화를 가능케 하고 이끌어준 주인공이다.

라이츠사는 '라이츠(Leitz)의 카메라(camera)'라는 의미를 담은 새로운 브랜드 '라이카(Leica)'를 만들었다. 그런 다음 이 기업은 개인의 호주머니에 들어갈 정도로 크기가 작은 카메라를 발매해 센세이션을 불러일으킴으로써 세계적인 기업으로 발돋움했다. 1925년의 일이다.

코닥사는 아직 흑백 사진이 주류이던 시대에 '코다크롬(Kodachrome)'이라는 이름의 영화용 컬러 필름을 발매하기 시작했다. 이는 1935년의 일이다. '크롬'은 그리스어로 '색'을 의미하는 '크로마(chroma)'에서 유래했다(참고로, 원소명 크롬도 같은 어원이다).

텔레비전조차 존재하지 않던 시대인 20세기 초 무렵 영화가 가장 중요한 미디어의 하나로 성장했다. 새로운 영화 산업에 과감히 뛰어들어 영화를 메이저 산업으로 일구어 나간 주역은 러시아 혁명과 세계대전의 혼란을 틈타 미국으로 건너온 수많은 유대인이었다. 이들이 영화를 만들 때 배우들의 메이크업을 담당한 이들 가운데 가장 명망 높은 인물은 러시아에서 온 맥스 팩터(Max Factor)였다. 영화 산업의 가파른 성장 추세와 더불어 화장·마스카라 같은 미용 산업도 소비 사회 열풍 속에서 큰 확장세를 보였다. 영화의 중심지 할리우드와 화장은 이렇게 서로 긴밀히 연결되어 있었던 것이다.

AGFA는 독일 내에서 손에 꼽는 화학 회사 중 하나였다. 이 기업은 총천연색 사진 필름을 발매하기 시작했다. 1936년의 일이다. 그 원리를 간략히 설명하면 다음과 같다. 먼저, 브로민화은이 빛의 녹색, 빨간색, 파란색이라는 3원색을 각각 발색하는 색소층에서 감광하게 만든다. 그러면 자연스럽게 화학 반응이 일어나 색소 분자가 발색함으로써 총천연색 상을 만든다. 이는 필름이 다층 구조로 돼 있기 때문이다.

미국과 독일에서는 바야흐로 컬러 사진과 컬러 필름 시대가 펼쳐졌다. 이는 제2차 세계대전 직전부터의 상황이다. 한번 상상해보자. '만약 이 시대에 컬러 필름이 발명되지 않았다면 지금 우리는 과연 어떤 세상을 살고 있을까?' 오늘날 인류는 영화관에서 관람하거나 집에서 텔레비전을 통해 시청하는 화려한 색상의 애니메이션도, 〈007〉 시리즈 같은 흥미진진한 영화도 총천연색으로 감상할 수 없을 것이다.

1936년 AGFA에서 발매하기 시작한 컬러 필름

1935년

# 나일론 발명

세계 최초의 완전한 인공 섬유

## ⊙ 회계학 교수였던 캐러더스, 하버드대 유기화학 강사를 거쳐 듀폰사에 연구원으로 스카우트되다

제1차 세계대전 당시만 해도 독일은 통일된 지 얼마 되지 않은 나라였다. 이 작고 존재감도 미미한 나라가 발달된 화학 공업으로 공기에서 폭약을 만들어내고 두랄루민과 합성 고무 등의 신소재를 투입해 영국, 프랑스, 러시아 등과 장기전을 펼쳤다. 과학의 힘으로 세계를 주무르는 독일을 보며 충격받은 미국은 화학 공업이 부국강병에 얼마나 절실히 필요한 요소인지 깨닫기 시작했다. 그때 한 남자가 나타났다. 월리스 흄 캐러더스(Wallace Hume Carothers, 1896~1937)가 바로 그다.

캐러더스는 본래 대학교에서 회계학을 공부한 뒤 타키오대학에서 회계학을 가르치고 있었다. 그리고 그는 빈 시간에 같은 대학의 화학 수업을 수강하다가 그 수업을 강의하던 교수의 후계자가 되었다. 그 후 그는 하버드대학의 유기화학 강사가 되었는데, 그때 듀폰사에서 스카우트 제안을 받았다. 캐러더스는 경쟁이 치열한 민간 기업의 환경과 분위기가 마음에 들지 않아 그 제안을 거절했다. 그러나 결국 자유로운 연구를 보장한다는 조건으로 듀폰사로 이직한다.

듀폰사는 독립전쟁과 남북전쟁, 제1차 세계대전 등에서 화약과 폭약을 판매해 이익을 극대화해 왔다. 그러나 20세기에는 소재 분야, 특히 플라스틱 같은 제품 개발이 중요할 것으로 예측한 후 회사 차원에서 방침 전환을 꾀하고 있었다

### ⊙ 20세기 최대 발명품 중 하나인 나일론을 발명하여 노벨 화학상 수상 가능성이 높았던 캐러더스는 왜 청산칼리를 마시고 자살했을까?

IG 파르벤사는 플라스틱 연구와 개발에 온 힘을 쏟았다. 그 결과 스티로폼으로 친숙한 폴리스티렌(Polystyrene) 등 다양한 플라스틱을 생산하게 되었다. 1920년대의 일이다. 이런 흐름 속에서 1927년 이후 듀폰사도 직접적인 이익으로 연결되지 않는 기초 연구 부문을 설립하고 화학의 기초 연구를 통해 새로운 물질을 창조하는 일에 도전하기 시작했다.

당시에는 독일의 헤르만 슈타우딩거가 제창했던 '고무나 셀룰로오스는 거대분자(고분자)로 구성되어 있다'라는 설을 놓고 화학자들 사이에서 격렬한 논쟁이 벌어지고 있었다. 캐러더스는 실제로 거대분자를 합성해서 이 주장을 증명하고자 했다. 먼저 그는 천연고무와 같은 성질을 보이는 고무 연구에 착수했다. 그 결과 그는 한 종류의 작은 분자를 다수(수천~수만 개) 연결하는 화학 반응을 이용해서 거대분자를 합성함으로써 합성고무인 네오프렌(Neoprene)을 발명했다.

그 후 캐러더스는 거대분자로 구성되는 플라스틱 개발을 시작했다. 그는 두 종류의 작은 분자를 반응시켜 교대로 연결한다는 아이디어를 실행에 옮겼다. 또 그는 아디프산(Adipic acid)과 헥사메틸렌디아민(Hexamethylenediamine)이라는 탄소 수가 6개씩인 분자를 반응시켜서 교대로 연결하면 폴리아미드(Polyamide)라고 불리는 물질이 만들어져 섬유가 된다는 사실을 발견했다. 이는 비단 같은 강한 섬유 개발을 목표로 시행착오를 거듭한 끝에 나온 결과였다. 1935년의 일이다.

문제는 반응을 통해서 막 생겨난 섬유가 생각만큼 강하지 않다는 것이었다. 그러나 강도를 높일 방법은 당대에 이미 알려져 있었다. 즉, 별개 물질(폴리에스테르)을 갓 만들어져서 말랑말랑하고 끈기 있는 상태일 때 유리 막대 끝에 묻히고 잡아당겨 길게 늘이는 일을 반복하다 보면 강도가 획기적으로 높아진다는 사실을 연구와 실험을 통해 찾아낸 것이다. 이 방법을 발견한 사람은 캐러더스의 조수 줄리언 힐(Julian W. Hill, 1904~1996)이었다. 잡아당겨서 늘이면 분자의 방향이 평행하게 나열되려고 함으로써 더욱 강도가 높아진다. '연신법'이라고 부르는 이 방법을 이용하면 강한 섬유로 가공할 수 있다.

새로운 물질인 폴리아미드는 스타킹 섬유로 활용되었다. 이는 손상되어도 올이 잘 풀리지 않는 특성을 지녀 'No Run(올이 풀리지 않는다)'을 살짝 변형한 '나일론(Nylon)'이라는 상표명이 되었다.

한편 우울증을 앓고 있던 캐러더스는 청산칼리를 레몬주스에 타서 마시고 스스로 목숨을 끊었다. 1937년의 일로, 캐러더스는 당시 41세 젊은 나이였다. 만약 자살하지 않았다면 그는 틀림없이 노벨 화학상을 받았을 것이다.

## ⊙ 인류사 최초로 완전히 인공 합성된 섬유 나일론이 세상을 뒤덮다

나일론은 인류사 최초로 완전히 인공 합성된 섬유다. 이 섬유는 "석탄, 물, 공기 같은 흔해빠진 원재료로 만들지만 강철보다 강하고, 거미줄보다 가늘며, 어떤 천연섬유보다도 신축성이 뛰어나고, 아름다운 광택을 가졌다"라는 광고 카피와 함께 화려하게 데뷔했다.

뉴욕에서 나일론으로 만든 스타킹이 역사상 최초로 발매되었다. 1940년 5월의 일이다. 한데 놀랍게도 4일 만에 400만 장이 팔렸다고 한다. 그 후 나일론은 낚싯줄이나 수술용 실, 로프, 톱니바퀴 등의 기계 부품으로 보급되어 갔다.

나일론의 분자 모형(부분 구조)

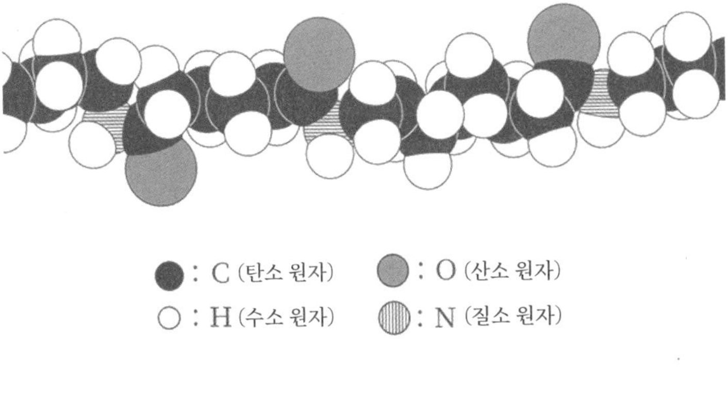

네오프렌을 실연해 보이는 월리스 캐러더스(Wallace Hume Carothers, 1896~1937)

19세기부터 눈부시게 발전해온 근대 화학은 검은 돌멩이(석탄)에서 스타킹 실을 만들 듯 전혀 다른 물질에서 새로운 물질을 만들어내는 마법과도 같은 기술에 그 특징이 있었다.

---

1936년

## 휘발유 고성능화

### 자동차나 항공기 성능 향상에 기여하다

---

**⊙ '유동 접촉 분해법'을 개발하여**
**고성능 휘발유 제조를 가능케 함으로써**
**자동차·항공기 엔진 성능 향상을 이룬 유진 후드리**

프랑스의 유진 후드리는 본래 제강 기술자였다. 그는 취미로 자동차 경주를 하다가 석탄(갈탄)을 원료로 촉매를 이용해서 만든 휘발유의 높은 성능에 감동했다. 이후 그는 고성능 휘발유를 제조하기 위한 촉매 개발에 몰두했다.

촉매란 반응을 촉진하는 물질을 의미한다. 이를테면 1만 년이 걸리는 화학 반응(일상적인 감각으로는 일어나지 않는 반응)을 단 몇 분 만에 완결시킬 만큼 반응 속도를 경이적으로 끌어올린다.

현대 화학 공업은 다양한 촉매를 이용한다. 말하자면 촉매란 현대 문명을 뒷받침하는 마법 같은 물질이다. 문제는 각각의 촉매가 저마다 다른 화학 반응을 보인다는 점이다. 그러므로 최적의 촉매를 찾기 위해서는 닥치는 대로 조사하고 실험해보는 수밖에 없다.

후드리는 활성백토라는 광물이 석유 속에 있는 중유 성분의 긴 탄화수소 분자를 절단해 휘발유 성분인 작은 분자로 만드는 반응을 촉진하는 촉매로 사용될 수 있다는 사실을 밝혀냈다. 그는 미국에서 이 연구 성과를 공업화하는 일에 본격적으로 착수했다. 1936년의 일이다. 그는 이때 탄소 사슬 가지가 많이 갈라져 나온, 구형에 가까운 분자로 변환하는 반응도 일으킬 수 있음을 알아냈다. 구형에 가까운 분자는 더욱 고성능 휘발유인 고옥탄가 휘발유가 된다. 바게트처럼 길쭉하게 생긴 분자를 찧어서 둥근 단팥빵 같은 것을 만들어내는 식이다. 이것을 '접촉 분해(Catalytic cracking)'라고 한다. 자동차가 힘차게 질주하고 항공기가 하늘을 빠른 속도로 비행하기 위해서는 접촉 분해법으로 만든 고성능 휘발유가 필요하다.

후드리는 많은 노력과 시행착오를 거친 끝에 그야말로 '현자의 돌'이라고 할 만한 기적의 촉매를 찾아냈다. 그러나 여전히 문제는 있었다. 석유 분해 반응이 일어나는 과정에서 탄소가 분리되어 나와 촉매를 뒤덮어버리기 때문에 바로 사용할 수 없게 된다는 치명적인 결점이 드러난 것이다. 후드리는 다른 발명가에게 조언을 구했다. 그런 다음 탄소에 뒤덮여 못 쓰게 된 촉매를 회수해 다른 장치에서 표면의 탄소를 태워 부활시켜 보기로 했다. 이 과정에 후드리는 원료 가스와 촉매를 섞어서 반응 장치에 투입하는 '유동 접촉 분해(Fluid catalytic cracking)'라는 획기적인 방법을 고안해냈다. 이것은 오늘날의 석유 화학 콤비나트에서도 개량해서 사용할 정도로 탁월함을 인정받는 방법이다.

이 방법은 고성능 휘발유 제조를 가능케 하여 자동차는 물론이고 항공기 엔진 성능 향상에도 크게 기여했다.

1936년

## 궁극의 독가스

### 인류를 멸망시킬 정도의 무시무시한 신경 가스

⊙ **독일군이 치명적인 독가스를 생산, 비축해 놓고 제2차 세계대전 당시 실전에서 사용하지 않은 진짜 이유는?**

독일은 전 세계적으로 감자를 많이 재배하는 나라이기에 감자 요리가 발달했다. 그 감자에 달라붙어 생장을 방해하는 해충으로 진디류가 있다. IG 파르벤사 연구원들은 이 진디류 살충제로 곤충 신경에 작용해서 죽이는 화합물을 개발하는 일에 몰두하고 있었다. 그 과정에 그들은 인이 들어 있는 유기 화합물을 발견했다. 이것은 표피나 호흡기, 입 등을 통해 곤충 몸속으로 들어가 신경에 작용해 마비시킴으로써 질식사시키는 화합물이다.

독일 화학자 게르하르트 슈라더(Gerhard Schrader, 1903~1990)는 이를 바탕으로 1936년에 타분(Tabun), 1938년에 사린(Sarin)이라

는 독가스를 개발했다. 이들 신경 가스제는 500밀리리터 정도의 액체가 기화해서 가스가 되었을 경우 이론상 수만 명을 죽일 수 있는 궁극의 독물이다.

그런데 어찌 된 일인지 독일군은 독가스를 생산, 비축해 놓고 제2차 세계대전 당시 실전에서 사용하지는 않았다. 정확한 이유를 알 수는 없지만 히틀러 자신의 경험이 그 결정에 영향을 미친 게 아닐까 추정된다. 히틀러는 제1차 세계대전 당시 전령병으로 참전했다가 독가스에 중독되어 입원한 적이 있었다. 그런 터라 그는 이런 유의 신경가스를 섣불리 사용했다가 보복에 보복이 반복되면서 걷잡을 수 없는 사태로 치달을지 모른다는 점을 우려한 게 아니었을까.

1937년

## 아시아의 독가스전

### 독가스 개발에 혈안이 된 일본

⊙ **독가스 생산 공장을 은폐하기 위해 지도에서 섬을 지워버리기까지 한 일본 정부**

독가스는 제1차 세계대전에서 광범위하게 사용되어 그때까지 인류가 단 한 번도 겪어보지 못한 엄청난 참화를 일으켰다.

그러나 그 후에도 세계 여러 나라에서는 독가스 연구와 생산은 중단없이 계속되었다. 그 결과 이탈리아는 아프리카대륙 에티오피아를 침공했을 때 공습 등을 통해 독가스를 살포했다. 무솔리니 정권이 에티오피아를 침략한 일은 '로마제국 부활'을 외치며 대중을 통합한 뒤 대대적으로 벌인 영토 확대 정책의 일환이었다.

일본도 그런 국제적 흐름에 편승해 독가스 개발에 열을 올렸다. 일본은 중국 북동부에 괴뢰국 만주국을 세웠다. 1932년의 일이다. 그 후 일본은 루거우차오 사건(Lugouqiao Incident)을 계기로 중국과의 전면 전쟁에 돌입했다. 이는 1937년의 상황이다. 그 무렵 일본군은 이미 전쟁에 대비해 화학 무기를 개발해 대대적으로 생산하고 있었다. 그중 하나가 세토 내해 오쿠노섬에 건설한 독가스 생산 공장이다. 당시 일본 정부는 지도에서 섬을 아예 지워버리기까지 했다. 왜 그랬을까? 자국의 독가스 생산 사실을 대외적으로 은폐하기 위해서였다. 참고로 이 섬에는 독가스 실험용 토끼가 많았다. 그 연장선에서 오쿠노섬은 오늘날 토끼로 유명한 관광지가 되었다. 역사의 아이러니가 아닐 수 없다.

일본군은 중일 전쟁에서 독가스전에 열중했다. 슈수이강 도하 작전을 비롯해 강을 건너는 작전이나 산악전 등에서 중국군 진영에 겨자가스, 재채기가스 등의 독가스탄을 화포로 발사하는 식이었다. 1939년 무렵의 상황이다. 또한 일본군은 기상천외한 육탄전 병기도 개발해 실전에 사용했다. 좀 더 구체적으로, 맹독성을 지닌 청산을 담은 병을 적군의 전차에 던져서 공격하는 식이었다.

1937년

# 폴리에틸렌 발명

전쟁의 승패를 가른 병기의 존재

## ⊙ 편의점 비닐봉지에도 사용되는 '폴리에틸렌'이 없으면 레이더도 없다?!

제1차 세계대전 중 무선 전기 통신 등의 기술 개발 경쟁이 심화되면서 고전적인 전자공학이 발전했다. 그 과정에 영국에서 본격적인 레이더가 발명되었다. 1930년대의 일이다. 레이더는 전파를 쏘면 비행기나 함선에 부딪힌 것은 반사되어 돌아오므로 이 돌아온 전파를 해석해 거리와 방위를 특정하는 방식이다.

레이더 부품과 케이블에는 고주파를 절연하는 소재가 필요하다. 이에 부합하는 우수한 물질이 지금은 편의점 비닐봉지에도 사용되는 폴리에틸렌(Polyethylene)이다. 이는 절연성과 강도, 가공성이라는 측면에서 그야말로 꿈의 물질이었다. 폴리에틸렌 없이는 레이더도 없었다고 해도 지나치지 않을 정도로 핵심 소재였다. 이렇듯 어떤 물건, 장치든 그것에 최적의 소재(물질)가 있을 때 비로소 실현이 가능해진다.

그 당시에는 에틸렌이라는 분자 수천, 수만 개를 가로로 연결해서 거대한 분자 사슬을 만들어 폴리에틸렌으로 만드는(이런 연결 반응을 '중합 반응(Polymerization)'이라고 한다) 효율적인 방법이 정착돼 있지 않았다. 이 문제를 해결한 주인공은 영국의 ICI(Imperial Chemical Industries)사였다. 1933년, 이 회사의 연구원들이 에틸렌 가스를 1,400기압의 초고압 상태에서 반응시키면서 산소를 섞으면 흰 왁스 형태 폴리에틸렌이 만들어진다는 것을 발견했다. 이는 때마침 반응 용기가 망가진 틈으로 산소가 유입된 탓에 일어난 결과였다. 그 시절에는 에틸렌 같은 작은 분자들이 다수 연결되는 반응은 불가능한 일로 알려져 있었기에 이는 획기적인 발견으로 인정받았다.

그 후 레이더 생산을 위해 폴리에틸렌 생산을 늘릴 필요가 생겼다. 그런 터라 섭씨 400도에 3,000기압이라는 극한의 조건에서 생산하게 되었는데, 그 결과 폭발사고가 잇따라 발생했다. 당시에는 "폴리에틸렌 1톤을 생산하는 과정에 폭발한 장치의 잔해도 1톤이 나온다"라는 말이 나올 정도로 폭발 사고가 빈번히 일어났다.

이런 식으로 최적의 조건을 찾아내기 위한 연구가 계속되었다. 그리고 그 과정에 용기 내에 있는 미량의 산소가 촉매로 작용한다는 사실과 합성의 최적 조건이 발견되었다. 그 결과 에틸렌 가스와 미량의 산소를 고압인 1,000기압에서 반응시키는 방법이 채택되었다.

### ⊙ 제2차 세계대전의 물줄기를 바꾼 '작지만 큰 장치' 캐비티 마그네트론

영국군과 미군은 이 폴리에틸렌을 시의적절하게 발명했기에 레이더 생산과 배치, 개량 작업을 가속화하는 데 성공했다. 그리고 그 덕분에 제2차 세계대전 당시 독일의 런던 공습을 저지할 수 있었다. 이 전투는 런던 등의 도시가 57일간 연일 공습을 당하는 세계 역사상 최초의 대규모 항공전이었다. 역사는 이 전투를 '배틀 오브 브리튼(Battle of Britain)'이라고 부른다. 그러나 영국군은 레이더의 위력으로 독일군을 요격해 독일 항공기 1,700여 대를 격추했다. 결국 히틀러는 영국 본토 상륙 작전을 중지해야 했다.

초기의 레이더는 파장이 100미터 정도인 전파를 사용했다. 그런데 이 전파는 소형 전투기에는 잘 반사되지 않았고, 탐지하는 안테나도 거대한 것이 필요했다. 그런 터라 이후 여러 차례 개량이 이루어졌다. 그 결과 '캐비티 마그네트론(Cavity magnetron, 공동 자전관)'이라는 장치를 통해 파장이 수 센티미터인, '마이크로파'라는 전자기파를 사용하는 정밀도 높은 레이더가 실용화되었다. 그리고 장치와 안테나도 소형이 되었다.

캐비티 마그네트론은 제2차 세계대전의 물줄기를 바꾼 '작지만 큰 장치'다. 참고로, 이 장치를 원류로 발명된 것이 오늘날 인류가 일상적으로 사용하는 가전제품 전자레인지다.

### ⊙ 레이더 기술의 원천 기술이 일본 과학자에 의해 개발되었음에도 일본 정부는 왜 레이더 기술의 중요성을 간과하여 고전했을까?

섬나라 영국에게 인도, 중동, 미국에서 석유, 철광석, 전차, 항공기 등의 물자와 군수용품을 실어 오는 해상 운송 시스템은 생

**바퀴 달린 레이더**

트럭에 장착된 SCR-584는 영국 캐비티 마그네트론을 기반으로 한 레이더 시스템으로 제2차 세계대전 당시 엄청난 활약을 했다.

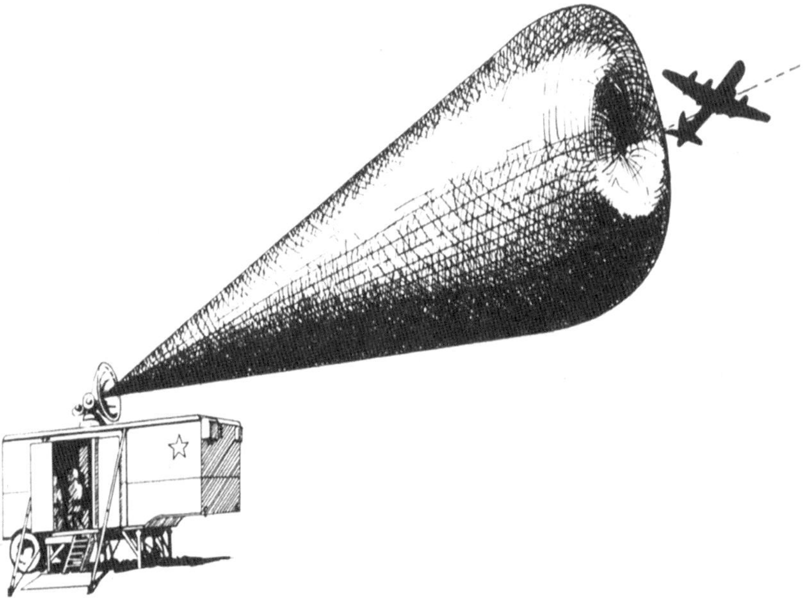

명선과도 같은 것이었다. 그런 터라 적대국 독일군은 잠수함(U 보트)을 이용해 영국의 해상 운송을 끈질기게 위협했다.

독일의 통상 파괴 작전으로 영국은 한때 궁지에 몰리기도 했다. 그러나 많은 시행착오 끝에 초음파를 사용한 탐지 장치와 소형화된 레이더를 탑재한 항공기가 독일 잠수함을 탐색할 수 있게 되면서(당시의 잠수함은 오랫동안 잠수할 수 없었기에 반드시 한동안 물 위로 떠올라서 항해할 필요가 있었다) 독일 잠수함을 차례로 격침시켜 나갔다.

독일도 영국에 뒤처지기는 했으나 자국이 자랑하는 전자공학 기술을 활용하여 레이더를 실용화하고 방공 시스템과 레이더를 탑재한 야간 전투기를 배치했다. 영국의 야간 공습에 맞서 레이더 등을 사용한 전자전(電子戰)을 펼친 것이다. 한편 영국은 독일군의 레이더 방공 시스템에 효과적으로 맞설 수 있는 '채프(Chaff)'라는 전법을 고안했다. 이는 독일군 레이더의 파장을 근거로 산출한 최적 길이의 알루미늄박을 폭격기에서 대량으로 뿌려 레이더를 교란시키는 교묘한 방법이었다.

미국은 남태평양부터 오키나와에 이르는 광대한 지역에서 레이더를 이용해 일본군이 자랑하는 함대와 항공기의 전력을 완전히 괴멸시켰다. 반면 일본은 미국, 영국, 독일과 달리 레이더 기술의 중요성을 간과했다. 그런 경향을 잘 보여주는 일화가 있다. 일본군이 영국령 싱가포르를 점령했을 때의 일이다. 한 일본 군인이 레이더에 사용하는 안테나(지붕에 설치된 텔레비전 안테나 같은 것)의 자료에 "YAGI"라고 적혀 있는 것을 보았다. 그는 자신이 포로로 잡은 레이더 기사에게 "이 YAGI는 무엇인가?"라고 심문

했다. 그러자 그 기사는 "당신네 나라 사람의 이름일 거요"라고 대답했다고 한다. 그 일본 군인은 도호쿠제국대학 야기 히데쓰구(八木秀次, 1886~1976) 교수가 발명한 안테나를 몰랐던 것이다.

이처럼 레이더는 제2차 세계대전 향방을 바꿔놓을 정도로 중요한 전쟁 장비였다. 한데 그토록 중요한 전쟁 장비의 소재이던 폴리에틸렌이 지금은 편의점 비닐봉지로 사용될 만큼 흔해진 이유는 뭘까? 그 이유는 작은 분자를 연결해서 플라스틱 분자를 쉽게 합성할 수 있는 마법 같은 기술이 발명된 덕분이다.

제2차 세계대전이 끝난 뒤 독일과 이탈리아의 두 화학자가 '현자의 돌'이라고도 부를 만한, 플라스틱을 손쉽게 만들어낼 수 있는 촉매를 발견한다.

---

## 1938년
## 테플론 발명
### 원자폭탄 개발을 가능케 한 신소재

---

### ⊙ 우연히 새롭고 혁신적인 플라스틱 분자를 발견하게 된 듀폰사 연구원 플런켓

신참 연구원 로이 플런켓(Roy J. Plunkett, 1910~1994)은 박사 과정을 갓 마치고 듀폰사에 입사했다. 그는 테트라플루오로에틸렌(Tetrafluoroethylene(TFE), $C_2F_4$)이라는 분자를 반응시켜서 독성이 없는 냉매(에어컨이나 냉장고를 차갑게 만드는 데 사용하는 액화하기 쉬운 가스)를 만들려 하고 있었다. 1938년 4월 어느 날의 일이다. 그는 테트라플루오로에틸렌이 들어 있는 반응 용기의 봄베에서 생성물을 꺼내기 위해 밸브를 열었다. 그는 당연히 뭔가 생성물 가스가 나올 것으로 기대했다. 한데 봄베에서 나온 것은 박편 같은 상태의 하얀 분말뿐이었다. 실험이 실패로 끝난 것이었다.

뭔가 이상하다고 생각한 플런켓은 조수와 함께 톱으로 봄베를 절단해 면밀히 조사해보았다. 그러자 그 안에 흰 왁스 상태 고체가 달라붙어 있었다. 그 순간 플런켓은 그것이 테트라플루오로에틸렌 수천 개가 연결되어 생긴 새로운 플라스틱 분자임을 직감했다. 그때까지 많은 화학자가 합성하려고 도전했으나 성공하지 못한 물질이었다.

### ⊙ 나일론과 함께 듀폰사의 최대 발명품인 테플론, 미국 원자폭탄 개발 계획 '맨해튼 계획'의 필수 소재로 떠오르다

이 플라스틱이 바로 마법의 플라스틱 '폴리테트라플루오로에틸렌(Polytetrafluoroethylene, PTFE)'이었다. 훗날 여기에 '테플론(Teflon)'이라는 상표명이 붙어 판매된다. 이는 탄소 원자가 연결된 케이블을 근육질의 마초적인 불소 원자가 잔뜩 둘러싼 구조의 거대한 분자다(—$CF_2CF_2$— 유닛이 수천 개나 연결되어 있다). 이 물질은 황산, 염산, 수산화나트륨 등 온갖 약품에 내성이 있다. 탄소와 불소 원자가 밀착해서 다른 분자의 공격을 튕겨내기 때문이다. 그 표면은 반들반들하고 매끈해서 스케이트를 탈 수 있을 정도다(훗날 이 물질을 소재로 스케이트 링크도 만들어졌다). 게다가 이 물질은 내열성이 뛰어나 고온에도 녹지 않는다.

즉시 합성 방법에 대한 연구가 시작되었으며, '나일론'과 함께 20세기를 대표하는 듀폰사의 발명품이 되었다. '테플론'을 사용한 물건은 프라이팬과 다리미부터 인공 심장과 우주복까지 매우 다양하다.

이 플라스틱으로 만든 개스킷(이음매의 충진재)이나 라이닝(내부 피복)은 부식성 높은 가스나 액체도 견뎌내기 때문에 산업계의 수요가 매우 많았다. 그러나 여기에도 딱 한 가지 결점은 있었는데, 만만치 않은 제작비가 들어가는 고가의 물질이라는 점이었다. 그러나 워낙 매력적인 물질이었기에 얼마든지 자금을 대겠다는 '큰손' 고객이 나타났다. 바로 미국 정부였다. 그도 그럴 것이 테플론은 거대한 국가 프로젝트인 원자폭탄 개발 계획, 즉 '맨해튼 계획'에 없어서는 안 될 물질이었기 때문이다.

테플론($(C_2F_4)n$) (부분 구조)

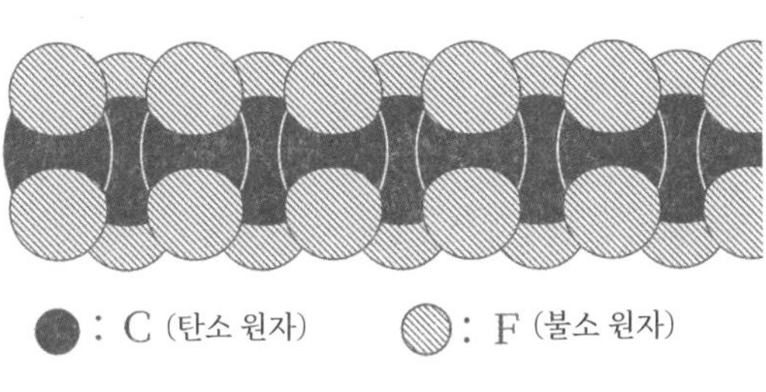

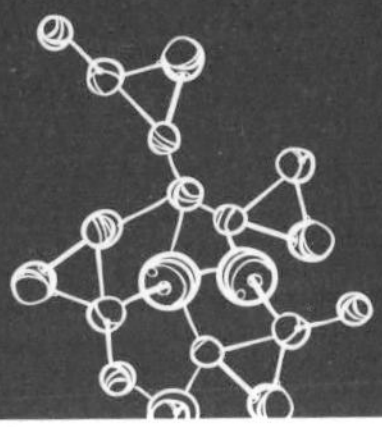

HISTORY
OF
CHEMISTRY

# 5

+

# 제2차 세계대전

–

독일, 이탈리아, 일본은 뒤늦게 제국주의 열풍에 편승했다. 이유가 뭘까? 국가의 통일이 늦어진 탓이 컸다. 아무튼, 그로 인해 이들 국가는 이미 세계의 분할을 끝내려고 하던 미국, 영국, 프랑스 등의 제국주의 국가와 심각한 갈등을 빚을 수밖에 없었다. 결국 독일이 폴란드를 침공하면서 제2차 세계대전의 막이 열렸다. 1939년 9월 1일의 일이다. 경제적으로는, 석유를 수입에 의존하는 독일, 이탈리아, 일본이 석유 자원을 차지할 목적으로 전쟁을 일으킨 것이 제2차 세계대전의 본질이었다. 당시는 자동차 산업 발달로 석유 수요가 폭증한 상황이었기에 더욱 일촉즉발 전쟁 발발 가능성이 컸다.

제2차 세계대전이 터지자 지구의 대부분이 전쟁터로 변했다. 독일, 이탈리아, 일본 3국을 주체로 한 추축국과 미국, 영연방을 주체로 한 연합국, 그리고 이후에 소련이 참전하면서 벌어진 인류 역사상 전대미문의 상황이었다. 여기에는 제1차 세계대전과는 비교도 안 될 만큼 고도로 기계화된 병기가 대량 생산되어 전쟁에 투입되었다.

석유를 목적으로 벌인 전쟁이니 만큼 어쩌면 매우 당연하게도 고도의 기술력을 동원해 제작한 항공기와 전차를 움직이기 위해 막대한 양의 석유가 소비될 수밖에 없었다. 제1차 세계대전 기간 동안 유럽에 보내진 휘발유보다 무려 14배 이상 많은 양의 휘발유를 미 육군 항공대의 전투기와 폭격기가 단 하루 만에 소비할 정도였다.

제2차 세계대전 이후 거대한 유전이 발견된 중국의 석유층 위를 만주에 파견된 일본 관동군이 질주했다. 그리고 리비아의 광대한 석유층 위를 독일의 에르빈 롬멜(Erwin Rommel, 1891~1944) 장군의 아프리카 전차대가 질주하는 상황이 벌어졌다. 이는 그야말로 엄청난 역사의 아이러니라고 할 만하지 않은가.

당시에는 발명된 지 고작 36년 정도밖에 안 된 항공기가 전쟁의 승패를 가르는 결정적인 병기가 되어 맹활약을 하고 있었다. 그런 중요한 전쟁 장비인 항공기에 사용할 휘발유의 성능을 높이기 위해 개발된 신기술이 탄생한 지 얼마 안 된 석유 화학 공업을 경이적으로 발전시켰다.

제2차 세계대전 당시 독일은 고도의 기술력을 보유한 덕분에 개별 성능으로는 연합군보다 우수한 병기를 전쟁에 투입할 수 있었다. 그러나 그런 독일조차 압도적으로 뛰어난 개발력, 공업력, 대량 생산, 보급, 병참을 보유한 미국을 이길 수는 없었다. '우수한 독일 민족이 만든 최강 병기가 패배할 리 없다'라는 나치스와 히틀러의 방심과 자만심이 참담한 패배를 불러온 셈이었다. 오랜 옛날 자신들의 최강 전차가 절대로 패배할 리 없다고 자만하다 아시리아에 패한 히타이트와 이집트처럼 말이다. 이렇게, 역사는 반복된다!

## 1940년

# 영국의 기술

### 미국 과학자가 보고 경악한 21가지 최첨단 기술

**⊙ 영국 물리학자가 작성한,**
**3장의 종이에 적혀 있던 놀라운 개발 프로젝트는?**

트렁크를 든 영국인 몇 명이 미국의 수도 워싱턴 D.C.에 도착했다. 1940년 9월의 일이다. 이 시점에 이미 제2차 세계대전이 영국과 미국의 승리로 끝날 것이라는 점이 거의 확정되었다고 볼 수 있다.

독일군의 공습이 한층 격렬해지는 상황에서 영국 총리 윈스턴 처칠의 특명으로 미국에 보내진 이 트렁크에는 몇 가지 장치와 타자기로 작성된 종이 몇 장이 들어 있었다. 그 내용은 제2차 세계대전의 향방을 결정짓는 것이었다.

전쟁터가 된 유럽으로부터 멀리 떨어진 곳에 있던 미국 과학자들은 이 트렁크 속에 들어 있던 신기술을 보고 경악했다. 예를 들면 레이더 제작에 필요한 캐비티 마그네트론, 비행기가 접근해오면 자동 감지해서 폭발하는 VT 신관, 연료 탱크를 덮어서 설령 탄환이 통과하더라도 금세 구멍을 막아주는 방탄용 신형 고무, 제트엔진 기술 등 21가지 최신 기술이 들어 있었다. 그중에서도 가장 중요한 것은 영국 물리학자가 작성한 3장의 종이에 적혀 있는, 막대한 연구 개발비가 들기는 해도 원자폭탄 제조가 가능하다는 내용이었다.

이 일을 계기로 미국 대통령 프랭클린 루스벨트(Franklin D. Roosevelt, 제32대 미국 대통령 재임 1933~1945)는 과학자로 구성된 새로운 조직인 과학 고문단을 만들었다. 과학 고문단은 각기 다른 분야의 과학자들을 통합해 거대한 국가 프로젝트를 수행하기 위한 조직이었다. 말하자면, 신기술과 압도적인 공업력을 연결시키는 지도적 위치의 조직이 탄생한 것이었다.

---

1941년

## 페트병 발명

### 신소재 플라스틱이 잇달아 탄생하다

---

**⊙ 20세기를 '플라스틱 시대'로 만든, 윈필드와 딕슨이 발명한 신소재 PET**

제2차 세계대전과 더불어 인류의 눈앞에 새로운 단계인 화학 시대의 문이 활짝 열렸다. 이제 전 세계는 새로운 플라스틱 개발 경쟁에 발 벗고 나선 이들의 장이 되었다.

영국 화학자 존 렉스 윈필드(John Rex Whinfield, 1901~1966)와 제임스 테넌트 딕슨(James Tennant Dickson, 1932~1991)은 오늘

날 페트병 소재로 없어서는 안 될 폴리에틸렌 테레프탈레이트(Polyethylene terephthalate, PET)를 발명했다. 1941년의 일이다. 이처럼 PET 자체는 오래전에 이미 발명되었으나 가공 기술 등이 늦어진 탓에 20세기 후반이 되어서야 널리 이용되게 되었다.

PET는 원형이 잘 변하지 않고 다리미 온도도 견뎌내는 까닭에 오늘날 이 물질은 드레스셔츠나 양복, 바지 등에도 이용된다. 게다가 물과 친화성이 거의 없어서 금방 마른다는 성질도 있다.

본래 구리, 알루미늄 등의 금속 원자재는 전쟁에서 사용될 군수 물질로 중요시되어 왔다. 그런 가운데 플라스틱 화학(고분자 화학)이 발흥해 새로운 소재인 플라스틱을 차례로 탄생시키며 20세기를 '플라스틱 시대'로 만들어갔다.

---

1941년

## 인쇄 회로 기판 발명

### 전자 회로를 소형화해 대량 생산하다

---

⊙ **항공기를 격추하기 위한 고사포나 대공 미사일의 성능을 획기적으로 끌어올린 인쇄 회로 기판 제조 기술**

오늘날 전자 기기가 소형화되고 저비용화된 가장 중요한 원인과 비결로 무엇을 꼽을 수 있을까? '인쇄 회로 기판(Printed circuit board, PCB)'에서 그것을 찾을 수 있지 않을까 싶다. 이 기술 개발은 그야말로 전자 기기 소형화는 물론 비용 절감에 지대한 공헌을 했다고 말할 수 있다. 이는 플라스틱 기판에 마치 인쇄하듯 회로를 만들고 여기에 콘덴서, 진공관, 다이오드 같은 장치를 납땜해서 손쉽게 전자 회로를 완성시키는 기술이다.

인쇄 회로 기판을 발명한 이는 오스트리아의 발명가 파울 아이슬러(Paul Eisler, 1907~1992)다. 이는 1941년의 일이다. 인쇄 회로 기판의 제작 공정을 간략히 소개하자면 다음과 같다. 먼저, 페놀 수지 플라스틱 시트에 구리판을 붙이고, 그 위에 배선도를 코팅하듯 인쇄한다. 그런 다음 인쇄로 보호받지 못해 구리가 노출된 부분을 약품으로 녹인다. 이렇게  하면 보호받은 부분만 구리 배선이 남는다. 이는 판화의 에칭(etching)과 비슷한 공정이다. 이렇게 회로를 인쇄하듯 만들고 세척한 다음 구멍을 뚫고 여기에 콘덴서와 진공관 등의 장치를 납땜하면 전자 회로가 순식간에 완성된다. 오늘날에도 여전히 이 기술로 인해 전자 기기를 작고 가볍게 만들 수 있는 것이다.

이 시대에 이르러 인류는 비로소 다양한 전자 회로를 소형화해 대량 생산할 수 있게 되었다. 이는 위에 언급한 인쇄 회로 기판 제조 기술이 발명된 덕분이었다. 제2차 세계대전이 한창 진행될 때 발명된 인쇄 회로 기판은 즉시 병기에 응용되어 고사포 포탄 속에 전자 회로가 장착되었다. 이를 좀 더 자세히 설명하자면 다음과 같다. 포탄에서 방출된 전파가 목표 항공기의 금속에 부딪혀서 반사되면 이에 반응해 목표 지점 바로 근처에서 폭발하는 근접 신관(Proximity fuze) 시스템 등에 적용되어 포탄 기술을 단번에 혁신한 것이다.

항공기를 격추하기 위한 고사포나 오늘날 많은 나라가 보유하고 있는 대공 미사일은 굉장히 빠른 속도로 비행하는 항공기를 정통으로 맞히기가 거의 불가능에 가깝다. 그러므로 항공기 근처에서 폭발시켜 그 파편으로 항공기에 손상을 입히는 방식으로 작동한다. 근접 신관이 도입되기 이전에는 적기의 예상 진입 고도에 맞춰 시한 신관(Timer fuze)이라는 장치의 타이머를 발사 직전에 조정했다. 이때 적기 근처에서 효과적으로 폭발시키려면 어떻게 해야 할까? 답은 간단하다. 즉, 최대한 많이 쏘는 수밖에 없다.

### ⊙ 오늘날의 IT 기술로 80년 전 인쇄 회로 기판이나 진공관 등을 만든다면?

현대의 집적 회로·반도체 메모리 등을 만들 때도 인쇄 회로 기판을 더욱 미세화한 기술, 즉 포토리소그래피(Photolithography)를 사용한다. 이는 빛을 받으면 딱딱해지는 플라스틱을 이용하는 방식의 기술이다. 감광성수지라는 이름의, 치과에서 의사가 검처럼 생긴 수지를 충치에 바른 다음 빛을 쏘아 딱딱하게 만드는 것과 같은 원리다.

오늘날의 IT 기술로 80년 전 인쇄 회로 기판이나 진공관 등을 만든다고 한번 가정해보자. 놀랍게도 우리는 도시 하나 정도가 통째로 들어갈 정도 넓이의 회로 기판을 스마트폰 속 손톱보다 작은 프로세서에 집어넣을 수 있다.

1941년

# 태평양 전쟁 발발

일본은 왜 미국 진주만 기지를 기습해야 했나

## ⊙ 미국 국민의 전의를 단숨에 끌어올린, 선전 포고조차 없는 일본의 기습 공격

파죽지세로 진격하는 독일군의 위력 앞에 네덜란드와 프랑스가 항복했다. 동남아시아 식민지의 종주국이 괴멸 상태가 되고 영국이 궁지에 몰렸다. 그러자 일본에서는 "버스가 떠나기 전에 얼른 타야 한다"라며 동남아시아로 진격할 것을 요구하는 목소리가 높아졌다. 1940년 무렵의 상황이다. 당시 일본은 미국, 영국, 네덜란드 등으로부터 경제 봉쇄를 당해 일본에게는 생명선이나 다름없던 미국에서의 석유 수입이 끊겨버렸다. 그 바람에 얼마 되지 않던 국내 석유 비축분에 의지해야 하는 상황이 되었다. 이는 일본이 중일전쟁을 일으킨 탓에 중국을 통해 이익을 노려온 미국과 정면으로 대립한 결과였다. 이런 녹록지 않은 상황 속에서 일본이 석유 문제를 해결할 방법은 독일에 점령당한 네덜란드의 아시아 식민지인 인도네시아 수마트라섬의 팔렘방 유전 등을 차지해서 조달하는 길밖에 없었다.

일본 해군의 항공모함에서 출발한 항공기 부대가 하와이 진주만에 있는 미군 기지를 습격했다. 1941년 12월 8일(하와이 시각으

일본군의 진주만 공격으로 파괴된 미군 구축함 USS Downes와 USS Cassin

로는 12월 7일)의 일이다. 일본 입장에서는 팔렘방 유전을 하루 바삐 점령하고 석유 운송에 필요한 제해권을 확보하기 위해 미국 태평양 함대와 영국 동양 함대를 격퇴하거나 몰아내야 했던 것이다. 그러나 애초 타깃으로 삼은 미군의 신예 항공모함은 진주만에 없었다. 일본군이 격침시킨 것은 대부분 미군의 구식 전함이었다.

미국은 지체없이 대응에 나섰다. 루스벨트 대통령이 즉각 일본에 선전포고를 했다. 선전 포고조차 없는 일본의 기습 공격은 미국 국민의 전의를 단숨에 끌어올렸다.

일본 해군 항공기는 말레이반도 앞바다에서 영국 동양 함대가 자랑하는 신예 전함과 순양함을 공격해 침몰시켰다. 1941년 12월 10일의 일이다. 이는 항해 중인 전함을 항공기만으로 격침시킨 역사상 최초 사례가 되었다.

이렇게 해서 일본군은 미국과 영국의 위협적인 해상 전력을 일시적으로 제거했다. 이후 일본군은 네덜란드군과 교전을 벌였다. 그리고 결국 낙하산 부대의 기습으로 팔렘방 유전과 제유소(製油所)를 점령했다. 1942년 2월의 상황이다.

## ⊙ 미국의 놀라운 위력을 유감없이 보여준 4개의 거대 프로젝트

미국의 천연고무 수입이 급감했다. 일본군이 순식간에 동남아시아를 석권하고 말레이반도의 고무농장 등을 점령한 탓이었다. 이에 미국은 타이어, 기계류 벨트, 개스킷 등 각종 병기와 전쟁 수행에 필요한 합성고무를 대량 생산하기 위해 국가적인 프로젝트를 실시했다. 그 결과, 미국은 1941년 시점에 231톤밖에 안 되던 합성고무 생산 능력을 1945년에는 92만 톤까지 늘렸다.

미국은 과학자들을 동원하고 조직화해 즉시 대량 생산 시스템으로 연결시키는 놀라운 힘과 능력을 제2차 세계대전을 통해 보여준 것이다. 이는 합성고무, 항공기용 고옥탄가 휘발유, 페니실린, 맨해튼 계획이라는 4개의 거대 프로젝트로 상징된다.

---

1942년

## 원자폭탄 개발 계획

**궁극의 파괴 병기 개발에 몰두하는 인류**

---

**⊙ 거대 원자인 우라늄 원자의 원자핵에 중성자를 충돌시키면 원자핵이 파괴되어 분해된다는 사실을 발견한 프리츠 슈트라스만**

과학 기술이 급속도로 발전하면서 원자의 구조도 밝혀졌다. 20세기 초부터 진행된 상황이다.

원자 구조는 태양계와 비슷하다. 그중 태양에 해당하는 것이 원자핵이다. 원자핵은 양성자와 중성자라는 입자로 구성되어 있으며, 양성자의 수가 원소 기호를 결정한다. 양성자는 플러스 전기를 띠므로 서로 반발한다. 그 반발을 없애서 연결하기 위한 입자가 중성자다. 양성자와 중성자는 무게가 거의 같다. 그리고 태양 주위를 도는 행성에 해당하는 것이 전자라는 매우 작은 입자다.

독일 화학자 오토 한(Otto Hahn, 1879~1968)과 프리츠 슈트라스만(Fritz Straßmann, 1902~1980)은 거대한 원자인 우라늄 원자의 원자핵에 중성자를 충돌시키면 원자핵이 파괴되어 분해된다는 사실을 발견했다. 이는 1938년의 일로, 원자의 중심에 있는 원자핵에 관한 연구를 한창 진행하던 중에 일어난 일이다.

### ⊙ 아주 미세한 질량이 에너지로 바뀌어도 막대한 에너지가 열이나 빛으로 방출되는 무시무시한 핵분열

우라늄 원자는 거대한 원자다. 이 원자의 경우 중심에 있는 원자핵이 중성자의 충격을 받아 쉽게 찢어진다. 공동 연구자 중 한 명인 물리학자 리제 마이트너(Lise Meitner, 1878~1968)가 이것을 '핵분열(Nuclear fission)'로 명명했다. 마치 세포 분열처럼 원자핵이 둘로 나뉜다는 의미에서였다.

또한 핵분열이 일어나면 연쇄 반응을 일으켜 일순간에 기하급수적으로 핵분열이 진행된다는 사실도 밝혀졌다. 일단 핵분열이 시작되면 이내 중성자가 2~3개 튀어나와서 주위 원자핵과 충돌해 분열시키는 식으로 말이다.

우라늄에서든 우라늄이 아닌 원자에서든 원자핵의 핵분열 전후 원자핵이 아주 약간 질량을 잃는다. 이때 원자핵이 잃어버린 질량은 에너지로 변환된다. 놀랍게도 그 과정에 아주 미세한 질량이 에너지로 바뀌더라도 막대한 에너지가 열이나 빛으로 방출된다. 그 이유는 질량에 빛의 속도(초속 30만 킬로미터)의 제곱을 곱한 값이 방출되는 에너지 값(아인슈타인이 이끌어낸 $E=mc^2$)이기 때문이다. 양성자와 중성자가 엄청나게 강력한 힘으로 연결되어 있던 원자핵이 찢어지면서 그 강한 힘에 해당하는 에너지가 사라지는 순간 방출되는 것이다. 이 거대한 에너지를 일순간에 해방시키는 것이 원자폭탄이다. 그리고 천천히 지속적으로 에너지를 해방시켜서 열원으로 이용하는 것이 원자력 발전이다.

### ⊙ 미국 군부가 원자폭탄 개발을 위한 '맨해튼 계획'을 추진할 과학자들의 리더로 물리학자 오펜하이머를 선택한 까닭

리제 마이트너와 그의 조카인 물리학자 오토 프리슈(Otto Robert Frisch, 1904~1979)는 물리학의 대가 닐스 보어에게 핵분열이 성공한 사실을 전해주었다. 이내 보어는 미국 학회에서 핵분열 실험 결과를 발표했다. 많은 과학자가 보어의 발표 내용에 귀를 기울였다. 그리고 그들은 원자의 핵분열 에너지를 추출할 수 있다면 엄청난 에너지원이 될 것임을 직감했다. 또한 그들이 가공할 무기 원자폭탄의 가능성을 깨닫기까지 그리 시간이 오래 걸리지 않았다.

당시에는 나치스의 박해를 피해 많은 유대인 과학자가 미국으로 망명하고 있었다. 그중에는 물리학자 레오 실라르드(Leo Szilard, 1898~1964)와 알베르트 아인슈타인도 있었다. 나치스 독일의 원자폭탄 개발을 우려한 실라르드는 거기에 대항해 미국도 원자폭탄 개발을 서둘러야 한다고 경고 및 조언하는 편지를 썼다. 그런 다음 그는 아인슈타인의 자필 서명을 받은 편지를 루스벨트 대통령에게 보냈다. 1939년의 일이다. 루스벨트는 이 편지를 받아 읽은 뒤 즉시 행동에 나서지는 않았다. 얼마 후 영국의 윈스턴 처칠 총리가 보낸 '원자폭탄 제작은 가능하다'라는 내용의 보고서가 도착했다. 당시만 해도 원자폭탄 연구에 관한 한 영국이 미국보다 앞서 있었던 것이다. 루스벨트 대통령은 결국 원자폭탄 개발 계획을 발동시켰다. 프로젝트의 코드명은 '맨해튼 계획(Manhattan Project)'으로 정해졌는데, 맨해튼에 사무실을 차렸기 때문이다. 이는 1942년 10월의 일이다.

미국 군부가 이 엄청난 계획을 추진할 과학자들의 리더로 캘리포니아대학 버클리의 교수 로버트 오펜하이머(J. Robert Oppenheimer, 1904~1967)를 선택했다. 오펜하이머는 단순한 물리학자가 아니었다. 그는 카리스마가 있으면서도 영업사원의 센스와 매니지먼트 능력 또한 갖춘 인물이었다. 오펜하이머는 세계적으로 유명한 과학자들을 최대한 모아서 팀을 만들면 그들을 동경하고 흠모하는 젊은 연구자들이 자발적으로 프로젝트에 참여할 것이라고 기대했다. 그는 즉시 각 분야에서 최고로 인정받는 저명한 과학자를 영입하는 일에 착수했다. 그 면면을 살펴보면 엔리코 페르미(Enrico Fermi, 1901~1954, 1938년 노벨 물리학상 수상), 한스 베테(Hans Bethe, 1906~2005, 1967년 노벨 물리학상 수상), 천재로 이름 높은 수학자 존 폰 노이만(John von Neumann, 1903~1957), '수소폭탄의 아버지' 에드워드 텔러(Edward Teller, 1908~2003, 1991년 이그노벨 평화상 수상) 등이다. 그 밖에 이들을 동경하고 흠모해서 모여든 젊은 과학자 중에는 리처드 파인먼(Richard Feynman, 1918~1988, 1965년 노벨 물리학상 수상) 등이 있었다.

### ⊙ 원자폭탄의 두 가지 유형, '우라늄형'과 '플루토늄형'

맨해튼 계획에서 채택된 원자폭탄에는 두 가지 유형이 있다. 하나는 2개의 우라늄 덩어리를 나눠 놓고 한쪽을 권총 총알처럼 발사해서 다른 쪽에 충돌시켜 대폭발을 일으키는 '우라늄형(히로시마형)'이다. 다른 하나는 원자로에서 우라늄으로부터 플루토늄이라는 원소를 제조하고 이 플루토늄 주위에서 폭약으로 충격파를 가함으로써 플루토늄을 압축시켜 대폭발을 일으키는 '플루토늄형(나가사키형)'이다.

덧붙여서 간략히 설명하자면, 구조는 간단하지만 원료 제조가 어려운 것이 '우라늄형', 원료 제조는 간단하지만 구조가 복잡한 것이 '플루토늄형'이다.

플루토늄은 원자로에서 우라늄을 가지고 만들어야 한다. 우라늄 광석을 채굴할 수 있는 최적지는 콩고와 체코의 요아힘스탈 광산이었다. 그런데 당시 체코는 독일에 점령되어 있었다. 그래서 미국은 콩고의 광산에서 산화 우라늄을 채굴하고 정제해 수입하기로 했다. 문제는 당시 콩고가 벨기에 영토였고, 벨기에 또한 독일에 점령돼 있었다는 점이다.

고민 끝에 미국은 첩보 부대를 파견하여 독일 몰래 콩고산 우라늄 화합물을 대량으로 미국까지 운송하는 극비 작전을 진행하기로 했다. 역사의 이면에 영화 〈007〉 시리즈를 방불케 하는 실화가 존재한 것이다. 그리고 이 우라늄 원소는 마침내 히로시마와 나가사키로 향하게 된다.

### ⊙ 우라늄 농축 공정에 '테플론'이 절대적으로 필요한 이유는?

천연 우라늄 원자는 '무거운 우라늄'과 '가벼운 우라늄'의 혼합물로 이루어져 있다. 이처럼 같은 원소이지만 무게가 다른 원자를 '동위 원소' 혹은 '동위체'라고 한다. 주기율표에서는 동일한 원소로서 같은 위치에 있으므로 동위 원소다. 영어로는 '아이소토프(isotope)'라고 한다. 이는 그리스어에서 '같다'라는 의미의 '이소스(isos)'와 '장소'라는 의미의 '토포스(topos)'가 합쳐진 단어다.

우라늄 235는 우라늄 동위 원소 중에서 가벼운 쪽이다. 이는 0.7퍼센트밖에 되지 않는다. 나머지 99.3퍼센트는 무거운 쪽인 우라늄 238이 차지한다. 우라늄형 원자폭탄을 만들려면 가벼운 쪽인 우라늄 235를 0.7퍼센트에서 90퍼센트 이상으로 농축해야 한다. 원자폭탄 제조 과정에서 이 농축 공정이 가장 중요하다. 참고로, 원자력 발전에서 사용하는 우라늄 연료는 우라늄 235를 3~5퍼센트까지만 농축한다.

우라늄 235를 농축하는 방법에는 '기체 확산법(Gaseous diffusion process)'과 '원심 분리법(Centrifuge process)' 두 가지가 있다. 맨해튼 계획에서는 이 중 '기체 확산법'이 적용되었다. 우라늄 광석을 원료로 우라늄을 불소와 반응시켜서 육불화 우라늄(Uranium Hexafluoride, $UF_6$)이라는 기체로 만든다. 그런 다음 이 기

◇ 핵분열 연쇄 반응 모식도

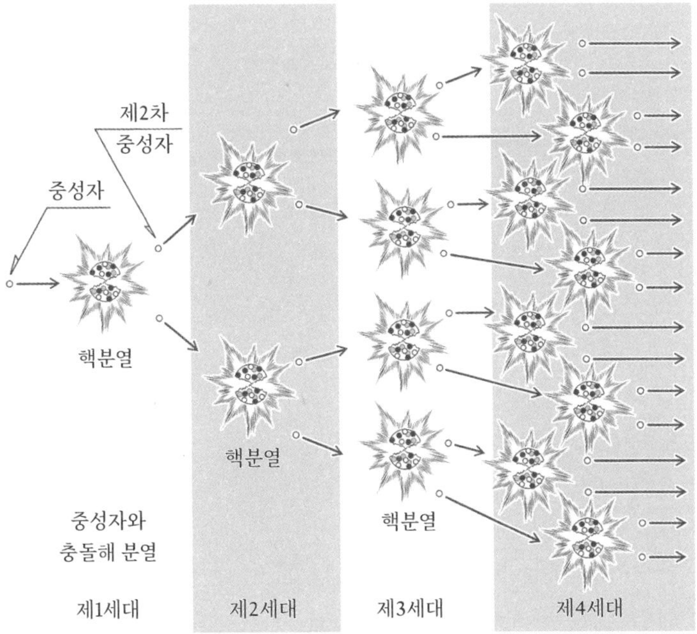


◇ 리틀보이

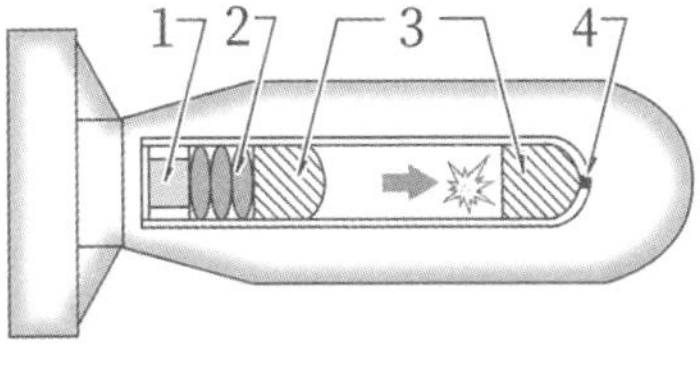


1: 기폭 장치
2: 고성능 폭약
3: 우라늄 235
4: 폴로늄·베릴륨 반응 개시 장치

◇ 팻맨

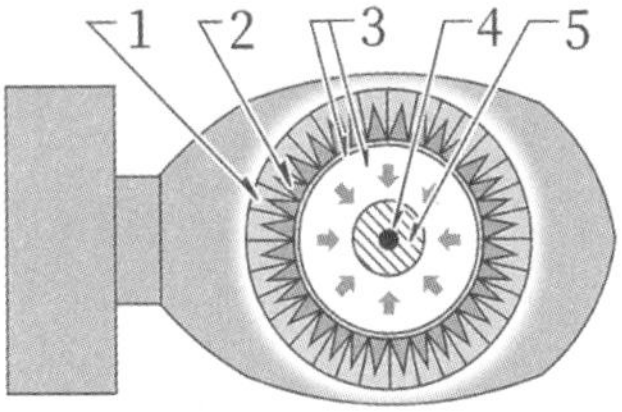


1: 빠른 폭약(32개)
2: 느린 폭약(32개)
3: 탬퍼(반사재)
4: 폴로늄·베릴륨 반응 개시 장치
(골프공 크기)
5: 플루토늄(소프트볼 크기)

제2차 세계대전 때 일본 히로시마 상공에 투하된 원자폭탄 '리틀보이'의 후속 모델

체를 진공 상태인 방에 불어 넣는다. 이렇게 하면 가벼운 쪽인 우라늄 235가 들어 있는 육불화 우라늄 기체는 멀리까지 날아간다. 가벼운 쪽인 우라늄 235는 이런 방식으로 농축된다. 비유하자면 씨름 선수와 마라톤 선수를 모아 일제히 출발시킨 다음 결승점 앞에서 먼저 도착한 마라톤 선수들을 따로 모으는 식이다.

이 공정에서 다루어지는 불소와 육불화 우라늄은 부식성이 강한 기체다. 그래서 제조 장치의 파이프나 용기 등도 부식시킨다. 당시 이미 발명되어 있던 테플론은 부식성의 위협에 가장 강한 물질이다. 그러므로 이 공정에서의 부식을 막기 위해 테플론이 사용되었다. 말하자면 테플론으로 만든 라이닝과 개스킷 등이 있었기에 우라늄 농축 공정이 가능했던 것이다.

원자폭탄, 핵무기라고 하면 물리학의 영역이라고만 생각하는 사람도 많을 것이다. 그러나 물건을 만들기 위해서는 그 소재인 물질이 필요하다. 그런 의미에서 물질을 합성하고 생산하는 화학 기술이 산업화, 실용화의 열쇠를 쥐고 있는 셈이다.

### ⊙ 플루토늄형 원자폭탄을 폭약의 충격파로 핵폭발을 일으킬 때 반드시 100만분의 2초 이내에 동시 폭발시켜야 하는 까닭

플루토늄형 원자폭탄을 만들려면 먼저 플루토늄을 제조해야 한다. 플루토늄은 천연광석에서 채굴하는 것이 아니라 원자로에서 인공적으로 만들어야 한다. 그런 터라 우라늄에 중성자를 충돌시켜서 플루토늄을 만드는 원자로가 건설되었다. 무거운 우라늄 원자, 즉 우라늄 238에 감속시킨 중성자를 충돌시키면 플루토늄으로 바뀐다.

플루토늄형 원자폭탄은 플루토늄 덩어리를 주위에 있는 폭약의 충격파로 압축해서 핵폭발을 일으키는 방식이다. 이것을 '폭축형(내폭형(Implosion-type))'이라고 한다. 이 공정에 매우 높은 기술력이 요구되는데, 균등하게 압축시켜야 하기 때문이다.

천재 수학자 존 폰 노이만의 계산을 통해 플루토늄 주위를 32개 블록으로 만들고, 폭약을 동시에 점화해서 압축시키는 방법이 발명되었다. 이 폭약은 동시에 폭발해야 한다. 허용되는 시간 차는 100만분의 2초 이내였다. 이보다 큰 시간 차가 발생하면 핵폭발은 실패로 끝난다.

---

1942년

## 페니실린 실용화

감염증에 대항하는 궁극의 무기가 등장하다

---

⊙ 영국 수도 런던이 독일군에게 공습당할 위기 속에서도 페니실린 연구에 몰두한 두 병리학자, 플로리와 체인

알렉산더 플레밍은 우연히 페니실린을 발견하여 과학사·의학사의 발전에 크게 기여했다. 1928년의 일이다. 그러나 비록 페니

실린이 발견되고 단리(분리)되기는 했으나 즉시 약으로는 발전하지 못하고 있었다. 한편 도마크가 설파제를 발명하면서 병원균의 증식을 막는 항균제 연구가 활발해졌다. 1930년대 후반부터의 상황이다.

하워드 W. 플로리(Howard Walter Florey, 1898~1968)는 옥스퍼드대학에서 근무하는 병리학자였다. 언스트 보리스 체인(Ernst Boris Chain, 1906~1979)은 독일에서 온 생화학자다. 유대인이던 체인은 나치스의 유대인 박해 정책을 피해 영국에서 망명 생활을 하고 있었다. 두 과학자는 공동 연구 형태로 항균성 물질을 탐색하는 과정에 플레밍이 발견한 페니실린에 주목하게 되었다. 이후 그들은 본격적으로 페니실린의 단리와 생산을 목표로 연구를 시작했다.

이 시대에 세균 감염으로부터 보호하는 것이 중차대한 과제로 떠올랐다. 이는 제2차 세계대전이 발발하면서 많은 나라의 많은 전쟁터에서 발생한 부상병의 생명을 구하고 치료하는 일이 그만큼 절박했기 때문이다. 이 과제를 해결할 수 있는 결정적인 열쇠는 항균성 의약품뿐이었다. 설파제로도 퇴치할 수 없는 병원균에 대해서도 효과가 탁월한 항균성 물질을 개발하는 일은 시대적 요청이기도 했다.

당시 런던은 독일군의 공습 위협에 항상 노출되어 있었다. 언제 독일군이 영국 본도로 상륙해 밀고 들어올지 알 수 없는 일촉즉발의 위기 상황이었다. 이런 절박한 상황에서 플로리와 체인은 서로 흩어져서 피난 가게 되더라도 연구를 멈추지 않고 계속할 수 있도록 항상 흰 옷에 연구 대상인 '푸른곰팡이'를 묻혀 놓고 있었다.

고생 끝에 두 화학자가 단리시킨 극소량의 페니실린 결정을 사용해서 실시한 동물 실험이 대성공을 거두었다. 그들은 장미 가시에 찔린 상처가 원인이 되어 패혈증에 걸려 죽을 날만 기다리고 있던 한 경찰관에게 페니실린을 투여했다. 그러자 놀랍게도 죽음의 문턱까지 다다라 아슬아슬한 상태에 놓여 있던 그가 회복 조짐을 보이기 시작한 것이다(그러나 안타깝게도 페니실린 양이 부족한 탓에 지속해서 투여하지 못해 결국 사망했다).

연구팀은 마법과도 같은 페니실린 효과에 감탄했다. 이후 체인은 더욱 실험과 연구에 몰두하여 페니실린 성분이 한 종류의 분자임을 밝혀냈다.

### ⊙ 푸른곰팡이보다 70배 많은 페니실린을 배양하는 아름다운 '멜론의 금색 곰팡이'를 우연히 발견하다

플로리는 만사 제쳐놓고 미국으로 건너갔다. 페니실린 대량 생산 시스템을 구축하기 위해서였다. 이는 1941년의 일이다. 그는 일리노이주 피오리아의 농무부 연구소를 방문해 대량 생산 기술 연구를 공동으로 진행하자고 제안했다. 다행히도 그 제안은 받아들여졌고, 연구 결과 남아도는 옥수수로 만든 시럽이 페니실린을 만드는 푸른곰팡이를 10배로 번식시킨다는 사실을 알게 되었다.

당시 피오리아의 농무부 연구소에서는 수백 종류의 곰팡이를 모아 놓고 효율적으로 페니실린을 생산하는 푸른곰팡이를 탐색 실험실 연구원이 푸른곰팡이가 들어 있는 용액을 옥수수 시럽에 넣고 있다.
푸른곰팡이와 옥수수 시럽이 만난 결과 페니실린 대량 생산의 길이 열렸다.

하고 있었다. 그러던 어느 날의 일이다. 그 연구소의 한 직원이 피오리아 시내 과일 가게에서 아름다운 금색 곰팡이로 뒤덮인 머스크멜론을 사 가지고 왔다. 그리고 이 곰팡이를 배양한 결과, 옥스퍼드대학에서 연구하며 배양했던 푸른곰팡이보다 70배나 더 많은 페니실린을 배양한다는 사실이 밝혀졌다. 놀라운 일이 아닐 수 없었다. 그도 그럴 것이 옥수수 시럽과 푸른곰팡이를 조합하여 페니실린을 대량 생산할 길이 열린 것이다.

미국 정부는 이런 놀라운 성과를 바탕으로 페니실린을 대량 생산하겠다는 원대한 계획을 세웠다. 그리고 그 계획의 연장선에서 머크(Merck & Co.)와 화이자(Pfizer), 스퀴브(Squibb) 같은 미국의 대형 제약 기업이 구체적인 페니실린 대량 생산 체제에 들어갔다. 1942년 무렵의 상황이다. 이로써 수작업으로 곰팡이를 배양하고 단리하던 시대와 비교하면 무려 2만 배나 더 효율적인 방식으로 페니실린을 생산할 수 있게 되었다. 이는 거의 전적으로 화학 공업이 탄생시킨 최신 장치 덕분이었다.

### ⊙ 페니실린은 어떻게 세계사를 바꿨나?

의약품으로 실용화된 페니실린은 그야말로 세상을 바꾼 약이 되었다. 이 약은 프랑스 노르망디 해안에 상륙한 연합군 병사와 남태평양에서 목숨 걸고 싸우는 미군 병사를 감염병 위협으로부터 구해냈다. 페니실린이야말로 과거에 연금술사들이 그토록 오랫동안 찾아 헤매 다닌 '현자의 돌'이라고 말해도 지나치지 않을 것이다.

페니실린 발명을 계기로 천연 곰팡이나 균이 만들어내는 경이적인 작용에 관해 분자 층위의 탐색이 시도되었다. 그 결과 인류를 오랫동안 괴롭혀온 결핵균에 대한 항생 물질이 개발되어 발매되기 시작했다. 1944년의 일이다. 생화학자이며 미생물학자인 셀먼 에이브러햄 왁스먼(Selman Abraham Waksman, 1888~1973)이 그 주인공이다. 그는 토양에서는 결핵균이 사멸하는 현상에서 실마리를 찾아 토양 속에 사는 방선균이라는 미생물 중 하나인 스트렙토미세스(streptomyces)가 생산하는 스트렙토마이신(Streptomycin)을 발견했다.

스트렙토미세스는 그리스어에서 '꼬였다'라는 의미의 '스트렙토스(streptos)'와 '균'을 의미하는 '미세스(myces)'가 합쳐진 단어다. 스트렙토미세스가 만들어내는 분자가 결핵균에 큰 위력을 발휘한다. 약 이름이 '–마이신'으로 끝난다면 그것은 균류에서 유래한 항생 물질이라는 말이다.

참고로, 왁스먼은 곰팡이나 세균이 만들어내는, 다른 병원균을 공격하는 물질을 '항생 물질(안티바이오틱스(antibiotics))'이라고 부른 최초의 인물이다. 그는 1952년 노벨 생리학·의학상을 수상했다.

20세기 중반부터 현대까지 다양한 항생 물질, 이식 수술을 뒷받침하는 면역 억제제, 항암제 등이 천연 곰팡이와 박테리아 등에서 발견되어 왔다. 방선균은 항생 물질의 보물섬이라고 말해도 지나치지 않다. 그도 그럴 것이 현재 이용되는 다양한 항생 물질의 70퍼센트 이상이 방선균이 만들어내는 분자에서 유래한 것이기 때문이다.

1943년

## 독일의 원자폭탄 개발

영국군의 집요한 방해공작으로 좌초하다

**⊙ "우라늄이나 플루토늄이 핵분열을 일으키면 막대한 에너지를 방출해 런던 정도의 도시는 과일 한 개 정도 크기의 폭탄으로 날려버릴 수 있다"**

독일 물리학자 베르너 하이젠베르크(1932년 노벨 물리학상 수상)는 독일의 원자폭탄 개발 계획에서 리더 위치에 있었다. "우라늄이나 플루토늄이 핵분열을 일으키면 막대한 에너지를 방출해 런던 정도의 도시는 과일 한 개 정도 크기의 폭탄으로 날려버릴 수 있다"라는 믿기 힘든 이야기가 시발점이었다. 이러한 과학자들의 이야기를 들은 독일 군부가 원자폭탄 가능성에 주목하면서 프로젝트가 시작된 것이다.

하이젠베르크는 덴마크 물리학자이자 존경하는 스승인 닐스 보어를 만나 원자로에 관한 메모를 건넸다. 이 메모는 미국으로 망명한 유대인 물리학자들에게 알려졌고, 독일에서 원자 폭탄 개발이 진행되고 있다는 인식이 확산되었다.

하이젠베르크는 움직임을 느리게 만든 중성자를 우라늄에 충돌시켜서 플루토늄을 생산해 원자폭탄을 제조하는 방법을 썼다. 그는 먼저 중성자를 감속시키기 위한 재료를 검토했다. 중성자를 감속시키는 데 사용되는 재료로는 흑연(탄소)과 중수(重水, 일반적인 수소 원자보다 무거운 수소 원자로 구성된 물)가 있는데, 그는 이 가운데 중수를 사용했다. 한데 중수를 만들려면 풍부한 전력이 필수적이다. 왜냐하면 물의 전기 분해를 반복해 농축시켜야 하기 때문이다.

### ⊙ 텔레마르크의 중수 제작 공장을 공습으로 폭파해 독일의 원자폭탄 개발 계획에 치명타를 입힌 영국

노르웨이 노르스크 하이드로사(Norsk Hydro ASA) 공장(전기를 이용한 반응으로 비료를 만드는 공장)에서는 한창 연구용 중수를 제조하고 있었다. 당시 이 공장은 텔레마르크에 있는 수력 발전소에 병설된 형태로 운영되었다. 그 무렵 독일 정부는 이 공장에 다량의 중수 제작을 발주했다.

영국군은 독일의 이런 움직임을 감지하고 공장 설비를 파괴하고자 특수 부대를 파견했다. 그러나 작전은 실패로 돌아갔고, 험준한 산악 지형과 악천후 탓에 글라이더가 추락해 살아남은 부대원도 모두 게슈타포에 체포되어 처형당하는 등 불운의 연속이었다. 그러나 결국 거너사이드 작전(Operation Gunnerside)에서 특수 부대가 공장에 잠입해 전기 분해 장치를 폭파하는 데 성공했다. 1943년의 일이다. 이 일로 인해 독일의 원자폭탄 개발 계획은 시작 단계에서 좌초하고 말았다. 그도 그럴 것이 영국군 특수 부대원이 중수를 운반하는 페리까지 모두 폭파·침몰시켰기 때문이다.

1943년

# 독일 본토 공습

전파와 레이더 '전자전'

## ⊙ 유럽의 밤하늘에서 전혀 새로운 차원의 '전자전'이 펼쳐지다

미국과 영국의 독일 본토 공습이 한층 격렬해졌다. 1943년 이후의 상황이다. 그해 5월에는 영국 공군이 독일 루르 지방 상류에 있는 댐을 파괴해 타격을 입히는 작전을 펼쳤다. 미국과 영국이 루르 지방을 대대적으로 공습한 이유는 공업 지대가 모여 있는 곳이기 때문이었다.

이때 분당 500회전으로 자전하며 수면을 통통 튀어서 댐까지 접근하고, 댐에 부딪히면 물속으로 가라앉아서 폭발하는 특수 폭탄(Upkeep, Bouncing bomb)이 사용되었다. 양군이 이 폭탄을 사용한 이유는 댐의 호수에 어뢰를 막기 위한 방호 그물 등이 설치되어 있었기 때문이다.

그해 7월에는 함부르크 시내에서 시민 4만 명이 희생당하는 참사가 발생했다. 조선소는 물론이고 도시 전체가 대대적인 공습을 당해 온통 화염지옥으로 변한 탓이었다. 이 공습에서 영국군 폭격기는 독일의 정밀한 레이더 방공망을 교란하기 위해 독일군이 사용하는 레이더의 파장을 바탕으로 산출한 길이의 알루미늄박 40톤을 공중에 흩뿌렸다. 그 바람에 독일군 레이더는 난반사된 가짜 영상에 영향을 받아 무용지물이 되었다. 이 기법이 바로 '채프'다.

유럽의 밤하늘에서는 그때까지와 완전히 새로운 단계의 싸움인 전자전이 펼쳐졌다. 전자전은 적군의 전파를 사용하는 장치와 그 장치를 교란시키는 것을 주요 목적으로 삼는 전투라고 규정할 수 있다. 전자전을 위해서는 비행기를 전파로 유도하는 시스템, 레이더로 지상의 형상을 비추는 시스템 등이 빠짐없이 갖춰져 있어야 한다. 여담이지만, 현대 항공기 중에는 전자전 전용의 정보 수집기가 갖춰져 있어서 레이더 방공 시스템의 파장을 수집해 분석하기도 한다. 왜냐하면 파장을 알고 있으면 '채프'를 시도해볼 수도 있고, 방해 전파를 쏘는 등 다양한 방해 공작을 실행할 수 있기 때문이다.

제2차 세계대전 중에 항공기와 항공기의 대규모 야간 전투가 종종 벌어졌는데, 당연한 말이지만 야간에는 상대방의 항공기나 목표를 눈으로 확인할 수가 없기 때문에 레이더와 유도 장치 등 전파를 사용하는 전자전의 양상을 띠었다.

이런 기술을 개발하기 위한 각국의 치열한 경쟁은 전자 기술을 비약적으로 발전시켰다. 그리고 고도로 발달한 전자 기술은 컴퓨터와 IT 사회를 뒷받침하는 전자 통신 기술의 원류가 되었다.

미군의 대형 폭격기 179기는 초저공으로 비행하여 독일군과 이탈리아군에 석유 공급을 담당하는 심장부 격인 루마니아 플로이에슈티 유전을 폭격하는 '해일 작전(Operation Tidal Wave)'을 실행했다. 1943년 8월의 일이다.

1945년 3월 독일 에르크너를 폭격하는 미국 공군 B-17폭격기

## ⊙ 휘발유 성능을 높이는 것이 전쟁 승리의 열쇠였다고?

이처럼 제2차 세계대전 당시 항공기는 전쟁의 승패를 좌우하는 가장 중요한 요소 중 하나였다. 그런 항공기의 엔진 성능을 결정지은 것이 바로 휘발유의 품질과 성능이었다. 미국과 독일이 휘발유 성능 향상을 목표로 화학 기술 전쟁을 벌인 것도 그런 연유였다.

오늘날의 주유소에는 고옥탄가 휘발유와 일반 휘발유가 비치되어 있다. 한데 프로펠러로 구동하는 항공기에는 자동차용 고옥탄가 휘발유보다 한 차원 더 고성능 휘발유가 필요하다. 제2차 세계대전 당시에는 휘발유의 성능 향상, 고옥탄화를 위한 첨가제로 테트라에틸납이라는 납 화합물을 첨가했다(유연 휘발유).

이는 당연한 말이지만, 첨가제를 너무 많이 넣은 나머지 정작 핵심인 휘발유 성분이 줄어든다면 소용이 없다. 그러므로 휘발유 분자 자체도 노킹을 방지하는 고성능 분자로 만들어야 한다. 가지가 잔뜩 달린 휘발유 분자(구형에 가까운 분자)는 바게트 모양의 질이 떨어지는 휘발유 분자와 본질적으로 다르다. 이 분자는 압축을 너끈히 견뎌내고 점화 후 피스톤을 부드럽게 밀어 올리면서 연소하기 때문에 이상적인 연료가 된다. 석유 정제 공장에서는 이 바게트 모양의 질 낮은 분자를 가열과 촉매를 이용해 반응시켜서 가지가 많은 분자로 만든다.

리포밍(reforming, 접촉 개질)은 제2차 세계대전 중 탄생한 기술이다. '리폼'이라는 말로도 알 수 있듯이 분자 형태를 바꾸는 기술이다. 먼저 바게트처럼 생긴 분자를 촉매에 접촉시키면서 반응시킨다. 그렇게 하면 촉매 표면의 움푹 파인 곳에 끼어서 둥글어져 도넛 같은 육각형 벤젠 고리라는 구조를 띤 분자(방향족 탄화수소)가 된다.

이 방법으로 벤젠, 톨루엔, 자일렌(크실렌) 같은 분자가 만들어지고, 그 분자를 첨가한 휘발유는 옥탄가가 높은 고급 휘발유가 된다.

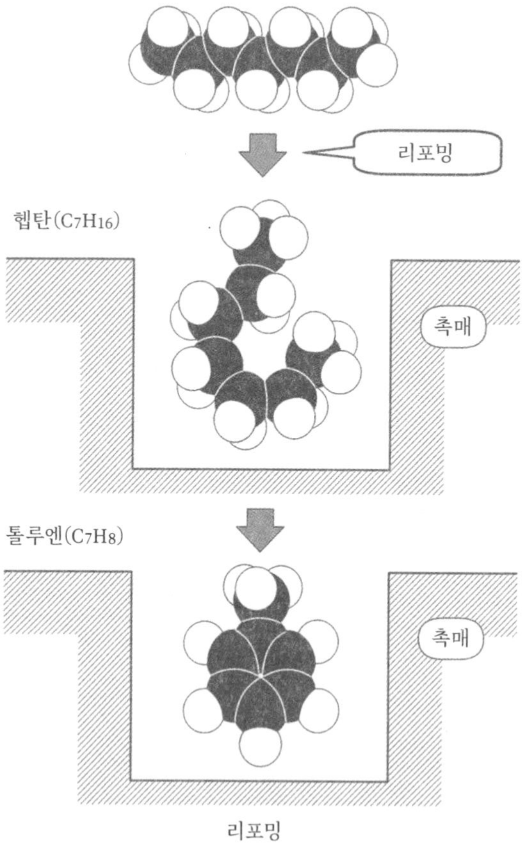


리포밍

### ⊙ 항공기용 휘발유를 분자 층위에서 고성능화하는 화학 기술이 제2차 세계대전 기간 동안 경쟁적으로 개발되다

항공기용 엔진을 400미터 달리기 경주할 때 마시는 음료 같은 것이라고 가정해보자. 옥탄가가 낮은 휘발유는 위장 조영 촬영용 맛없는 황산바륨을 마시는 것에 비유할 수 있다. 반대로 옥탄가가 높은 휘발유는 에너지 드링크를 마시는 것과 비슷하다고 할 수 있지 않을까! 이 달리기 경주에서 어떤 결과가 나올지 뻔하지 않은가? 전쟁 초기에 일본군은 옥탄가 92(전쟁 말기에는 82로 저하) 휘발유를, 독일군은 옥탄가 96 휘발유를 사용한 데 비해 미군과 영국군이 사용한 휘발유는 옥탄가가 100~145로 압도적인 차이가 있었다.

참고로, 현재 일본의 주유소에서 판매하는 일반 휘발유는 옥탄가 89 이상, 고옥탄가 휘발유는 옥탄가 96 이상이다. 이렇게 보면 현대인은 제2차 세계대전 에이스 파일럿이 조종하는 전투기 수준의 고성능 휘발유를 셀프 주유소에 들러 자기 차에 넣고 있는 셈이다.

『어린 왕자(Le Petit Prince)』(1943)의 저자 앙투안 드 생텍쥐페리(Antoine de Saint-Exupéry, 1900~1944)는 코르시카섬 기지에서 정찰기를 타고 남프랑스를 향해 가며 정찰 비행을 하다가 독일군 전투기에 격추당했다. 『어린 왕자』의 유명한 구절인 "정말 소중한 것은 눈에 보이지 않아"라는 말처럼, 눈에 보이지 않는 휘발유의 작은 분자 형태가 전쟁의 향방을 크게 바꿔 놓은 것이다.

'리포밍' 기술이 발명된 덕분에 벤젠, 페놀, 아닐린 등의 분자를 석유에서 인공적으로 대량 생산할 수 있게 되었다. 이 기술이 등장하기 전까지는 이들 분자를 석탄의 콜타르에서 얻어왔다. 이는 제2차 세계대전 이후 석유 화학 콤비나트의 핵심 기술로 자리 잡았다.

항공기용 휘발유를 분자 층위에서 고성능화하는 화학 기술이 제2차 세계대전 기간 동안 경쟁적으로 개발되었다. 그리고 그 기술이 전쟁이 끝난 후 석유를 이용한 석유 화학 공업이라는 새 시대를 만들어낸 것이다.

1943년

## DDT 사용

**마법 같은 살충제가 등장하다**

### ⊙ 미군은 왜 점령지인 나폴리에서 300만 명의 시민과 병사들에게 DDT를 분무했을까?

레이철 카슨(Rachel Carson, 1907~1964)의 책 『침묵의 봄(Silent Spring)』은 살충제와 농약 등의 화학 물질이 일으키는 자연 파괴와 미국의 환경 문제를 신랄하게 고발해 엄청난 화제를 불러일으켰고 전 세계적인 베스트셀러가 되었다. 1962년의 일이다. 이 책을 통해 유명해진 살충제가 디클로로디페닐트리클로로에탄

(Dichlorodiphenyltrichloroethane), 흔히 말하는 DDT다.

스위스 화학 기업 가이기사(J. R. Geigy Ltd, 현재의 노바티스사(Novartis AG))의 연구원 파울 헤르만 뮐러(Paul Hermann Müller, 1899~1965)는 DDT에 우수한 살충 능력이 있음을 발견했다. 1939년의 일이다. 이후 1942년부터 DDT는 살충제로 본격적으로 시판되기 시작했다. 그도 그럴 것이 DDT가 말라리아를 매개하는 모기, 발진티푸스를 매개하는 이, 그리고 파리 등에 대해 소량으로도 살충 효과가 높고 생산하기 쉬운 까닭이다.

미군은 DDT를 1943년부터 대량으로 사용하기 시작했다. 당시 미군은 점령지인 나폴리에서 DDT를 사용해 발진티푸스 박멸 작전을 펼쳤다. 연합군에 항복한 이탈리아에서 발진티푸스가 유행하고 있었기 때문이다. 미군은 시민 300만 명과 병사들에게 DDT를 꼼꼼히 분무해 이를 죽임으로써 발진티푸스 유행을 억제한 것이다. 이는 약제를 사용해서 감염병 팬데믹을 막은 인류 역사상 최초 사례였다.

## ⊙ 오늘날 전 세계적으로 DDT와 BHC 사용을 금지하는 나라가 많은 까닭

그 후 남태평양의 전장 등지에서 비행기로 DDT를 대량 살포하는 등 본격적인 DDT 시대가 시작되었다. 이는 말라리아 같은 감염병 대책의 일환이었다. 1948년 파울 헤르만 뮐러는 노벨 생리학·의학상을 수상했다.

영국의 ICI사에서 DDT와 유사한 화합물을 찾다가 벤젠헥사클

1960년대 베트남전쟁 때 농약 살포기가 네이팜탄 공격을 퍼붓고 있다.

로라이드(Benzene Hexachloride, BHC)라는 살충제를 발견하고 실용화했다. 1940년대의 일이다. DDT와 BHC 모두 염소 원자가 탄소 원자에 결합한 유기 화합물이다. 이것이 세포막 등의 지질에 녹아 들어가 신경 기능을 방해함으로써 독성을 발생시킨다고 알려져 있다.

그러나 DDT도 BHC도 환경 속에서 분해되지 않고 잔류하며, 생물의 체내에 농축되어 악영향을 끼친다(DDT는 생체의 호르몬 분비를 교란할 우려가 있다). 그런 터라 오늘날 DDT와 BHC 제조와 사용을 모두 금지하는 나라가 많아졌다.

---

1943년

## 네이팜탄 발명

### 고온으로 모든 것을 남김없이 불태우다

---

**⊙ 미군을 비롯한 연합군이 일본 본토를 공습할 때 목조 가옥을 불태우는 용도로 사용한 가공할 신형 무기 네이팜탄**

미국 하버드대학 교수이며 유기화학자인 루이스 피저(Louis Fieser, 1899~1977)는 고온으로 모든 것을 불태우는 네이팜(Napalm)탄을 발명한 사람이다.

네이팜탄의 내용물은 점성을 내는 성분으로 팜유(야자나무 열매의 기름)에서 추출한 물질(팔미트산 알루미늄)과 석유 성분 물질(나프텐산 알루미늄)이다. 여기에 휘발유를 섞어서 끈적끈적한 젤리 상태로 만든 것이다. 네이팜이라는 이름은 '나프텐산(Naphthenic acid)'과 '팔미트산(Palmitic acid)'에서 따왔다.

네이팜탄은 미군을 비롯한 연합군이 일본 본토를 공습할 때 목조 가옥을 불태우는 소이탄(M69)으로도 실용화되었다. 여기에는 일화가 전해진다. 20세기를 대표하는 건축가 프랭크 로이드 라이트가 히비야에서 데이코쿠호텔을 설계, 건축할 때의 일이다. 그때 라이트의 제자 안토닌 레이먼드(Antonin Raymond, 1888~1976)는 스승을 따라 일본에 왔다가 그곳에 남아서 건축 사무실을 열었다. 그랬기에 레이먼드는 일본의 목조 가옥 구조를 손바닥 보듯 샅샅이 알고 있었다. 그는 미국으로 돌아간 뒤 일본에 사용할 소이탄 개발과 실험 고문을 맡았다. 먼저 그는 일본 가옥을 내부부터 가재도구까지 충실히 재현한 모델하우스를 실험장에 만들었다. 그러고는 일본 소방대까지 같은 위치에 배치한 다음 항공기에서 소이탄을 투하하는 실험을 반복했다. 그 과정에 효율적인 소이탄 투하법과 연소 방법 등을 정밀하게 검토했다. 중학생들을 동원해서 전통 종이와 곤약으로 만든 풍선에 폭탄을 매단 '풍선 폭탄'을 띄워서 기류를 타고 미국으로 날아가게 했던 일본과는 기술력 면에서 압도적인 차이가 있었던 것이다.

도쿄 대공습 당시 미국이 자랑하는 대형 폭격기 B29 320여 기가 저공으로 비행하며 도쿄 거리를 네이팜탄으로 불태웠다. 이때 불길이 바람을 타고 번지면서 대화재가 발생해 10만 명 이상이 목숨을 잃었다. 당시 폭격으로 도쿄뿐 아니라 일본 전역의 도시가 잿더미가 되었다. 1945년 3월 10일의 일이다.

1944년

## 전쟁의 대중화

**누구나 다룰 수 있는 병기가 속속 등장하다**

### ⊙ '전쟁의 대중화'로 패러다임을 바꾼 독일의 몇 가지 궁극의 병기

고대에는 전쟁이 일어날 때마다 농민을 무장시켜서 동원했다. 그 후 로마시대에 들어오면서 직업 군인으로 편성된 군대가 조직, 운영되었다. 그리고 중세에는 전쟁 전문가 집단, 직업적인 기사가 자리매김했다.

후스 전쟁은 화포로 무장한 후스파 농민군이 전쟁 전문가 집단인 기사 군단을 괴멸시켜 인류의 전쟁사에 뚜렷한 발자국을 남겼다. 그 후 인류의 전쟁은 착실히 대중화의 길을 걷기 시작한다. 실제로 미국에서는 '미니트맨(Minutemen)'이라고 불리는, 총을 잘 다루는 민병이 직업 군인인 영국군과 싸워서 이기고 독립을 쟁취했다.

기술 발전은 전문성 있는 직업을 대중화시킨다. 실제로 19세기에는 전문 사진 기사만이 촬영할 수 있었던 사진을 지금은 누구나 스마트폰으로 촬영하고 있지 않은가! 그 점에서는 영화도 마찬가지다. 요리도 전문 요리사만 알고 있던 조리법을 누구나 인터넷 요리 사이트에서 찾아볼 수 있고 동네 마트에서 식재료를 사서 조리할 수 있는 시대가 되었다.

제2차 세계대전에서 독일은 전쟁의 대중화로 패러다임을 바꿔 놓았다고 할 만한 궁극의 병기를 몇 가지 개발했다.

첫째, StG44(Sturmgewehr 44, 돌격소총)다. 이 총은 개인이 간단히 휴대할 수 있는 속사 가능한 총의 완성형이라고 해도 지나치지 않다. 화승총으로부터 시작해 개량을 거듭해 도달한 라이플 같은 소총에서 한 발 더 나아가 마침내 기관총의 좋은 점만 뽑아낸 궁극의 총이 등장한 것이다.

StG44는 제2차 세계대전 후반에 등장해 널리 사용되었다. 전쟁이 끝난 뒤 소련 군인이자 무기설계자 미하일 칼라시니코프(Mikhail Kalashnikov, 1919~2013)는 StG44와 비슷한 콘셉트로 AK-47이라는 총을 개발했다. AK-47은 다시 한번 세계 무기의 역사를 바꿔 놓은 총이 되었다(영화 〈로드 오브 워(Lord of War)〉(2005)에 자세히 나온다). 오늘날에도 전 세계의 분쟁 지역에서는 AK-47이 사용된다.

둘째, 개인이 휴대하는 대전차포 판처파우스트(Panzerfaust, 대전차 철권)다. 대문호 괴테의 『파우스트(Faust)』에서 따온 이름이다. 이는 사용하고 버리는 1회용 병기로, 길이 1미터 정도 파이프에 흑색화약이 발사약으로 장전돼 있어서 탄두(트럼펫의 소음기처럼 생겼다)를 발사한다.

이 탄두는 '성형 작약 탄두(Shaped charge warhead)'라고 불린다. 이 탄두에는 고성능 폭약(RDX(헥소겐) 폭약과 TNT를 사용한 것)을 원뿔 모양으로 오목해지도록 배치하고 그 원뿔 부분에 1밀리미터 정도의 얇은 철판을 붙였다. RDX는 1920년대에 독일에서 개발되기 시작한 폭약이다. 제2차 세계대전 당시 대량 생산되었으며, 오늘날에도 사용되는 대표적인 고성능 폭약이다. 고무 상태 물질에 섞은 것은 'C-4(플라스틱 폭탄)' 등으로 불리는데, 용도에 맞춰서 모양을 만들 수 있다.

성형 작약 탄두가 철판에 부딪혀서 기폭하면 폭발의 충격파가 원뿔 중심선에 집중되면서 금속이 고에너지의 유체, 음속의 25배나 되는 제트 분류(噴流)가 된다. 이 메탈 제트가 철판을 관통해 파괴하는 것이다(먼로 효과(Munroe effect)). 이 무기는 20센티미터 정도 두께의 철판도 관통할 수 있으므로 당대의 모든 전차를 파괴할 수 있었다. 판처파우스트는 1941년부터 개발이 시작되었고, 1944년에는 전쟁터에서 대량으로 사용되었다.

제2차 세계대전 말기에 나치의 선전 장관 요제프 괴벨스(Joseph Goebbels, 1897~1945)는 '총력전'을 선언했다. 그리고 그는 일반 시민을 '국민 돌격병'으로 징병하면서 "모든 국민이 판처파우스트로 싸우자!"라고 선동했다.

이 병기는 사정거리가 30~250미터까지 다양한 유형이 존재했다. 전쟁이 끝날 때까지 각각의 유형을 합쳐서 850만 정 이상이 생산되었다. 당시 개발 중이던 판처파우스트 250은 전쟁이 끝난 뒤 소련에서 RPG라는 휴대식 대전차 로켓 병기가 되어 오늘날까지 전 세계 분쟁 지역에서 사용된다.

판처파우스트

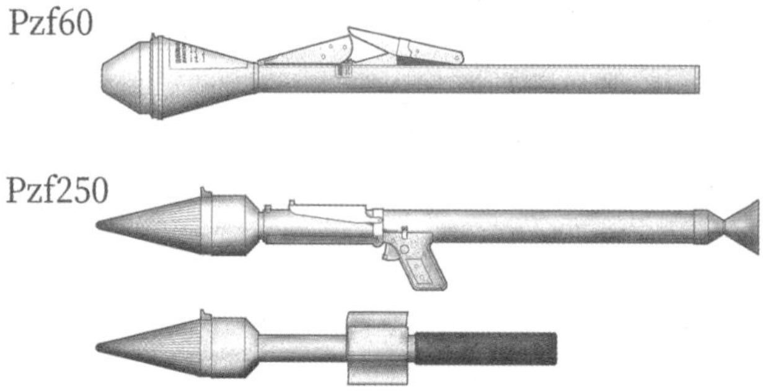


성형 작약탄(HEAT탄)의 파괴력

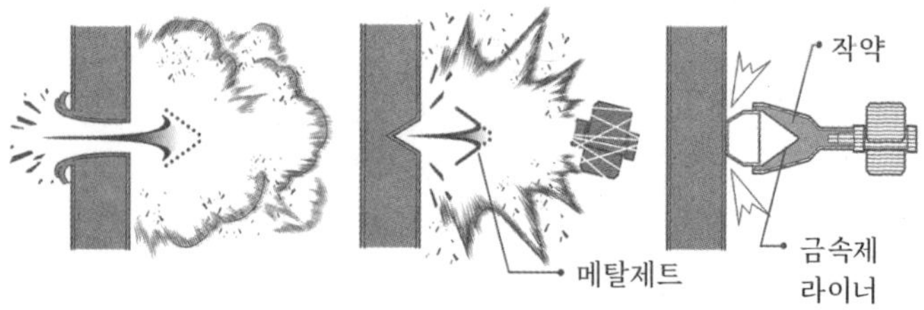

1944년

# 인류 최초 거대 로켓

**역사상 처음으로 우주에 도달한 인공 물체 V-2의 등장**

## ⊙ 사정거리 300킬로미터에 가까운 세계 최초 탄도 미사일을 발명한 독일

뉴스에서 북한이 탄도 미사일을 발사했다는 소식을 종종 듣곤 한다. 한데, 탄도 미사일은 본래 독일 병기에서 시작되었다. 이는 로켓 마니아 베르너 폰 브라운(Wernher von Braun, 1912~1977) 팀이 개발한 병기다. 브라운은 어린 시절 달나라 여행에 푹 빠져 지냈다고 한다.

세계 최초 탄도 미사일 V-2는 인류 역사상 최초로 우주 공간에 도달한 인공 물체다. 사정거리는 300킬로미터에 가까웠다. 약 1분 동안 연료의 연소가스로 고도 80킬로미터 정도까지 상승한 뒤 연료가 떨어지면 자연 낙하하면서 목표를 향하는 방식이었다. V는 독일어로 '보복 병기'를 뜻하는 '페어겔퉁스바페(Vergeltungswaffe)'의 머리글자다. 탄두에는 1톤 가량의 폭약을 탑재할 수 있었다.

연료는 에탄올 수용액(75퍼센트)과 액체 산소가 사용된다. 액체 산소는 자칫 끓어서 기체가 되지 않게 하기 위해 보온병 방식의 연료 탱크에 들어 있었다. 과산화수소의 분해로 발생하는 가스의 압력으로 펌프를 돌려서 연료를 연소실에 보내는 구조다. 연료인 에탄올은 감자 전분을 분해해서 얻은 글루코오스를 알코올에 발효시켜서 제작했다. 오늘날로 치면 바이오에탄올이라는 친환경 연료였던 것이다.

독일인의 주식인 감자를 원료로 사용했는데, 농지가 소련군에 점령당하기 시작하자 감자가 부족해져 에탄올 생산에 큰 차질이 빚어졌다.

유도 장치에는 자이로스코프와 진공관을 사용한 아날로그적인 컴퓨터가 사용되었다. 전쟁이 끝날 때까지 발사 준비 중 공격을 당한 적은 단 한 번도 없었다. 관제 차량, 연료 운송 차량, 견인식 발사대 등으로 구성된 발사 전용 부대가 이동하면서 숲속 도로 등지에서 수 시간 만에 발사하는 기동력을 갖췄기 때문이다.

V-2 로켓(이미지)

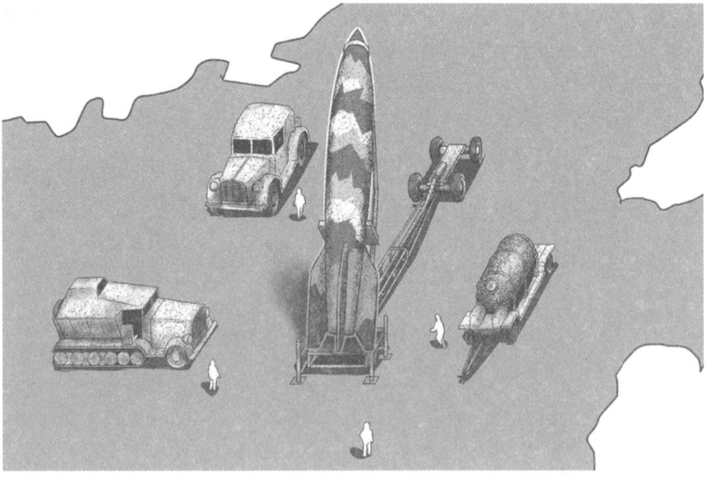

병기 제조는 노르트하우젠 근교 산속에 건설된 거대한 터널을 공장으로 만든 미텔바우도라 강제 수용소에서 이루어졌다. 이 공장형 수용소에서는 프랑스나 소련에서 전쟁 포로가 된 사람들이 폐렴과 티푸스 등이 만연하는 열악한 환경 속에서 가혹한 노동에 동원되었다. 그 결과 1만 명 이상이 목숨을 잃었다.

V-2는 5,000발 이상 생산되어 영국 런던, 벨기에 안트베르펜 등에 발사되었다. V-2 1기의 제조비는 오늘날의 가치로 환산하면 30억 원 정도였다.

독일은 노동력을 유대인, 포로, 죄수 등의 강제 노동에 의존했다. 기업은 강제 수용소를 관리하는 나치스 친위대에 급료를 지급했다. V-2뿐 아니라 다임러벤츠나 BMW의 엔진 공장, IG 파르벤 화학 공장 등 독일의 대기업은 유대인과 포로의 강제 노동으로 병기를 생산해 막대한 이익을 올렸다.

---

1945년

## 독일의 항복

### 히틀러의 제3제국이 멸망하다

---

#### ⊙ 고립무원 신세가 된 독일군

1,000기에 가까운 미군과 영국군 폭격기, 전투기가 날마다 독

일 본토로 날아와 거의 모든 지역을 폭격했다. 1945년에 들어서면서 본격적으로 펼쳐진 상황이다. 당시 독일은 신형 전차나 최신형 제트 전투기조차 만족스럽게 운용할 수 없는 상황이었다. 그때 이미 루마니아의 유전은 물론이고 독일 국내 인공 석유 제조 공장도 공습을 당해서 연료가 부족해진 탓이었다.

히틀러의 제3제국도 풍전등화의 위기에 놓였다. 동쪽에서는 소련군이, 서쪽에서는 미군과 영국군이 거침없이 진격해 들어온 것이었다. 1945년 3월의 상황이었다. 히틀러는 독일의 서쪽을 방어하는 천연 요새인 라인강의 교량을 전부 파괴하라고 지시했다. 그러나 레마겐에 있는 루덴도르프 철교만은 파괴되지 않은 채 남아 있었다. 위력이 약한 공업용 폭약을 사용한 탓에 폭파에 실패한 상태로 미군 손에 넘어간 것이다.

동쪽에서 밀고 들어온 소련군이 오데르강(베를린에서 70여 킬로미터 떨어져 있다)에 도달해 수도 베를린을 압박하고 있었다. 그러나 히틀러는 헝가리 유전을 탈환하기 위한 '봄의 새싹 작전'에 남아 있는 정예 전차 부대를 투입한 상태였다. 그로부터 1개월 전의 일이다. 당시 그는 "석유야말로 우리의 생명선이다!"라며 반대 의견을 물리치고 단호히 명령을 내렸다.

소련군은 1,000량이 넘는 전차를 앞세워 밀고 들어오고 있었고, 그와 대치 중인 베를린 방어 부대 중 하나인 뮌헤베르크 기갑 사단에는 다 그러모아도 50량 정도의 전차밖에 없었다. 다만 그중 10량은 세계 최초로 획기적인 야간 투시 장치를 갖추고 있었다.

야간 투시 장치는 다음과 같은 메커니즘으로 작동하는 기계다. 먼저 육안으로는 보이지 않는 적외선을 쏜다. 그리고 이내 반사되어 돌아오는 적외선을 금속에 흡수시켜 전자를 방출하게 한다. 그런 다음 그 전자를 높은 전압으로 증폭해 형광 스크린에 영상을 띄운다.

독일군은 배낭 크기 배터리를 사용하는 보병용 야간 투시 장치인 밤피어(Vampir, 흡혈귀)도 소량이나마 보유하고 있었다. 이로써 인류는 마침내 캄캄한 밤에도 조명탄에 의지하지 않고 지상전을 펼칠 수 있게 된 것이다.

**밤피어**(야간 투시 장치)

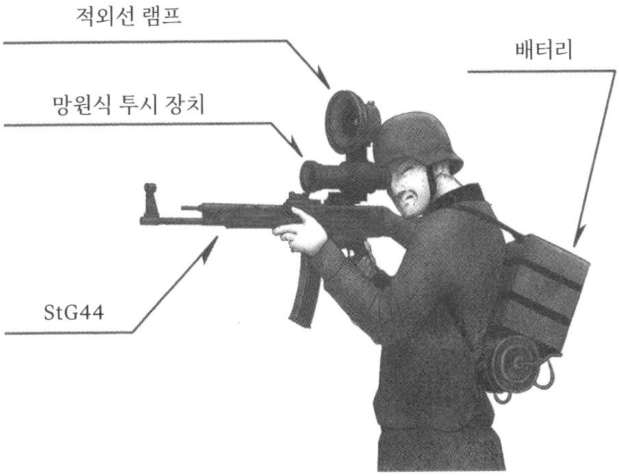

## ⊙ 독일의 선진 기술과 과학자·기술자를 차지하기 위해 진흙탕 싸움을 벌이는 미국과 소련

소련군의 총공격을 버티지 못하고 베를린이 함락되었다. 한때 국민에게 '천년왕국'을 선언했던 히틀러는 그 전날 결혼식을 올린 신부 에바 브라운(Eva Braun, 1912~1945)과 동반 자살했다. 1945년 4월 30일의 일이다.

결국 독일은 무조건 항복했다. 같은 해 5월 7일의 일이다.

제2차 세계대전의 끝이 보이기 시작했다. 그에 따라 당장은 미국과 소련이 같은 적을 두고 겉으로는 협력하고 있지만 머지않아 자본주의와 사회주의라는, 지구를 양분하는 사회 시스템의 양대 진영으로 대립하게 될 것임이 서서히, 그러나 뚜렷이 드러나게 된다.

양국은 독일이 만들어낸 현대 병기의 원류라고도 할 수 있는 선진 기술과 과학자·기술자를 차지하기 위한 치열한 작전에 돌입한다. 일테면 제트 엔진 동력의 전투기와 폭격기, 가변 후퇴익, 전진익, 무미익의 스텔스 전투기 같은 선진적인 항공 기술, V-2 등의 탄도 미사일과 각종 지대공 미사일, 무선이나 텔레비전 유도 방식의 대함 미사일, 접시 모양 레이더를 탑재한 조기 경보기, 장시간 잠행이 가능한 잠수함, 야간 투시 장치나 휴대형 대전차 로켓포 등이다.

특히 미국은 '페이퍼클립(Operation Paperclip)' 작전을 전개해 선진적 기술을 보유한 공학자들을 소련에 앞서 획득하는 일에 혈안이 되었다. 그렇게 독일의 최첨단 기술은 과학자·기술자와 함께 미국과 소련으로 넘어갔고, 제2차 세계대전 이후 시작되는 미소 냉전 시대에 또다시 새로운 첨단 병기로 등장한다.

---

1945년

## 원자폭탄 투하

**원자핵이 지닌 거대한 에너지를 방출하다**

---

### ⊙ 원자폭탄 실험을 보며 경악하는 과학자와 실망하는 과학자

미국은 '맨해튼 계획'을 차질없이 착착 진행하고 있었다. 이는 듀폰사와 유니언카바이드사(Union Carbide), 몬산토사(Monsanto Company) 등 자국의 내로라 하는 화학 기업을 우라늄 농축과 플루토늄 제조에 총동원한 프로젝트였다. 그러나 전쟁 막바지에 이르러 원자폭탄 개발에 참여한 과학자들 사이에서 동요하는 사람이 나타나기 시작했다. 그도 그럴 것이 독일이 원자폭탄 개발을 전혀 진행하지 못했음을 알게 되었기 때문이다. 그중에는 '원자폭탄을 개발할 이유가 없어졌다'면서 자리를 박차고 떠나버리는 과학자도 있었다. 이에 리더격인 오펜하이머는 "핵무기라는 궁극의 병기가 만들어지면 인류는 전쟁을 멈추게 될 테니, 우리 힘으로 반드시 완성시킵시다"라고 독려해 연구진의 동요를 잠재웠다.

미국 뉴멕시코주 앨라모고도 실험장에서 인류 역사를 크게 바꿔 놓을 실험이 진행될 참이었다. 때는 1945년 7월 16일, 아직 동이 트지 않은 시각이었다. 그곳에 실험을 보기 위해 온 사람은 모두 400명 정도밖에 되지 않았다. '트리니티(삼위일체)'라고 명명된 최고 기밀의 극비 실험인 까닭이었다.

철탑 위에는 '가제트'라고 불리는 지름 1.5미터 크기의 철구가 매달려 있었다. 그리고 그 철구 내부에는 무게 약 6킬로그램에 소프트볼 크기 플루토늄과 그 주위를 둘러싼 폭약 32개(합계 2.3톤)가 들어 있었다.

베크렐과 퀴리 부부가 방사능을 발견한 지 50년도 안 되는 짧은 기간 동안 원자의 구조, 원자핵의 구조, 양성자와 중성자, 핵분열이 밝혀졌다. 그리고 마침내 원자폭탄의 이론까지 도달했으며, 화학 기술과 우라늄·플루토늄 분리와 농축, 제조 설비 기술이 발전하여 원자폭탄 제조가 가능해진 것이다.

가제트로부터 8킬로미터 떨어진 곳에서 누군가 기폭 스위치를 눌렀다. 폭약이 동시에 폭발하면서 그 충격파가 중심에 있는 플루토늄 덩어리를 압축하고 폴로늄과 베릴륨이 작용해 중성자를 방출했다. 그러자 고밀도 플루토늄이 100만분의 1초라는, 문자 그대로 일순간에 핵분열을 일으켜 원자의 에너지를 해방시켰다. 그 결과 TNT 화약 1만 9,000톤 분량에 해당하는 강력한 폭발이 일어나 태양 몇 개 정도의 빛을 발하는 불덩이가 만들어졌고, 이윽고 버섯구름이 되었다.

이 장면을 목격한 많은 과학자가 원자폭탄의 가공할 폭발력에 압도되어 아무 말도 하지 못했다. 원자폭탄 개발의 리더였던 오펜하이머는 "나는 죽음의 신이요, 세상의 파괴자가 되었노라"라는 고대 인도의 서사시 「바가바드기타(Bhagavadgita)」의 한 구절을 떠올렸다.

그런 가운데서도 실험 결과에 실망한 과학자가 한 명 있었다. 훗날 수소폭탄의 주역이 되는 에드워드 텔러다. 그는 원자폭탄 폭발을 본 순간 "뭐야, 고작 이 정도밖에 안 되는 것이었나?"라고 중얼거렸다고 한다. 제2차 세계대전이 끝난 뒤 텔러는 원자폭탄보다 훨씬 위력이 강한 수소폭탄 개발에 몰두해 오펜하이머와 날카롭게 대립하게 된다.

### ⊙ 히로시마에 투하된 인류 역사상 최초의 원자폭탄으로 9만여 명이 목숨을 잃다

대형 폭격기 B-29 한 기가 사이판 섬 옆에 위치한 티니언섬 비행장에서 이륙하고, 곧이어 호위기 두 기가 이륙해 일본 본토로 향했다. 일본 시각으로 1945년 8월 6일 오전 1시 45분쯤이었다.

먼저 이륙한 B-29의 기수에는 '이놀라 게이(Enola Gay)'라고 적혀 있었다. 승무원은 사전에 철저히 훈련받은 대로 기내 폭탄창에 놓여 있는 커다란 폭탄 속에 니트로셀룰로오스 폭약인 코르다이트를 세팅하기 시작했다. 투하 후 일정한 고도에서 이 코르다이트 폭약이 폭발하면 작은 금속 덩어리가 권총 탄환처럼 발사되어 다른 금속 덩어리에 충돌하도록 설계(포신 혹은 건배럴 방식이라고 한다)되어 있었다.

기내는 세계 최초 신형 폭탄의 실전 투하에 대한 긴장감과 흥분으로 가득했다. 폭격기는 고사포나 전투기 등의 요격도 받지 않고 여유롭게 히로시마 시내에 침입했다. 그리고 8시 12분, 목표로부터 25킬로미터 지점에 도착하자 폭격수인 토머스 피어비(Thomas Ferebee) 소령의 긴장감은 최고조에 달했다.

8시 15분, 폭격수는 멀리 떨어진 전방의 지상에서 폭격 목표인 T자 형태 다리(아이오이 다리)를 확인하고 자동 투하 장치를 작동시켰다. '리틀보이'라고 명명된 4톤의 폭탄이 고도 9,600미터 상공에서 투하되었다. 그리고 고도 600미터 지점까지 낙하했을 때 내부의 코르다이트 폭약이 전기 신관을 통해 점화되자 폭탄 속에서 작은 폭발이 일어났다. 그리고 이내 튜브 속에 있던 금속 덩어리가 마치 권총 탄환처럼 반대편 금속 덩어리를 향해 발사되었다.

두 금속 덩어리는 자연계에 0.7퍼센트밖에 존재하지 않는 것을 100퍼센트에 가까운 수준으로 농축해 순도를 높인 우라늄 235(235U)로 만들어져 있었다. 이 금속 덩어리가 충돌하자 각각의 덩어리에 함께 들어 있던 폴로늄과 베릴륨이 작용해 중성자를 방출했다. 그리고 100만분의 1초라는 시간 속에서 우라늄 235의 원자핵이 연쇄적으로 핵분열을 일으키면서 각각의 원자핵에 저장돼 있었던 에너지가 엄청난 열과 빛으로 바뀌어 해방되었다.

이 순간 인류는 판도라의 상자를 열어버린 것이었다. 비록 폭탄에 장착된 65킬로미터의 우라늄 235 덩어리 가운데 실제로는 900그램 정도만 핵분열 연쇄 반응을 일으켰을 뿐인데도 말이다. 인류 역사상 최초의 원자폭탄에 9만여 명이 목숨을 잃었다(사망자 수에는 여러 가지 설이 있다).

1945년 8월 9일, 일본 나가사키 상공에서 폭발한 원자폭탄의 버섯 구름

### ⊙ 날씨 탓에 원폭 투하의 희비가 엇갈린 두 도시, 고쿠라와 나가사키

티니언섬에서 '박스카'를 포함한 세 기의 B-29(관측기, 사진 촬영기 등)가 기타큐슈의 고쿠라를 향해 이륙했다. 1945년 8월 9일의 일이다. 박스카에는 플루토늄형 원자폭탄 '팻맨'이 탑재되어 있었다. 안개와 연기 등으로 시야가 나쁜 고쿠라 상공에서 폭격 루트에 진입한 박스카는 세 차례 투하를 시도했다. 그러나 목표를 확인할 수 없었고 남은 연료도 슬슬 걱정이 되었기에 제2 목표인 나가사키로 향했다.

그러나 나가사키도 구름이 많이 끼어 있어서 목표를 제대로 확인할 수 없기는 고쿠라와 마찬가지였다. 그러던 중 일순간 구름 틈새로 나가사키 시가지가 보이자 투하를 결정했다. 애초 목표인 나가사키 시가지로부터 북쪽으로 3킬로미터 남짓 떨어진 지점의 고도 9,600미터 상공에서 원자폭탄이 투하되었다. 8월 9일 오전 10시 58분의 일이다. 그리고 그로부터 4분 후인 11시 2분에 약 500미터 상공에서 원자폭탄이 폭발했다. 그로 인해 폭심인 우라카미 성당 부근은 대부분 잿더미가 되었으며, 7만 4,000여 명이 목숨을 잃었다.

1945년 8월 15일, 일본이 포츠담 선언을 받아들여 무조건 항복하면서 제2차 세계대전은 종결을 향해 나아갔다(아직 곳곳에서 전투가 계속되고 있기는 했지만). 전 세계가 이 전례 없는 규모의 세계대전의 종결을 축하했으나 그 뒤에서는 새로운 전쟁인 미소 냉전의 기운이 싹트고 있었다.

“제3차 세계대전에서 어떤 무기가 사용될지 알 수 없지만, 이것만큼은 확실히 말할 수 있다. 제4차 세계대전에서는 인류가 돌과 곤봉을 들고 싸우리라는 것이다.”

— 알베르트 아인슈타인

# 후기

## 우리는 결국
## 답을 찾을 것이다.
## 화학+역사,
## 그리고 화학 세계사에서!

오늘날 현대인은 절대 왕정의 문을 연 태양왕 루이 14세조차 꿈꿀 수 없던 일을 누구나 손쉽게 할 수 있게 되었다. 일테면 우리는 스마트폰을 이용해 자기가 머무르는 곳의 위치를 신속하고도 정확하게 알 수 있으며, 인터넷을 통해 세계의 진기한 와인·치즈·향신료 등을 구매해 며칠 안에 받을 수 있다.

그뿐만이 아니다. 내전이 일어난 국가의 소식을 전하는 텔레비전 뉴스를 보다 보면 더욱 놀라운 일이 벌어지고 있음을 알게 된다. 그도 그럴 것이 게릴라 병사가 자신이 가진 저렴한 중고 휴대형 로켓에 몇만 원이면 살 수 있는 성형 작약 탄두를 장착해 발사하면 수억대 전차를 어렵지 않게 파괴할 수 있기 때문이다. 수천 년 전, 이글거리는 태양으로 달구어진 사막에서 히타이트의 전차 때문에 고전했던 고대 이집트 농민병이 타임머신을 타고 현대로 시간여행을 와서 이런 장면을 목격하게 된다면 백 번도 더 까무라칠 일이 아닌가.

요즘 유료화되기는 했어도 편의점이나 슈퍼마켓에서 비닐봉지 하나를 공짜로 얻었다고 해서 크게 고마움을 느낄 사람은 많지 않을 것이다. 그런데 놀랍게도 이런 보잘것없는 비닐봉지의 소재인 폴리에틸렌은 지금으로부터 90여 년 전에는 군대에서 레이더 소재로 사용되는 소중한 전략 물자였다.

수십만 년 전, 아니 수만 년 전만 해도 유인원보다 그다지 나을 게 없던 인류는 어떻게 이토록 대단한 최첨단 과학 기술 문명을 이룩할 수 있었을까? 유감스럽게도 이에 관한 과학적이고 합리적인 근거와 이유를 학교에서는 가르쳐주지 않는다.

자동차·스마트폰·각종 전자제품을 비롯해 오늘날 우리가 누리는 모든 과학 기술 문명의 혜택과 편리함은 누군가가 마법을 부려서 뚝딱 만들어낸 것이 아니다. 연어가 바다에서 출발해 자기가 태어난 강 상류를 향해 거슬러 올라가듯 그 원류를 찾아 찬찬히 거슬러 올라가 보자. 그러면 그 시발점 가까운 지점에서 우리는 인류 최초로 대장간에서 철기를 만들어 사용했던 히타이트인과 오랜 항해 끝에 배에서 내려 해변 모래밭에 화덕을 만들고 불을 피워 음식을 조리하던 페니키아인을 만나게 된다.

우리는 극단적인 상황에 놓여 어쩔 수 없이 무인도에서 한동안 혼자 지내야 했던 로빈슨 크루소처럼 홀로 살아가기 위해 태어난 존재가 아니다. 식상한 표현이 되겠으나 우리 인간은 사회적 동물로, 벌이나 개미처럼 집단생활을 하며 생을 이어간다. 그러므로 인류가 살아온 기나긴 시간과 역사에는 헤아릴 수 없이 많은 선조의 지혜가 녹아 있으며 "거인의 어깨 위에 올라서서 더 넓은 세상을 보라"는 뉴턴의 권유대로 저마다 '거인의 어깨' 위에서 세상을 보며 살아가는 셈이다.

그런데도 학교 역사 시간에는 로마 초대 황제 아우구스투스가 어떤 업적을 세웠고, 이슬람의 우마이야 왕조가 무슨 일을 했는지 식의 인명과 사건만 단순히 나열할 뿐 역사의 도도한 흐름, 필연성과 인과관계는 중시되지 않는 느낌을 받을 때가 많다.

화학 시간 또한 pH 계산법이나 "황화수소 포집은 하방 치환이다" 식의 단순 지식만 나열될 뿐 물질 그 자체를 다루는 본원적인 학문을 연구한다는 진지함과 긍지는 찾아보기 어렵다. 말하자면, '황화수소 등의 유독한 화산성 가스는 무거워서 지면에 쌓이기 때문에 화산이나 온천 지대에서는 낮은 곳을 피하라'라는 식의 물질의 본질을 제대로 이해함으로써 생존과 생활에 직·간접적인 도움을 얻을 수 있는 실용적인 학문이라는 중요한 관점이 결여되어 있는 것이다.

1789년에 일어난 바스티유 감옥 습격 사건은 프랑스혁명의 상징과도 같은 일화다. 흥미로운 점은 당시 성난 군중이 감옥을 습격했을 때 그 안에 수감되어 있던 죄수는 고작 7명의 위조범과 미치광이에 가까운 잡범뿐이었다. 1453년, 오스만튀르크제국의 술탄 메흐메트 2세가 동로마제국 수도 콘스탄티노플을 함락했을 때 당대의 대다수 유럽인은 그런 일이 벌어졌는지조차 알지 못했을 것이다. 그럼에도 그런 사건 하나하나가 그토록 중요했던 것일까? 사실, 우리가 역사책에서 배우는 많은 사건 중에는 후세의 역사가가 좀 더 폼나게 보이고 싶어 살을 붙여 만들어낸 '이야기'도 적지 않다.

『세계사를 바꾼 화학 이야기 1 — 우주 탄생부터 산업혁명까지』와 『세계사를 바꾼 화학 이야기 2 — 자본주의부터 세계대전까지』에서 내가 하고자 한 것은 그런 사건의 단순한 나열이나 지식 전달이 아니었다. 그보다는 역사의 인과관계, 즉 정치 · 사회 · 문화 요인이 복잡하게 뒤얽혀 일어나는 굵직한 사건의 기저에 자리 잡고 있는 '물질'을 주인공으로 하여 그것들이 서로서로 어떻게 영향을 주고받으며 역사의 물줄기를 형성해가는가와 같은 문제를 다루는 것이었다. 또 나는 이들 책에서 새로운 물질을 발견하고 실용화하는 데 성공한 인물들의 드라마틱한 이야기를 하나의 영웅 스토리나 성공담으로서보다는 시대의 분위기, 혹은 시대적 요청 같은 부분에 좀 더 집중해서 다루고자 노력했다. 그런 터라 비록 얕은 지식을 바탕으로 써 내려간 난삽한 문장이지만 이 책을 읽고 역사의 역동성을 느낀 독자가 있다면 참으로 기쁠 것이다.

책의 초고를 쓸 당시 제2차 세계대전까지 얼추 집필을 마친 시점에 대략 700페이지에 가까운 방대한 분량이 되어버렸다. 애초에는 현대사까지 이 시리즈에 담을 작정이었으나 이런저런 사정으로 결국 제2차 세계대전 이후의 내용은 다루지 못했다. 제2차 세계대전 이후의 비약적인 과학 기술의 발전이야말로 꼭 다루고 싶은 내용이었음에도 말이다.

역사적 사건 하나하나에는 다양한 관점이 존재할 수 있다. 이 점은 이 책을 집필하는 내내 내게 많은 고민을 안겨주었다. 방대한 양의 책과 자료를 찾아 읽고, 단 몇 줄의 원고를 집필하기 위해 몇 날 며칠 밤을 지새우며 씨름해야 했던 것도 그런 연유에서다. 다행히 평소 소장하고 있던 관련 도서와 틈날 때마다 찾아가 참고한 나고야 시 쓰루마 중앙도서관의 책들이 큰 도움이 되어주었다. 또한 가난한 학생 시절부터 다양한 책을 접할 수 있게 해준 네리마 구립 헤이와다이 도서관과 간다의 고서점 거리에도 고마운 마음뿐이다. 특히 과학 계열의 중고책 서점인 메이린칸이 없었다면 이 책은 탄생하지 못했을 것이다.

도쿄 도립니시고등학교에서 사회 과목을 가르치는 아라이 요시오 선생님은 나의 멘토다. 내가 학원 강사가 된 후 한결같이 세계사와 문화에 관한 영감을 주는, 사사키 학원의 오야 다다시 선생님과 가와이 학원의 세계사 강사이자 베어럭스 CEO인 우와즈미 도모오키 선생님 역시 나의 멘토들이다. 그분들께도 감사 인사를 전하고 싶다. 그 밖의 나의 많은 친구들과 제자 오카다 유이치 씨는 이 책의 콘셉트 잡기부터 집필 과정에 이르기까지 많은 도움을 주었다.

나는 학원에서 학생들의 대학 입시를 돕기 위해 화학을 가르치고 있다. 앞에서 언급한 대로, 나는 단순한 화학 지식이나 계산법을 나열하고 암기하게 하는 식이 아니라 왜 인류는 이런 식의 계산을 해야 했고, 이런 지식을 생성하게 되었는지에 관한 역사적인 설명도 병행해왔다. 다만 수업 시간은 늘 한정돼 있고 빠듯하기에 관련 도서 100권을 읽고 핵심 내용을 10페이지 분량으로 압축해 이야기해주는 식으로 진행해왔다. 그 연장선에서 시간 부족 문제 등으로 미처 다루지 못한 채 묻어두었던 지식을 이 책에 담을 수 있게 되어 기쁘다. 이런 소중한 집필 기회를 마련해준 PHP 연구소의 야마구치 다케시 씨와 이런 훌륭한 책으로 완성해 준 편집자, 디자이너에게도 감사를 전하고 싶다.

마지막으로, 오래전부터 내가 세계사 책을 읽을 때마다 '바르브갈 제분소'(고대 로마 시대 프랑스 아를 부근에 있던 수차를 이용한 제분소), '슈투름게베어44'(제2차 세계대전 중 나치 독일이 양산한 돌격총) 등의 정체 모를 말을 시도 때도 없이 중얼거려도 꾹 참고 존 헌터('근대 외과학의 시조'로 불린 영국 외과의사), 프리츠 랑(오스트리아 출신 영화 감독) 등 다양한 소재를 제공해준, 세계사와 영화를 좋아하는 아내에게 고마움을 전하고 싶다.

오늘날의 세계는 코로나19 팬데믹 등으로 혼란스럽고 암담한 상황을 겪었으나 "우리는 결국 답을 찾을 것이다. 늘 그래왔듯이"라는 영화 〈인터스텔라〉의 명대사처럼 전 지구 차원의 재앙과 맞서 싸우며 지혜를 짜내고 새로운 물질과 혁신 제품을 발명하며 한 발 한 발 앞으로 나아가고 있다. 그 과정에 우리는 인류 역사에서 셀 수 없이 많은 지혜를 배워 릴레이 경주 선수처럼 다음 세대에게 그 지혜의 바통을 넘겨주어야 할 것이다. 다음의 두 가지 명언으로 마지막 문장을 대신할까 한다.

"인간은 항상 과거에서 배움을 얻어왔다. 결국 역사를 반대로 배울 수는 없는 것이다."

— 아르키메데스

"세계사로 기록되는 모든 사건은 '화학 반응'에 의해 좌우된다. 정치나 국제 관계조차도 예외는 아니다."

— 라이너스 폴링

# 참고문헌

『고분자 화학(라이프 / 인간과 과학 시리즈)』, 타임라이프북스
『기계 사회(라이프 / 인간과 과학 시리즈)』, 타임라이프북스
『물질 이야기(라이프 / 인간과 과학 시리즈)』, 타임라이프북스
『세계 고전 문학 전집 제21권(베르기우스, 루크레티우스)』, 이즈이 히사노스케 / 이와타 요시카즈 / 후지사와 노리오 옮김, 지쿠마쇼보
『약의 이야기(라이프 / 인간과 과학 시리즈)』, 타임라이프북스
21세기 과학 교육 간담회 편저, 『과학의 역사』, 일본IBM
가나자와 대학교 커피학 연구회 편저, 『그렇구나! 커피학』, 아사히야출판
가노 요시노리, 『중화기의 과학』, 사이언스아이신서
가와시마 게이코, 『마리 퀴리의 도전』, 트랜스뷰
가토 구니오키, 『화학 기술사』, 옴샤
가토 슌지, 『우리 주변을 화학의 눈으로 바라본다면』, 화학동인
고이케 스미오 / 세구치 마사히사, 『루크레티우스 '사물의 본성에 관하여'』, 이와나미쇼텐
구사노 다쿠미, 『도해 연금술』, AK(에이케이 커뮤니케이션즈)
길버트 샤피로, 『창조적 발견과 우연』, 니제키 노부카즈 옮김, 도쿄화학동인
나가타 지카요시, 『새로운 양자 생물학』, 블루백스
나오미 파사초프, 『라듐의 발견과 마리 퀴리』, 강윤재 옮김, 바다출판사
니나 모건 / 존 O. E. 클라크, 『도설 과학의 백과사전4 화학의 세계』, 야마자키 아키라 감역, 미야모토 게이코 옮김, 아사쿠라쇼텐

니콜라스 험프리, 『상실과 획득』, 다루미 유지 옮김, 기노쿠니야쇼텐
다나카 가즈아키, 『도해 입문 쉽게 이해하는 최신 '철'의 기본과 구조』, 슈와시스템
다케우치 요시토 / 야마다 게이이치, 『화학의 발전』, 다이닛폿도쇼
레이먼드 B. 세이모어 / 찰스 E. 캐라허, 『거대 분자』, 니시 도시오 옮김, 맥그로힐출판
로이스톤 M. 로버츠, 『우연과 행운의 과학적 발견 이야기』, 안병태 옮김, 국제
로저 브리지먼, 『INVENTIONS DISCOVERIES-발명 발견 1000』, 프뢰벨교육연구소 옮김, 프뢰벨
루스 디프리스, 『문명과 식량』, 정서진 옮김, 눌와
루이스 다트넬, 『오리진』, 이충호 옮김, 흐름출판
리즈 V. 젠킨스, 『필름과 카메라의 세계사』, 나카오카 데쓰로 / 다카마쓰 도루 / 나카오카 슌스케 옮김, 헤이본샤
리처드 고건, 『천재들에게 찾아든 우연의 과학』, 구소영 옮김, SKBOOKS
마스이 유키오 / 다니모토 사치코, 『우리 집안의 여러 가지 화학』, 쇼카보
마쓰야마 신사쿠, 『과거와 현재의 금속 이야기』, 공업조사회
마이클 모슬리 / 존 린치, 『끝나지 않은 과학 이야기』, 이미숙 옮김, 시그마북스
마크 쿨란스키, 『소금 세계사를 바꾸다』, 안효상 옮김, 웅진주니어
마크 쿨란스키, 『종이의 세계사』, 가와조에 도모코 옮김, 도쿠마쇼텐
미야모토 히데아키 / 다치바나 쇼고 / 요코야마 히로미, 『철학(鐵學) 137억 년의 우주사』, 이와나미쇼텐
미야자키 마사카쓰, 『비주얼 세계사 1000명 상·하』, 세계문화사
미야자키 마사카쓰, 『최고의 교양! 세계전사』, PHP 문고
배리 파커, 『전쟁의 물리학』, 김은영 옮김, 북로드
비토 다다아키, 『화학 어원 사전』, 산쿄출판
빈스 베이저, 『모래가 만든 세계』, 배상규 옮김, 까치글방
빌 프라이스, 『푸드 오디세이』, 이재황 옮김, 페이퍼스토리
사라 드라이, 『과학자 퀴리』, 마스다 다마코 옮김, 세이도샤
사카모토 아키라, 『대도해 제2차 세계대전의 비밀 특수 병기』, 그린애로우출판
산도르 엘릭스 카츠, 『천연 발효식품: 세계편』, 김소정 옮김, 전나무숲
스튜어트 로스, 『모든 것의 처음』, 강순이 옮김, 홍시
시오카와 지로 / 소노다 노보루 / 가메오카 히로무, 『공업 화학』, 화학동인
쓰네이시 게이이치, 『20세기의 화학 물질』, NHK 출판
아이작 아시모프, 『과학의 어원 250』, 도요 메구미 옮김, 교리쓰출판
아이작 아시모프, 『아이작 아시모프의 과학과 발견의 연표』, 오가와 게이타 / 와코 히로시 옮김, 마루젠
애덤 로저스, 『프루프: 술의 과학』, 강석기 옮김, MID

애덤 하트 데이비스 편저, 『SCIENCE 사이언스』, 강윤재 옮김, 북하우스
앤 루니, 『의학 오디세이』, 최석진 옮김, 돋을새김
앤드루 달비, 『향신료의 인류사』, 히구치 사치코 옮김, 하라쇼보
앨프리드 W. 크로스비, 『발사체의 인류사』, 오자와 지에코 옮김, 기노쿠니야쇼텐
어니스트 볼크먼, 『전쟁과 과학 그 야합의 역사』, 석기용 옮김, 이마고
에드워드 M. 스피어스 , 『화학·생물 병기의 역사』, 우에하라 유코 옮김, 도요서림
에릭 샬린, 『광물, 역사를 바꾸다』, 서종기 옮김, 예경
오야 다다시, 『파스타의 미궁』, 요센사신서y
오카쿠라 고시로, 『죽음의 상인』, 이와나미신서
오히가시 다카시, 『실용주의적 화학』, 가와데출판
와타히키 히로시, 『물건이 이야기하는 세계의 역사』, 세이분샤
윌리볼드 릭스너 / 게르하르트 베그너, 『우리 주변의 화학』, 스가 교이치 / 이와부치 스스무 옮김, 고단샤
윌리엄 바이넘 / 헬렌 바이넘, 『Medicine』, 스즈키 아키히토 / 스즈키 미카 옮김, 의학서원
이반 브로하드 감수, 『약학의 역사: 약·연고·독물』, 일본·프랑스 약학회 / 일본약사(藥史)학회 옮김, 약사일보사
이케우치 사토루 감수, 조지무쇼 편저 『30가지 발명품으로 읽는 세계사』, 고원진 옮김, 시그마북스
자오캉후와, 『중국 고대 화학』, 히로카와 겐 감수, 오자키 도루 / 유류호 옮김, 마루젠출판
제임스 버크, 『커넥션』, 구자현 옮김, 살림
조엘 레비, 『세계사를 바꾼 50가지 무기』, 이토 아야 옮김, 하라쇼보
클라이브 폰팅, 『세계를 바꾼 화약의 역사』, 이토 아야 옮김, 하라쇼보
토머스 J. 크로웰, 『워 사이언티스트』, 이경아 옮김, 플래닛미디어
톰 스탠디지, 『세계사를 바꾼 6가지 음료』, 김정수 옮김, 캐피털북스
팀 하포드, 『팀 하포드의 경제학 팟캐스트』, 박세연 옮김, 세종서적
페니 르 쿠터 / 제이 버레슨, 『역사를 바꾼 17가지 화학 이야기 1』, 곽주영 옮김, 강모림 그림, 사이언스북스
프레드 아프탈리온, 『국제 화학 산업사』, 야나기타 히로아키 옮김, 닛케이사이언스샤
프레디 고즐랜드 / 페르난데스 자비에르, 『조향사가 이야기하는 향료 식물 도감』, 마에다 구니코 옮김, 하라쇼보
피터 퍼타도 편저, 『죽기 전에 꼭 알아야 할 세계 역사 1001 Days』, 김희진 / 박누리 옮김, 마로니에북스
피터 W. 앳킨스, 『분자와 인간』, 지하라 히데아키 / 이나바 아키라 옮김, 도쿄화학동인

하라 미쓰오, 『화학을 구축한 사람들』, 주오코론샤
해리 B. 그레이 / 존 D. 사이먼 / 윌리엄 C. 트로글러, 『화학』, 이노우에 쇼헤이 옮김, 도쿄화학동인
혼다 이치지, 『이야기 화학 기술사』, 과학정보사
후나야마 신지, 『독의 과학』, 나쓰메샤
히라타 유타카, 『도설 과학·기술의 역사 상·하』, 아사쿠라쇼텐
A. 서트클리프 / A. P. D 서트클리프, 『재미있는 인류 과학 이야기 화학편』, 황국산 옮김, 예문당
R. G. 그랜트 편저, 『세계의 전쟁 역사 백과』, 다케무라 아쓰시 일본어판 감수, 후지이 루미 옮김, 슈후샤
R. G. 그랜트 편저, 『전쟁의 세계사 대도감』, 가바야마 고이치 일본어판 총감수, 가와데쇼보신샤

# 찾아보기

## 인명

ㄷ



ㄹ



ㅁ

ㅂ

## 용어

ㄱ



ㄴ



ㄷ

## 문헌

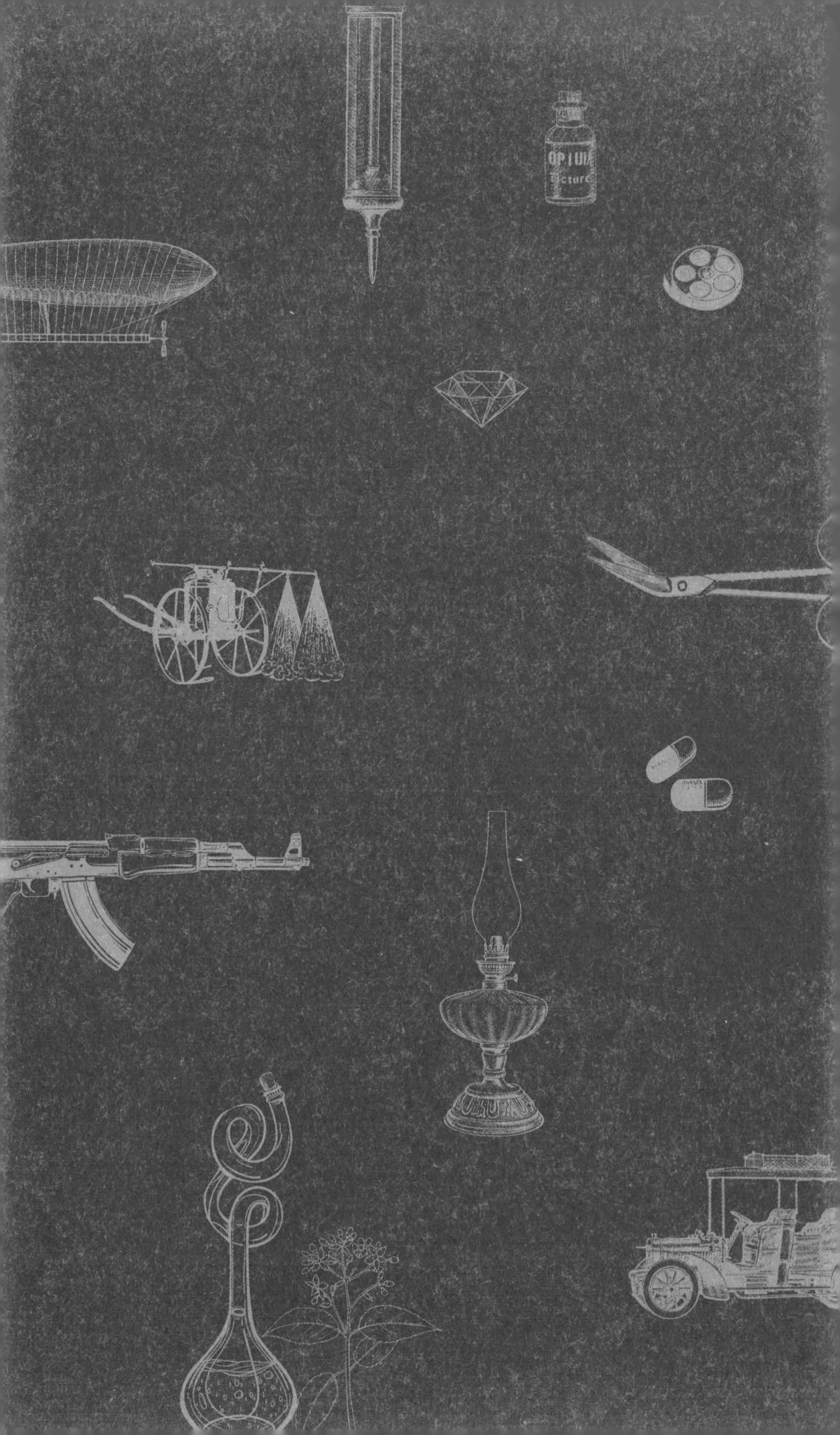
OPIUM

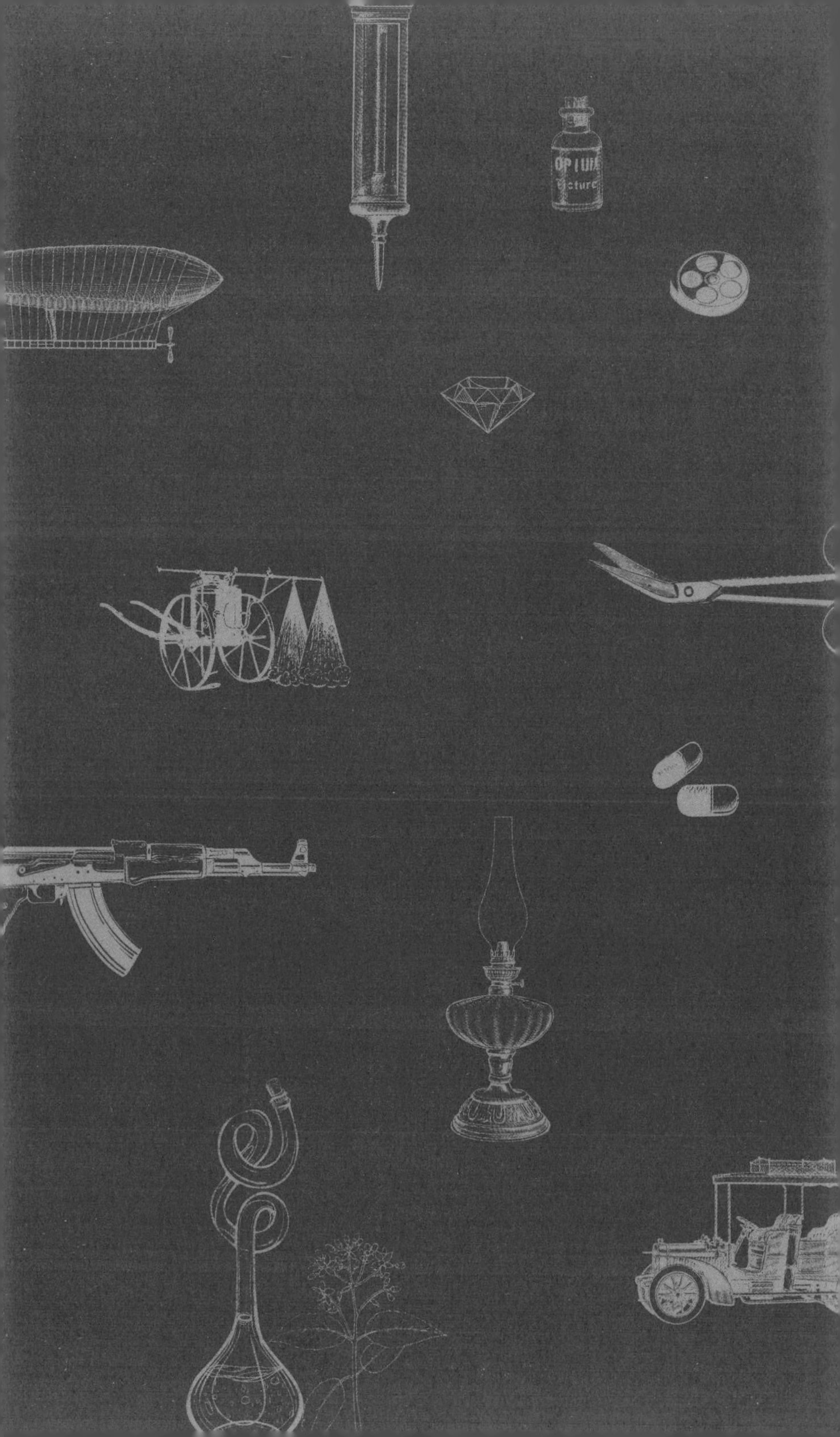